公务员培训参考用书　总主编◎周文彰

主编◎李　阳　陈尤文

政府领导科学

国家行政学院出版社

图书在版编目（CIP）数据

政府领导科学/李阳，陈尤文主编．—北京：国家行政学院出版社，2017.7
ISBN 978-7-5150-1988-8

Ⅰ.①政…　Ⅱ.①李…②陈…　Ⅲ.①国家行政机关-行政管理　Ⅳ.①D035.1

中国版本图书馆 CIP 数据核字（2017）第 174622 号

书　　名　政府领导科学
作　　者　李　阳　陈尤文
责任编辑　沈桂晴
出版发行　国家行政学院出版社
（北京市海淀区长春桥路 6 号　100089）
（010）68920640　68929037
http：//cbs. nsa. gov. cn
编 辑 部　（010）68922648
经　　销　新华书店
印　　刷　北京九州迅驰传媒文化有限公司
版　　次　2017 年 7 月北京第 1 版
印　　次　2017 年 7 月北京第 1 次印刷
开　　本　787 毫米×1092 毫米　16 开
印　　张　16.5
字　　数　253 千字
书　　号　ISBN 978-7-5150-1988-8
定　　价　49.00 元

修订再版说明

为适应高中级公务员培训需要，2012 年至 2013 年我院牵头组织全国行政学院系统师资力量，编写了一套公务员培训教材，共 7 本，涵盖政府公共管理、政府经济管理、政府文化管理、政府社会管理、政府应急管理、政府依法行政和政府领导科学。这套教材是我国贯彻、体现党的十八大精神的最早教材，鲜明地突出了“行政”特色，适应了行政学院教学培训的迫切需要。教材出版后在全国行政学院系统使用，取得了预想的教学效果，各方反映很好。

党的十八大以来，习近平总书记审时度势，根据国内外形势的新变化新发展，高瞻远瞩、改革创新，发表了系列重要讲话，提出了治国理政的新理念新思想新战略，带领全党全国人民开辟了中国特色社会主义事业的新局面。作为公务员培训教材，必须与时俱进，跟上形势发展的需要。于是，在国家行政学院主管领导的关怀和支持下，国家行政学院出版社动议并决定组织编写教材的原班人马进行修订。

国家行政学院原副院长、教材的总主编周文彰同志提出了修订方案和具体要求，这就是充分贯彻和体现党的十八大以来习近平总书记系列重要讲话精神和治国理政的新理念新思想新战略，贯彻和体现党的十八大以来历次中央全会精神和党的创新理论成果；总结和体现党的十八大以来党中央国务院组织实施“四个全面”的伟大实践，在政府公共管理、政府经济管理、政府文化管理、政府社会管理、政府应急管理、政府领导体制和方式、政府依法行政等方面采取的有效做法和成功经验，并上升为理论，总结出规律性的认识。参与修订的同志进行了充分的讨论并根据上述要求展开修订工作，在保持原版总体框架、篇目结构、文字风格基本不变的情况下，把着力点放在内容的补充、修改、完善上。同时，我们将“公务员培训用书”改为“公务员培训参考用书”，为下一步根据教学培训的需要编写全新教材留下空间。

因为时间很紧，参加修订的同志都感到，现在摆在大家面前的这套参考用书离修订的预期还有一定距离，有待将来弥补。尽管如此，参与修订的全体同志非常投入非常认真，花了大量时间和心血。国家行政学院教研部门的领导同志对修订稿进行了认真审读并提出了许多好的修改意见。出版社的编辑同志也付出了大量心血。在此一并表示谢意。

国家行政学院出版社
2017 年 6 月

目录

第一章
绪　论

中国正处于伟大的变革进程中，经济转型与社会发展充满着各种变数与挑战。作为其引领者、推动者和组织者的各级政府领导干部，正肩负着艰巨而复杂的任务，以能正确把握变革发展的规律、认识阶段性发展的特征、实现中国经济社会的科学发展为使命。政府领导干部要推进对客观世界的改造，就必须改造主观世界，若不能转变观念、改进方法和提升水平，就难以担负起对社会的领导责任。解决中国前进道路上所遇到的各种问题，在思想与能力上不断历练提高，是政府领导干部面临的双重任务。

第一节 政府领导的特性与使命

领导是在一定的环境中，为实现既定目标，对组织成员进行统御和引导的行为过程。领导是一种目标引导积极互动的力量，即通过思想和行动以激发引领他人形成共同认知与情感的力量，在这种力量的作用下共同致力于组织目标，以实现率众达标。政府领导干部既具有其他领域领导者的一般特征，更有自身独有的特性与使命。

一、政府领导的特性

政府领导干部，是指在国家行政机关中工作，并担任一定领导职务的干部。我国行政机关的领导干部是依法通过选举或任命产生的，并具有相应职务、职责与法定职权。政府领导活动是一种行使国家行政权力，执行国家行政职能的管理活动。所以，政府领导干部角色是社会中的一种较特殊的“角色”，是社会中的一种特殊群体，他们除了有服务性、责任性、引导性等一般领导的特征外，还有政府领导鲜明的角色特性。

（一）政治性

在现行的“中心—边缘”模式中，政府处于社会的中心，而政府工作是由其领导干部率领引导组织成员推进与运转的。政府领导干部身处贯彻执行党的方针、政策的最前沿，各项“精神”的实践要通过政府领导干部的决策、执行等行政行为来体现，其领导水准高低不仅是个人素质高低的反映，更是政府管理科学与否的体现。领导活动状况是政府形象的具体反映，并对全社会起示范作用。政府领导干部的职权是国家和人民授予的，不是由个人或其他组织赋予和认定的，其行政职权具有强制性，领导活动行为受国家法律的规定保护。政府领导干部是国家政治主体的重要组成部分，同时也是政治责任的主体。政府领导的政治责任主要包括两个层面。一是政府领导干部必须接受党的领导，正确地执行党的方针政策，接受党的监督，并在政治上对党负责，这是政府领导工作的根本政治保证，也是政府领导工作应坚持的基本原则之一；二是政府领导对国家权力机关的执行责任，即执行国家权力机关制定的法律、法规和决定。政府领导干部的一切行为须以宪法和民意为归依，行使行政权力须对人民代表大会及全体人民负责，即“合政体、合民意、合民利”。

（二）社会性

政府领导的决策、管理与社会现实的各种因素相联系，任何政府领导的活动都直接同社会的其他过程紧密结合，政府领导的活动过程也是给社会带来直接影响的过程。所以，领导行为一方面必须向上级领导或组织负责；另一方面必须思考、预测、评估其行政行为对社会的影响。这种影响包括政府领导行为是否符合社会基本道德规范、符合人民群众的利益，决策结果是否有利于社会公平与公正，是否有利于社会稳定与可持续发展等诸多方面。在我国对政府领导的评价不仅来自领导上级，更来自社会公众。因为政府领导的政策制定和权力运用是否科学合理，只有社会公众最关心、看得最清楚、体会最深，也最有资格评价。政府领导的社会性特征体现着这样深刻的意义：领导行为必须保持对上负责与对社会公众负责的一致性。领导活动与方式的运用必须考虑社会的接受程度，要以人民群众接受为前提。习近平指出：“一个政党，一个政权，其前途和命运最终取决于人心向背。如果我们脱离群众、失去人民拥护和支持，最终也会走向失败。”[①] 必须密

---

① 习近平谈治国理政［M］. 北京：外文出版社，2014：15-16.

切联系群众改变官僚作风，领导者要以一个服务者的身份走向公众，将“领导就是服务”的本质融入其中，即“直接与公众接触，提供足够的信息，使用灵活的服务方式，尽力为公众提供各种方便，从而使顾客成本最小化，提高顾客的满意程度。”①

（三）权威性

政府领导的权威是实现公共管理活动的前提和基础。首先，权威和权力有着紧密的联系，政府领导的权威是由其权力的来源，即权力是由人民授予的，公意是政府领导权力的合法源泉和原始权威；其次，权威与威信又有密切的关系，即领导有能力做出被众人所认可的业绩，获得对其产生敬佩感、信赖感的威信。从根本上讲，政府领导的权威是一种权力委托和利益代表的关系。当政府领导运用人民赋予的权力能够代表与实现人民的利益时，就会受到拥护并承认领导的权威，但当领导所代表的利益不符合甚至违背人民的利益时，必招致反对且否定已经名存实亡的领导权威。人民群众的信任是政府领导权威的根本动力。政府领导的这一特性表明，只有始终代表最广大人民的根本利益，才能建立真正的领导权威。另外，还应如列宁所指出的那样：保证不是靠权力，而是靠威信、毅力、丰富的经验、多方面的工作以及卓越的才能来提高领导权威。所以，政府领导要努力提高自身形象，形成强有力的人格凝聚力、渗透力和向心力去感召他人，用实际行动为众人树立榜样；同时深入社会体察民情，把握社会发展动态推出符合客观实际的政策措施，用科学的方法化解社会矛盾与解决问题，用廉洁奉公的风范树立公仆形象，赢得民众真诚的赞同和信任，从而获得真实而长远的领导权威。

二、政府领导的使命

“使命”原意是指使者奉命出行，现指重大任务和责任。习近平总书记指出：“面对浩浩荡荡的时代潮流，面对人民群众过上更好生活的殷切

---

① ［美］拉塞尔·M. 林登. 无缝隙政府——公共部门再造指南［M］. 汪大海等译. 北京：中国人民大学出版社，2002：5.

期待，我们不能有丝毫自满，不能有丝毫懈怠，必须再接再厉、一往无前”①。政府领导的使命在于为社会做贡献、为人民的福祉引领社会变革与发展。政府领导的使命涵盖了领导的精神境界、品质和价值取向。“使命感”是担负领导责任与体现职业精神的灵魂。具体来讲，政府领导的使命主要体现在如下几方面。

（一）追求为人民谋利益的目标

目标是领导理想的体现，是领导者的一种精神动力，这种动力对于推动领导的开拓性工作是一种无穷的力量。“领导者的创新在很大程度上依赖于明确的理想所带来的方向和信任的共同感觉。”②

领导的理想、精神是价值层面的追求和动力，即希望在工作中展现怎样的思想，将工作做到什么程度、体现什么样的效果等，然后才会有新思路、新点子、新计划等。领导活动的过程是产生创新思路，并带领群体去实现思路目标的过程。这里首要的问题是领导的理想、目标建立的基础，即它的出发点、衡量标准。目标对于政府领导的理想，首先是由人民对未来美好生活的向往和追求所决定的。人民日益增长的物质与文化需求，以及在追求美好未来的过程中所产生的问题，都需要政府领导有更高的目标定位。人民的追求是无止境的，这是社会进步与发展的动力，也是政府领导工作不断要有新思路、新目标的源头。政府领导的社会形象和使命是来自于对人们渴望的关注，以及恰到好处地提出这种渴望的内涵与实现的路径。

（二）开创未来引领变革与发展

政府领导要为推进社会历史的进步贡献力量，要有致力于社会长期发展的使命。政府领导的雄心壮志不是建立在个人成就感的基础上，更不是为了个人的所谓政绩而急功近利，而是要把自己与国家或社会发展的伟大事业联系在一起。为此，政府领导不仅要脚踏实地解决当前存在的问题，而且要深谋远虑地为开创未来引领社会变革与发展。中国正处于社会转型

① 习近平谈治国理政［M］. 北京：外文出版社，2014：39.

② ［美］詹姆士·奎恩，等. 创新爆炸［M］. 惠永正，等译. 长春：吉林人民出版社，1999：206.

的关键时期，特别需要有这样一批具有高度敏锐感和创新能力的领导，在激烈的社会变革过程中去发现趋势和创新发展，这是政府领导的责任与使命，也是其社会价值的重要体现。政府领导必须确立对事业创新发展的使命感，这是领导工作不断遇到新问题与各种挑战所决定的，也是领导活动本身的特点或使命所决定的。在行政组织内部，政府领导就是要引领其成员到达他们不曾去过的地方，以实现更高的工作目标，达到更好的工作效果；在行政组织外部，政府领导通过政策的制定与执行去引导民众，在服务民众的同时将人们的思想提升到更高的境界，以努力推进人们的全面发展和社会现代化的共同发展。

（三）扭转被动落后的困难局面

被动落后局面的形成是诸多矛盾的集中反映，这些矛盾有历史遗留的，也有现实产生的，各种问题相互交错，内耗不断，以致难以形成统一的工作力量。这种被动的困难局面无论是前任遗留的，还是当前某种因素触发的，作为现任领导都有责任去把握症结所在并及时扭转，决不能随遇而安或听之任之。能否转换被动落后的困难局面，使之根本转变顺应时代发展的要求，是对政府领导工作作风、精神境界等综合素质与能力的检验。考察领导者的党性、作风和能力状况如何，不是反映在风和日丽的平常时期，而是在困难与挑战袭来之时。有的领导遇到一些困难与棘手的问题就绕道而行，不敢负责任、不愿主动担当，不仅存在的问题没有得到解决，还可能因错过时机而使矛盾激化，这绝不应该是领导干部的行为。遇到难题矛盾不退缩、不回避，不怨天尤人，而是直面现实迎难而上，勇于承担责任、担当起重任，这是政府领导的使命，也是领导活动能否开创新局面的关键。任何新局面的产生都与锐意进取、开拓前进、摆脱劣势的过程紧密相连，这个过程也是旧观念、旧体制、旧环境得到改造与各种新因素得以建立发展的过程，即只有稳妥有效地化解各种复杂棘手的问题，才能有新的良好局面的形成。

（四）培育造就人才与完善自我

政府领导能否培育造就大批优秀人才，不仅直接影响着领导效能的高低，而且关系到事业的成败和国家的兴衰。古人云："治国之道，唯在用人""为政之本在于任贤"。知人善任、培育人才是领导的施政之要。习近平总书记指出："我们党历来高度重视选贤任能，始终把选人用人作为关系党和人民事业的关键性、根本性问题来抓。"①

为此，政府领导要有为党和国家的事业培育使用人才的使命感，具有这样一种使命感才能更好地履行领导选人用人的职能，即善于发现人才、培养人才并科学地使用人才。领导是与部属共成长的，两者之间相互影响，或互相促进，或互相掣肘。所以，能否善于任用人才与培育造就人才，也是检验领导水平高低的重要标准，正如邓小平所言："善于发现人才，团结人才，使用人才，是领导者成熟的主要标志之一。"② 为担负这一使命政府领导应加强自我锤炼。一要培养宽广的胸襟，在用人上不存私念。杜绝用人中的"任人唯亲""任人唯利"，杜绝用所谓的"潜规则"搞关系网、拉"小圈子"。二要练就识才的慧眼，能正确认识那些不"唯书""唯上"，有独到见解和勇于开拓创新的人才，为他们创造施展才华的舞台。三要提高统御的能力，即在把握全局的基础上，将人才与职位、资源进行科学合理配置，使其有发挥独特优势的空间。

第二节　政府领导活动要素的变革

适应与反应理论认为，领导活动受宏观变量与微观变量的影响。宏观变量主要是指国际国内政治、经济、社会、自然环境，以及服务对象需要与诉求等因素的变化对领导活动的影响。宏观变量更多地是指领导活动的外在要素；微观变量的内容主要包括，领导战略、目标、组织、人员、制度、财物等，它更多的是指领导活动的内在要素。宏观变量与微观变量对领导活动的影响不同，政府领导活动更多的是受宏观变量影响，领导工作必须适应宏观变量，对微观变量做出反应和调整。

---

① 习近平．在全国组织工作会议上的讲话［N］．人民日报，2013-6-28.

② 邓小平文选（第三卷）［M］．北京：人民出版社，1993：109.

一、领导活动要素与内在规律

领导作为一个社会组织系统，主要由领导者、被领导者、环境三个要素组成。领导者是这个系统中的主要方面，领导者的能力、学识、胆略及人格魅力等综合素质，都会对领导活动的效果产生极为重要的影响作用。在现实社会中人们经常看到，有效的领导行为可以解决问题，推进发展，正所谓“为官一任，造福一方”；而错误的领导行为不仅会损伤群体的利益，甚至还会败坏社会风气。这些都反映了领导者主导地位的价值意义。被领导者、组织成员或群体，美国领导学界将其称为“追随者”“自我领导者”等，意在表明组织成员在领导行为中的能动作用。领导者只有与群体通力合作才能开展领导活动。任何事情都是要靠大多数人来做，多数人的聪明才智、能力、观念等各种因素决定了事物的发展方向与最终效果。群体能动精神的开发既是领导目标实现的基础和事业创新与成功的关键，又是领导活动的重要职能。环境是领导行为的客观条件，任何一种领导活动都是在特定的环境中展开的。华伦·本尼斯说：“一个不断取得成功的领导者，其天才之处在于能感知环境的变化。”① 只有体现主观与客观的统一时，领导活动才能有成效，如当客观已变而领导认识或方式未及时更新时，就会阻碍事物的发展。因此，感应环境、利用环境和改造环境是领导行为永恒的课题。

领导行为多种要素的结合过程就是领导活动的矛盾运动过程。这些矛盾内在的本质联系就是领导活动规律。马克思说：“规律——我指的是两个表面上互相矛盾的事物之间的这种内在的和必然的联系。”② 领导活动的三个要素在运作过程中相互联系，并构成两对基本矛盾：一是领导者与被领导者之间的矛盾；二是领导活动目标、方式与环境之间的矛盾。领导活动的两对基本矛盾，各自具有不同的本质联系，形成了相互区别的规律性。领导科学是揭示领导活动规律性的学问，而领导力就是能把握领导活动诸要素内在的必然联系，并用符合规律性的方式去驾驭领导活动的力量。

---

① ［美］华伦·本尼斯．领导艺术全书［M］．李德荣编译．北京：海潮出版社，2002：273.

② ［德］马克思．资本论（第3卷）［M］．北京：人民出版社，1975：250.

二、政府领导生态环境的变化

领导活动三要素之间形成相互依存、相互作用的互动关系时，便构成了领导生态。所谓领导生态，是指在领导活动过程中据以发生、发展和产生效用的各种条件、因素组合而成的领导综合状况。政府领导生态主要是指领导活动与其环境之间的关系，是政府领导开展工作与相关的内部和外部环境之间的综合关系。内部环境包括人、财、物、体制机制、组织文化等诸多因素，外部环境包括政治、经济、社会、文化等多重因素。政府领导活动是个开放的系统，与社会各方面有着紧密的联系。政府领导活动又是一种由外而内的推进过程，即社会发展的外在需要是政府领导决策、执行的依据和出发点，社会建设的总体效果是政府领导活动成效的检验标准。政府领导活动环境的诸要素始终处于动态变化过程之中，而且变化呈现出多样化的态势。

（一）环境变化的客观性与影响

领导活动环境中诸多变化因素的存在，与领导者的主观意志及喜好与否毫无关系，它是超出领导者控制之外，甚至意识之外的一种客观力量或事物。如国际金融经济危机的爆发，是突如其来和难以事先预料的，但它对我国经济发展方式的影响却是实实在在的。当领导者在努力取得成功之时，各种超出他们控制之外、甚至意识之外的反向力量也同样在发生和运作。对于环境变化的突然性与客观性，领导者需要有敏锐性和警觉性。在开放的社会，外在风吹草动的变化对本地政府的领导工作都会有千丝万缕的联系。对于国际国内的诸种变化，领导者必须按照事物的本来面貌去考察、认识，不加任何个人偏见，通过探索与正确的认知把握其中的发展进程和变化规律。

（二）变化带来的复杂与失衡

领导活动环境复杂的变化因素主要体现于三点。首先，变化因素的广泛性与相互交叉呈现出纷繁复杂的状态。领导活动外在的或宏观变化涉及国际国内的多种因素，这些因素在变化过程中产生的错综复杂的问题对本地区的领导活动具有直接影响。其次，当环境变化影响到本地区的领导活动时，变化会引起矛盾与失衡。如变与不变的矛盾，即内部或与之相关的因素中，有些随着环境变量的变化而迅速变化，而另一些则继续保持，产生变与不变的不和谐，使原有的整合模式失去均衡。最后，当宏观环境变化的方向大势已定，在对微观变量做出反应和调整时会引发新问题。如有的领域要做出退让、有的要做出牺牲或只能作为新发展的基础，而有的则要求更快更好地谋取发展、有的要从无到有地创新发展等，这些都涉及领导活动内部的战略调整和人、财、物的重新组合。

（三）变化中的动态与稳态矛盾

环境变化的各组成因子，都是动态的、不断变化的，有许多因素的变化是难以预料的，各种不确定事情也会经常发生。应该说整合可以使各种变化在一定时期体现为一定的模式或状态，体现为一定的稳定性；但从根本上说，任何稳态整合都是暂时的，不仅表现在稳定性要依靠动态运转来维持，而且在这种稳定性之下，变动又是不断的。这样，刚整合稳定的态势又会被新的变化因素打破，产生新的矛盾。发展的过程，是新的变化因素生长的过程，维持变动中的相对稳定，是持续发展的必要条件。所以，政府领导不能满足于暂时的稳定状态和成绩，需要不断感知新的变化因素，以创新的精神推进建立在新价值、新原则下的新的整合。适应变化环境、整合变化因素、谋划变动趋向、不断化解新的矛盾是政府领导永恒的课题。

（四）变化因素的可塑与可利用

环境中诸多变化因素的存在是客观的，是不以人的意志为转移的，但这并不等于说领导者面对客观变化的变化就无能为力，只能听命于客观变化的摆布，而是可塑、可改造和可利用的。也就是说，领导者不仅要认识各种变化的客观性存在，还要分析其中有用、有价值的因素，利用变化中的诸种有利因素为发展服务，同时达到改造环境扭转局势，变不利为有利的目的。当然，这种改造不是随心所欲的，而是在把握客观规律的基础上，按规律发展的趋势，推动环境与其中的因素朝着有利于领导活动的方向发展。

三、政府领导活动面对的挑战

不同的环境、不同的时代背景，会对领导活动提出不同的目标和任务要求。进入 21 世纪之后，我们国家的经济社会形势发生了巨大的变化，面对错综复杂的发展环境，正如习近平总书记所指出的“当前，国内外环境都在发生极为广泛而深刻的变化，我国发展面临一系列突出矛盾和挑战，前进道路上还有不少困难和问题。”① 要战胜一系列的困难和风险，妥善解决中国发展中的一系列矛盾与问题，唯有坚持不懈地推进改革与创新。在经过艰苦卓绝的理论创新、观念创新、体制创新后，中国获得了举世瞩目的快速发展。但发展与问题并存，特别当各种新矛盾和新问题大量涌现时，表明原有的创新成果已不能满足新发展的需要。无论是适应新变化、新发展，还是解决新矛盾都对政府领导的思维观念、能力素质和工作方法提出挑战。

（一）全面深化改革对政府领导理念提出挑战

在新的历史起点上，时代要求进一步全面深化改革，经济社会发展呼唤进一步全面深化改革，人民群众期待进一步全面深化改革，改革的步伐不能停顿，更不能倒退。中国政府充分认识并自觉顺应人民群众的愿望和时代要求，反复强调必须以更大决心冲破思想观念的束缚、突破利益固化的樊篱，坚定不移地把改革推向前进。全面深化改革是在继承已有发展成果的基础上，是敢于向更高的发展层次迈进，同时也客观指明了变化中的诸多有利因素和机遇，提出了顺应时代发展的大势，在经济、社会等方面进一步发展的具体运作路径。推进全面深化改革，各级政府领导必须形成新的思维观念和发展理念，否则很难担负起这一历史重任。

目前，在领导队伍中存在着与全面深化改革不相符合的各种问题，影响着继续发展的需要：如一些领导将以经济建设为中心，简单地理解为经济建设为唯一，置社会稳定、民众感受和利益于不顾，盲目而武断地实施

---

① 习近平谈治国理政［M］. 北京：外文出版社，2014：71.

扩张，以及与民争地争利行为，造成严重的社会矛盾；有的为追求短期效应和个人政绩对环境的严重污染和破坏于不顾，恣意地大干快上，给百姓的健康和安全留下隐患；有的不善学习，观念陈旧，对用科技、知识的创新，人的创造力取代资源、劳动力等简单增长方式不甚了了且难以作为；有的地方领导凭经验和热情，对如何发展不调查研究，不了解真实情况，想当然、瞎指挥，随意地圈地上项目；有的政府部门直接参与招商引资，落户后又不为投资者解决实际困难和问题，使企业难以获得生存空间等，种种问题都制约着地方经济社会的健康发展。

经济社会发展在由低级向高级转变，在由量向质的转化的过程中，“加快从要素驱动、投资规模驱动发展为主向以创新驱动发展为主的转变”①，要求政府领导者的观念也必须实现同样的转型，这是实现中国经济社会全面发展新腾飞与新突破的关键。

（二）突发事件频发对政府领导能力提出挑战

当前我国正处于突发事件的高发期，自然灾害、安全事故、群体上访、重大恶性案件等频繁爆发考验着各地政府的领导能力。任何一个突发事件都有可能把潜在的社会矛盾引发出来，威胁着整个社会的安定。面对突发事件，如果不能迅速果断地控制局面，使矛盾激化、事态扩大，就会产生严重后果。

应该说，当前各级政府领导存在着应对突发事件能力普遍不足的问题：在认识上，对突发事件如何看待，反映的是领导判断问题的能力，有的领导是缩首缩尾“惶惶然”，或是极力回避“捂盖子”、压制矛盾；在行动上，用什么方法应对，反映的是领导解决问题的能力，而有的领导只知一味地动用公、检、法机关或是简单地用武力与群众的利益诉求相对抗，致使矛盾升级且进一步激化；在预防上，如何防止一些问题产生或蔓延，反映的是领导把握未来与防患未然的能力，而一些领导平时对社会稳定、安全生产等问题根本不在意、不重视，思想上麻痹大意，看不到产生突发事件的潜藏隐患，更预测不到突发事件可能还会带来的其他连锁反应；在

① 习近平谈治国理政［M］. 北京：外文出版社，2014：119.

协作上，如何形成共同力量扼制事态发展，反映的是领导协同作战的能力，可在现实中有的领导缺乏全局意识，没有系统和整体协调的能力，信息不畅或舆论引导不利，导致不理性的混乱局面或错过最佳处理突发事件的时机。

突发事件具有来势凶猛、影响范围大、复杂多变、各种矛盾相互交织、无特定发展方向等特征，处理起来有时会陷入无章可循、无从下手、慌乱无措的困境。因此，有效处理和解决突发事件，要求政府领导有对复杂形势的研判能力、果断制定正确措施的能力、总揽全局协调各方的能力、建立科学机制的能力等。突发事件是对一国政府和地方政府的严峻挑战与考验，有效平稳地处理突发事件是各级政府领导的重要责任，同时也能全面综合地检验政府领导的执政水平与领导能力。

（三）多元价值追求对政府领导方式提出挑战

中国正处于社会转型时期，产生的矛盾和不确定问题比较集中，如在新旧体制的转轨过程中，出现了人们的利益分化、价值观念多元化等一系列社会变革中的新情况和新矛盾。面对群众工作出现的新动向、新态势，若不能正确及时和耐心引导解决就有可能成为严重的社会问题。不同的态度与方法反映出领导者的群众观念、立场、能力和责任心，反映出能否满足新形势下群众工作的需要等状况。

应该说，对群众问题冷漠的状况，在领导队伍中带有普遍性，只是表现与反映形式不同而已：如有些领导对新时期群众的利益分化与多元诉求问题不研究、不熟悉，甚至不认可，将群体反映的问题就认定为“闹事”，感情上对立、态度上生硬、方法上简单；有些领导群众观念淡漠，对群众切身利益问题麻木不仁，对已经怨声载道的问题也不管不问，致使群众失望，上访信件与集体上访事件随之上升；有些领导热衷于部门或少数人的利益，在创新制度、改进作风等方面不肯跨前一步，遇到问题就怨天尤人、牢骚满腹，对基层群众特别是困难群众的利益和愿望很少顾及；有些领导群众工作能力差，对群众反映的问题表现出无能为力、束手无策的状态，所以能压则压、能拖则拖，等闹到出人命才就事论事，控制不住就动用武力与冲突的群众抗衡；有些领导权力价值观有偏差，利用权力所具有主导性、支配性、决定性的特性，自视“高人一等”，因此产生随意、专断的“执法”行为，损害了法律权威、削弱了法律的公正性，造成了严重的社会问题甚至冲突。

诸如此类的问题，已在相当程度上反映了一些领导在群众工作中的错位、缺位和不到位，表现出在解决人民群众切身利益问题上的软弱现象，是导致某些矛盾升级或激化的重要原因。

第三节 政府领导工作的创新与适应

邓小平同志说：“世界在变，人们的思想不能不变”“要发展就要变，不变就不会发展”①。中国的改革开放就是首先从思想观念的转变开始，带来了中国经济社会的巨大变化与发展。今天要实现中国经济社会向更高层次发展，需要进一步解放思想，而政府领导思想方法与工作方法的创新和适应是其中最重要的基础。

一、政府领导思想方法的创新与适应

思想方法是人们在认识世界和改造世界过程中，观察与研究问题的思维视角，是解决“怎么想”的问题。思想是行动的先导，领导活动要适应社会发展的需要，必须坚持正确的思想方法。从政府领导工作符合社会发展的要求出发，确立如下一些思想方法是至关重要的。

（一）确立以人民向往为目标的牵引式思维

目标是事实定位与价值定位的统一，也是领导者世界观、价值观与方法论的有机融合。在目标的指引下，领导者就要对领导行为进行选择、控制与调节，站在目标的战略高度创新于今天的工作。习近平总书记明确指出：“人民对美好生活的向往，就是我们的奋斗目标。”② 这不仅为中国发

① 邓小平文选（第三卷）［M］．北京：人民出版社，1993：283.

② 习近平谈治国理政［M］．北京：外文出版社，2014：4.

展指明了方向，也为各项领导工作如何开展、怎样推进指明目标。目标一旦确定，各级领导必须从目标出发，决定工作的主次与轻重，明确应该将注意力集中在何方，站在目标的高度牵引现实的发展，这就是牵引式思维。牵引式思维不是停留在今天的状态上，而是从未来发展目标的要求上，看应该如何去行动，然后一步步接近未来的目标。用未来筹划今天的应然目标、解决实然问题，通过今天的未雨绸缪、积极准备以应对明天的变化与挑战，实现过去、现在与未来的辩证统一。所以，牵引式思维是创新思维的一种重要形式，领导者运用牵引式思维才能紧跟目标发展的方向，创新现在的工作以不断达到更高的发展与境界。“人民对美好生活的向往”就是这样一种创新思维与目标的体现，为中国经济社会的如何发展指明了前进的方向，只有用“人民的向往”作牵引才能改变领导思维中的诸多不和谐观念，解决前进道路上遇到的各种问题与困难，以实现中国经济社会健康全面的发展。目前，特别需要各级政府领导将“人民对美好生活的向往”的目标化为一个个具体的应然状态，从实然情况出发，集中力量和资源将应该解决的问题首先解决，不拖延、不等待，能够做到必须做好，只有保持应然状态与阶段性目标、长远目标有机地结合，阶段性目标才会有基础，最高目标才会有意义。目标的理想价值，只有通过一个个具体的应然目标的实现，才能展现其强大与旺盛的生命力，如习近平总书记所说的，“一张好的蓝图一干到底”①，才能梦想成真。

（二）确立探知不确定问题的创新发展思维

不确定性，指的是事先不能准确知道某个事件或某种决策的结果，即发展处于不稳定状态中，行为的结果具有不可预知的风险性，表现为无序性、差异性、模糊性、不稳定性和不可预见性等。这是一个描述或分析复杂环境的综合性概念，它既是人们对某一客观事物的模糊认识，也表明对该事物运作前景的担心和难以把握的疑虑。不确定性是领导活动的常见现象，它表明领导创新的常态性，也反映了领导工作的复杂性与挑战性。时代赋予中国各级政府领导以特别的使命，那就是在大量的未知领域，在前

① 习近平谈治国理政［M］．北京：外文出版社，2014：399.

人没有涉足的地方拓展成功的通道。

政府领导确立探知不确定问题的思维具有三重意义。一是破除传统经验。如果所遇到的不确定性是对领导过去经验的否定，打破了以往确定性的看法，这就可以调整领导对事物固定或单一的认识，培养多维度分析问题的视角，使思维适应客观世界的复杂变化。二是激发创新的热情。波拉克一边看到由于不确定性的存在，使我们对未来的预测总是模模糊糊，一边提出“科学会因为不确定性而衰弱吗？恰恰相反，许多科学的成功正是由于科学家在追求知识的过程中学会了利用不确定性。不确定性非但不是阻碍科学前行的障碍，而且是推进科学进步的动力。”① 在经济转型发展过程中，中国科学技术领域有大量不确定性问题需要探索，而这为领导科学的发展提供了更深更广的思维空间。三是与自然和睦相处。在自然界无声无息的不确定的影响面前，政府领导要防止片面强调人对自然的支配和征服力量，不能不顾一切地挖掘开采，要正确地对待自然、对待未来，克服人类中心主义所带来的对自然的破坏，以正确的态度处理人与自然的关系。

（三）确立全局长远发展的理性决策思维

全局长远发展的理性决策思维，是一种能够洞察全局、指导全局，思考长远、谋划长远的思想方法和决策能力，即各级政府领导要善于研究和把握全局性、战略性和前瞻性的重大问题，用系统整体的思维方法，对全局的、长远的、复杂的根本性问题进行分析判断，在宏观层次上运筹帷幄、登高望远、全面布局，做出有利于地方经济社会健康长远发展的科学决策。但是“与问题有关的空间愈大，时间愈长，真正关心其解决办法的人就愈少”②。一般情况下，人们会更容易、更密切地关心当前的、短期的、个人的、小范围的事情，而难以顾及长远的、全局性的事情。现在，一些领导干部就属于这种情况，对事关战略全局的问题不重视，不熟悉，

---

① ［美］亨利·N. 波拉克. 不确定性的科学与不确定性的世界［M］. 上海：上海科技教育出版社，2005：6.

② ［美］德内拉·梅多斯，等. 增长的极限［M］. 李涛，王智勇译. 北京：机械工业出版社，2006：13.

陷于事务主义，结果往往事倍功半，甚至事与愿违。

确立全局长远发展的理性决策思维，最关键的是要把本地区的经济社会发展置于国内外宏观形势和全国工作的大局来思考和谋划。一个地方的政府领导如果对长远或大局的发展不清楚，局部的工作就没有方向，就不可能取得真正有效的成绩；如果对当前国际和国内的形势不是了然于胸，把握住发展趋势，就不能清醒地抓住机遇，推进本地区、本部门、本单位的工作；如果对加快建立社会主义市场经济体制的大局若明若暗，对以建立现代企业制度为中心的国有企业改革认识不清，就不能推动地方企业进一步的深化改革，取得企业发展的主动权；如果对加强社会主义精神文明建设掉以轻心，对社会主义民主和法制建设抓得不力，就不能有效地维护和保持区域政治安定和社会稳定。显而易见，大局在胸、长远思考，对各级政府领导创造性地做好工作，提高科学决策水平是极其重要的。

二、政府领导工作方法的创新与适应

工作方法是为实现一定的目标所运用的各种手段、办法与程序的总和，是解决“怎么做”的问题。在长期的领导活动中已积累的行之有效的方法需要传承和发扬，但在社会快速变革与发展的面前，政府领导方法有很多不适应的问题。提出如下三方面的方法来创新和掌握，以表明政府领导工作方法一定要与时俱进，与时代要求相适应。

（一）创新社会管理的方法

在传统时代，社会各组织运行相对稳定，运转的过程也有基本的程序，政府领导可以根据惯例和制度赋予的权威进行领导。而在网络化、信息化时代，快速的信息传播与扩散，舆论渠道甚至行动的发出已经不再是以政府为中心，政府原有的权威基础在削弱，凭借过去用权力进行管理的方法已很难符合社会发展的需要。应该说，网络与信息社会的兴起对政府领导的权威来源与管理方法提出了挑战，政府领导的很多工作从程序化转向非程序化，从体制内转移到了体制外。对此，政府领导若不能重新审视与准确定位，不及时转变管理方法就难以继续引领社会的发展。

根据社会的发展变化，政府领导创新社会管理方法必须实现四个方面的转变。一是从以政府为中心“官本位”为形式的决策者转变为以社会为中心“民本位”为形式的服务者。即准确把握时代脉搏，从社会进步与民众的需求利益出发，制定出相适应的有关政策措施，而不是从政府的视角出发想当然。二是从追求政府自身利益的“企业家”行为转为追求社会利益的“中介人”行为。即当企业或开发商与社会民众利益产生矛盾时，政府领导不能完全倒向企业一边以追求自身利益最大化，而应是协调双方利益的中间人。三是从过去替民做主的“救世主”转为由民做主的“服务员”。即为人民群众的自我管理、自我决策和自我价值实现提供服务与引导，而不是取而代之。四是从过去注重政府工作的“效率政绩”转为更关注公众对政府服务的“满意程度”。即政府工作效果的衡量标准，应建立在社会进步与群众认可的基础上，而不能自我肯定与欣赏。

（二）掌握统筹兼顾的方法

中国地域广阔、人口众多，各地区经济文化水平的差异很大，运用“统筹兼顾、综合平衡，突出重点、带动全局”的工作方法非常重要。从发展的视角界定，“统筹”是要总揽全局、科学谋划；“兼顾”则强调照顾各个方面，把发展看作是各方面共同推进、彼此协调的过程。统筹兼顾体现的是事物之间普遍联系的本性，反映的是一切事物、现象之间及内部诸要素之间的相互影响、相互作用和相互制约的关系。政府领导运用统筹兼顾的方法推进经济社会协调发展，关键是要实现“两点论”与“重点论”的动态均衡：也就是既研究主要矛盾，也认识次要矛盾，二者不可偏废，即在突出重点时要带动一般。正如习近平总书记所提出的那样：“有的时候要抓大放小、以大兼小，有的时候又要以小带大、小中见大，形象地说，就是要十个指头弹钢琴。”①

运用统筹兼顾带动全局的工作方法，领导者应把握如下操作视角。一是在变化中做出调整，解决此消彼长问题。随着环境的变化、条件的改变，原先发展的先后顺序、主次作用、高低比重等情况也必然要发生变

① 习近平谈治国理政［M］．北京：外文出版社，2014：102.

化，因此，必须做出及时的调整以应对此起彼伏的发展需要。二是在比较中权衡利弊，分清孰轻孰重状况。通过充分比较，缜密分析，判断得失，对影响和制约大局发展的“瓶颈”因素，必须善于抓住重点集中突破。此时其他方面都要配合重点的推进，防止用原有的立场无视重点的转化。三是在相互联系与促进中，体现左右兼顾思路。重点选择不是排他的选择，而是找到一个最佳的相互兼顾、相互补充、相互融合促进的着力点，使之兼顾到各方。像弹钢琴那样，十个手指都要有动作，不能有的动有的不动。但十个手指同时按下去那也不成调子，要产生好的音乐，十指动作必须要相互配合，要有节奏。

（三）强化依法行政的方法

依法行政是带有方向性和全局性的管理方法，它是法治政府建设、权力规范运行、维护社会公民切身利益的根本方法。但在现实工作中，一些地方政府领导还是习惯于传统的工作方法，以言代法、以权压法、执法扰民、违法执法等问题仍严重存在。依法行政的重点难点在地方政府，特别是市、县两级地方政府，因为其实际工作直接涉及人民群众的具体利益，各种社会矛盾和纠纷大多数也是由市、县级政府处理的。所以市、县级政府能否切实做到依法行政，直接影响着政府的形象与社会的和谐稳定。习近平总书记指出：“要把能不能依法办事、遵纪守法作为考察识别干部的重要条件。”[①]

《中共中央关于全面推进依法治国若干重大问题的决定》为法治中国的建设绘就了新的蓝图，这在中国法治发展历程中具有里程碑的意义，必将推动中国法治跨越到更高的水平和层次。该决定明确了法治政府的六点特征：职能科学、权责法定、执法严明、公开公正、廉洁高效、守法诚信。要求政府机构、职能、权限、程序、责任法定化，推行权力清单制；健全行政重大决策的法定程序、合法性审查机制、责任追究制度；深化行政执法体制改革；全面推进政务公开等。依据其特征与要求，依法行政方法在具体运作中有三个方面需要特别加强。一是政府执法权力要接受公民

① 习近平谈治国理政［M］．北京：外文出版社，2014：146.

监督。即通过多种途径将政府的执法程序、执法时限、执法内容、违法责任追究等各项制度公之于众，以增强执法的透明度与全社会对行政执法工作的了解，在阳光操作中实现对依法行政的自觉性。二是政府执法行为要规范。即必须完善执法程序，相对集中行政处罚权，统一行政裁量标准，提高行政执法的监督检查力度，消除多头执法、重复执法，防止执法中的随意性与造成的相互扯皮推诿等现象。三是严格实行行政执法人员持证上岗和资格管理制度，未经执法资格考试合格，不得授予执法资格，不得从事执法活动。严格执行罚缴分离和收支两条线管理制度，严禁收费、罚没收入同部门利益直接或者变相挂钩。

习近平总书记多次指出，“国无常强，无常弱。奉法者强则国强，奉法者弱则国弱。”① 各级政府坚持依法执政，树立法治思维，掌握法治方式，建设法治政府，才能凝聚中国共识和力量，弘扬中国精神，共建法治之中国，复兴中华之文明。

思考题

1. 如何认识政府领导的特性与使命？

2. 新时期政府领导活动如何推进创新发展？

3. 确立以“人民对美好生活向往”为目标的牵引式思维对领导工作的意义？

参考书目

1. 习近平谈治国理政［M］. 北京：外文出版社，2014.

2. 陈中立. 思维方式与社会发展［M］. 北京：社会科学文献出版社，2001.

3. ［美］约翰·杜威. 确定性的寻求：关于知行关系的研究［M］. 傅统先译. 上海：上海人民出版社，2005.

① 习近平在2014年9月5日庆祝全国人民代表大会成立60周年大会上的讲话中引用《韩非子·有度》中的一段话。

第二章
政府领导的素质与能力

各级政府领导者作为公共管理过程中的决策者、组织者和协调者，承担着为经济和社会发展保驾护航的重任。实践表明，领导绩效的高低强弱，主要取决于领导者的理想信念、政治素养、战略思维、工作能力等方面的综合素养，以及建立在此基础上的领导班子的团结协作水平。当前，我国正处在社会转型的关键期和各种矛盾的凸显期，作为政府领导者需要不断调整和优化思维结构，积极培养和构建驾驭时势、适应变革的新型能力和素质，成为既适应时代和社会发展需要，又具有战略眼光和前瞻思维，拥有应对和处理复杂性公共问题的能力与素质的复合型人才。

第一节　领导者的素质

一个人能力和素质的高低，固然受到先天因素的影响。但是，真正起决定作用的还是后天的社会实践以及在此基础上的自我学习和修养。恩格斯曾经说过："人的智力是按照人如何学会改变自然而发展的。"[①] 因此，领导者只有按照现代公共管理的要求，不断加强自身的素质养成和能力训练，才能胜任复杂公共事务治理的需要。

一、领导者素质的构成

培养和造就大批具有优秀的政治品格、广阔的世界眼光、强烈的创新意识、良好的道德修养、务实的领导作风、深厚的知识积累的高素质政府领导干部是经济社会发展的迫切需要。领导干部的能力素质具有丰富的时代内涵，不同时期、不同发展阶段对领导干部的素质要求虽然存在差异，但是也有一些共性要素。

（一）政治素质

政治素质是关于领导者的政治方向、政治立场、政治品质和思想作风

① 马克思恩格斯选集（第3卷）[M]．北京：人民出版社，1972：551.

等方面素质的总和。它是领导者社会属性的体现，决定着领导活动的性质。从更深层次上看，它也是决定其世界观、人生观、价值观、幸福观、节操观、责任感、义务感、荣誉感等思想观念的内在基础。政府领导者是一个国家、一个地区大政方针的决策者，或者是一个部门工作的指挥者，其政治素质如何，不仅关乎本人的发展，而且会影响到国家的长治久安和社会的繁荣发展。领导者的政治素质包括如下几个方面。一是把握和坚持正确的政治方向，树立正确的政治理想与信念，遵守政治纪律，在政治方向、政治立场与政治观点上保持与中央的一致性，不断培养政治鉴别力和政治敏锐性。在此基础上，执行党的路线、方针和政策，使其变为有序的行动。二是树立正确的权力观，正确行使手中的权力。领导者必须解决好权力是谁赋予的以及为谁掌权、怎么用权的问题，保持清醒的头脑，严格要求自己，以身作则，办事公道，为政清廉，自觉地接受群众监督，切实解决人民群众最关心、最直接、最现实的利益问题。三是建设优良的思想作风和严格的组织纪律。领导者在职业生涯发展中要一以贯之地加强自身修养，提高“慎独”“自律”的自觉性，主动接受“监督”“他律”，切实做到谦虚谨慎、公道正派、作风民主、拥有亲和力，与下属形成志同道合的价值取向，营造和谐向上的工作氛围。

（二）道德素质

老实做人、做老实人，是共产党员先进性的内在要求，是领导干部“官德”的外在表现。道德修养体现领导干部的思想境界，集中反映领导干部的朝气、锐气、正气。正如甘地所说：“我内在深信不疑的一件事——是笃信道德为一切事物的基础，而真理是所有道德的实质内容。”① 领导者只有把道德修养放在重要位置，努力树立科学的世界观、人生观、价值观和正确的权力观、地位观、利益观，才能适应现代公共管理的要求，成为一个让群众信赖和拥戴的公仆。一是以身作则，率先垂范。新时期政府领导者先进性的一个重要方面，就是要按照中国特色社会主义理论体系的要求，充分发挥其模范带头作用，不断提升自己的感召力，以自己的实

---

① ［印度］莫罕达斯·卡拉姆昌德·甘地．甘地自传（第一部）［M］．叶李，简敏译．武汉：长江文艺出版社，2007：46.

际行动多为民众做好事、办实事。二是严于律己，宽以待人。领导干部要自觉加强党性锻炼和“官德”修养，要以谦虚、公正、诚实的态度深入群众，在工作中，广泛听取不同意见，以大局为重，不断增强组织的凝聚力，努力提升贯彻执行能力。三是勤政为民，任劳任怨。领导干部老老实实做人，首先就是对党和人民要忠心耿耿。勤政是政府领导者应该具有的基本素养，领导干部要积极践行“从群众中来，到群众中去”的思想路线，打破“当官做老爷”的架子，放下身段、沉下心来，耐心地倾听群众的呼声，关心群众的冷暖，少说空话，多干实事，不断提升服务意识，转变服务态度，形成良好的组织氛围，从而真正取信于民，在应对复杂事务的过程中立于不败之地。

（三）身心素质

身体素质是领导者其他素质赖以存在和发挥作用的物质载体。俗话说：“身体是革命的本钱”。在新的历史条件下，拥有健康的体魄是政府领导者的一项重要素质。政府领导者需要培养健康意识、学习健康知识，不断提升健康能力，形成健康的体魄。心理素质是领导者心理过程和个性特征方面表现出来的根本特点，是领导者进行领导活动的心理基础。一是自信心。居里夫人说：“我们必须有恒心，尤其要有自信力！我们必须相信我们的天赋是用作某种事情的，无论代价多么大，这种事情必须做到。”对一个成功的领导者来说，自信心是事业心的基础，只有对党和人民的事业充满自信，并将其与自身的人生价值实现结合起来，才能获得真正的自信，形成一种快乐、积极向上的情绪状态，把各项工作做好。二是睿智。一个优秀的领导者应该有智慧，这是领导者树立个人权威，体现自身能力的基础和保障。三是意志力。我们所从事的事业具有很强的开创性。在征途中要面对前人所未曾经历的困难、压力和挫折。领导者只有满怀信心，拥有坚强的意志力，才能一往无前，迎接下一个胜利。四是信念。信念是优秀领导者成功的必备素质，是领导成就伟大事业的基础。领导者只有充满必胜的信念，才会对自己的事业确信无疑，才能迈出坚定的步伐，才能产生克服任何困难的勇气，随时迎接来自方方面面的挑战。

(四) 专业素质

专业素质是领导者适应某一具体行业和单位、从事其中的某一具体专业工作所应具备的专门素养。现代公共治理的专业化水平日益提升，政府领导者也必须要加强这方面的修炼。一是要全面掌握公共管理的专业知识。随着知识经济时代的到来，新学科、新知识层出不穷，许多新事物没有知识的基础是认识不了的。为此，要注意加强新知识的学习，摒弃传统的、单一的、狭隘的知识结构，代之以新的“T”形知识结构，特别是要掌握必要的现代管理知识，诸如行政管理知识，以及决策科学、领导科学等方面的理论，这样才能在管理工作中得心应手，把各项工作组织好、开展好。二是要具备良好的现代科学文化素质。多掌握一些社会学、法学、管理学方面的知识，以适应日趋复杂的综合性的领导工作。此外，随着社会主义市场经济的不断发展，政府领导者还要努力学习和掌握社会主义市场经济、现代金融、现代管理等知识，不断提高驾驭市场经济的能力，促进政府整体治理水平的不断提升。

二、领导者素质的模型

领导素质是一个多重要素构成的复合体，它不仅包括领导者在工作中所拥有的知识水平、工作能力，也包括了其自身的性格、品质等多方面的要素。在众多的研究成果中，领导者的 3Q 模型非常具有代表性。根据这个理论模型，领导者的素质是一个多侧面、多层次的整体结构。智商、情商和政商三个方面构成了领导者素质的“一体三面”，它们相互依存，相互渗透，相互制约，又相互促进，共同影响和制约着领导者的整体素质及其实践成效。

(一) 领导者的智商

所谓智商（IQ），是指一个人所具有的智慧多少和对科学知识的理解掌握程度。它反映的是一个人整体的智力状况，同时，它又通过注意力、观察力、记忆力、想象力和思维力等具体形式直接渗入人的学习过程，成为衡量一个人智慧高低和实践能力的重要指标，为其他素质提供与人的现实工作对接并得以造就和升华的条件与基础。领导者的素质培养当然也要以普通素质为基础，以此为自己的基本范围和基本框架，进行智商的修养和历练是领导者战略眼光、信息意识、系统思想和综合能力建设的基础。智商不等于静态的知识储存量，对于领导者而言，它更表现为动态的知识应用能力。特别是随着公共事务复杂性的加剧，领导者需要将知识与公共管理的实践需要紧密结合起来，在把握公共治理规律和熟悉人民群众要求的基础上，科学研判形势，准确地把握时机，依法行使手中的权力，全面实现政府管理的各项目标，这才是政府领导者在智商培养方面的基本方法。

（二）领导者的情商

情商（EQ）是指一个人对环境和个人情绪的掌控和对团队关系的运作能力。1995 年，美国心理学家丹尼尔·戈尔曼出版了《EQ：情感智商》一书。他认为，人类有两个大脑，一个是理智的大脑，一个是情感的大脑。情商是个体重要的生存能力，是一种发掘情感潜能、运用情感能力影响生活各个层面和人生未来的品质因素。他说："IQ 至多能解释成功因素的 20%，其余 80%则归于其他因素。"① 政府领导者在具有良好智商的基础上，还应该拥有良好的情商。情商主要与以下因素有关。一是自我认知能力。人的自我认知，就是人体对身心状态的认识和监控，通过树立良好的自我意象，科学地进行自我定位，从缺陷和不足中获得积极的自我认知，从而提高自知能力，这是一个人形成良好情商的基础。二是理解平衡能力。这表现为能够科学地认识和评判自身所处的环境，对自己所从事的工作及其产生的压力有一种平衡能力，进而运用科学的心理调适方法，及时摆脱焦虑或不安，很快走出情绪低潮。三是自我激励能力。自我激励是一个人事业成功的推动力，是一个人把握自己命运的能力，成功者要有健康的心理，善于运用科学的方法进行自我激励。四是情绪控制能力。在保有一种积极、健康情绪的同时，有效控制、及时化解不良情绪也是衡量一个人情商的重要因素。五是人际关系能力。人际关系能力是协调自身与他

① ［美］丹尼尔·戈尔曼 . EQ：情感智商［M］. 耿文秀，查波译 . 上海：科学技术出版社，1997：39.

人关系的艺术。我们通常所讲的人缘、人际和谐程度往往直接体现了人的情商。

(三) 领导者的政商

政商（LQ）是在以执政能力为核心的领导者能力水平测试中引入的一个全新概念，主要用以体现领导者个体素质、思维方式、实践经验以及领导方法等，是影响具体的领导活动效果的个性心理特征和行为的总和，常用以衡量领导者独到的素质结构和素质内容。领导者的资质不仅有知识、智慧、经验、技能，更重要的是行为和态度，这些要素被概括为“政商”。在社会转型的背景下，各级政府及其部门不仅要勇挑改革的重担，还要应世界发展的潮流，不断创新理念和思维，把中国特色社会主义事业推动前进。要承担起这份重担就必须要不断培养和提升政商。一是充分认识到领导者政商的重要性，有意识地加强这方面的素质养成，特别是按照现代政府管理的要求，对照自身的情况，正确地进行自我评估，寻找不足并及时予以改正。二是在组织内部，特别是领导班子中形成扬长避短，相融互补的合作氛围。如同智商和情商一样，每个人的政商也存在差异性，只有形成合力才能更好地推进政府整体工作效能的提升。总之，政商以领导者的学习力为变量因素，对领导者的领导力产生乘数效应，它是政府领导者有效地实施领导、完成组织目标所必须具备的知识、才能、条件的综合，各级政府领导者必须要持续培养和提升自己的政商，不断促进领导能力和水平的提升。

三、领导者素质的发展

人的素质既不是与生俱来的，也非一朝练就的，政策领导者素质的提升也是一个循序渐进和不断发展的过程。各级政府领导者要在充分认识社会发展要求的基础上，常怀“能力危机”的意识，采取有效措施加强素质养成和发展，才能形成健康而系统的能力体系。

(一) 培养主动学习意识，构建常态的能力提升机制

政府领导者的能力发展一方面需要个人培养主动学习意识，增强自觉

性，另一方面需要构建常态的能力提升机制。

1. 加强中国特色社会主义理论体系的学习，用发展的马克思主义武装头脑，指导工作，做到“站得高，看得远”

首先，要从书本中学习，系统掌握相关的理论知识，以此增长知识、开阔眼界；其次，要重视在社会中学习，特别是要向他人、向群众学习，不断积累；再次，注重联系实际，做到活学活用，在实践中实现素质能力的再提升；最后，还应该培养世界眼光，积极主动地学习国外的先进经验，努力开创改革与发展的新局面。

2. 持之以恒地加强专业学习

领导者要具备“图钉式”的知识结构，才能提升自身的思维方式。特别是身处“知识爆炸”的时代，政府管理工作的顺利推进对领导者的专业素养要求越来越高，只有不断地学习，充分掌握现代管理知识，才能使思维方式得到升华，才能把握全局、统筹兼顾，不断创新工作思路，使各项工作能够有条不紊地开展。

3. 学习领导艺术和现代管理理念

首先，努力学习用人的艺术，要端正用人思想，让那些“想干事的人有事干，能干事的人干好事”；其次，要努力学习处事的艺术，在做事时以科学的理论指导自己的管理实践，寻找到一条开展工作的好路子，科学调动下属的工作积极性，形成良好的组织合力；最后，领导者还要多学习和掌握一些协调的艺术，营造出宽松、和谐、进取的团队氛围，使团队效能得到最佳释放。

（二）掌握科学的领导方法，不断提升领导水平

领导者要善于总揽全局，善于决策。毛泽东同志曾说：“任何一级的首长，应当把自己注意的重心，放在那些对于他所指挥的全局说来最重要最有决定意义的问题或动作上，而不应当放在其他的问题或动作上。”① 因此，政府领导者要致力于改进领导方法，为不断提升领导效能奠定基础。

---

① 毛泽东选集（第一卷）［M］. 北京：人民出版社，1991.

1. 突出工作重点，狠抓组织实施

公共事务的复杂性决定了领导者必须要突出重点，抓好组织实施。为此，该拍板的要果断做出决定，敢于负起责任，决策做出之后，具体操作问题应该由班子成员分工抓落实，而不能事必躬亲。同时，还要大胆放手，善于授权，为下属提供充分开展工作的空间。

2. 明确职责范围，做到科学用权

政府领导者在行使权力和进行指挥的过程中，必须要明确自己的职责范围，不要事无巨细都层层控制，否则既浪费了自己的时间和精力，加重了自己的负担，也限制了下属的积极性。管理实践表明，符合科学管理要求的方法要求各级政府领导者要掌握科学授权的艺术与方法，在合理授权的基础上做到科学用权。

3. 建立科学有效的工作机制，做到有的放矢

政府工作千头万绪，领导者不能被动应付，必须要善于总结，努力探索和发展出具有常态性的工作机制。当前，要注重研究新形势下社会生活中的新情况、新问题，科学分析人民内部矛盾新的表现形式、特点和发展趋势，建立科学有效的工作机制，提高协调和处理各种矛盾的能力和水平。

（三）把好廉洁自律关，提高拒腐防变的能力

南宋吕本中在他所著的《官箴》中说："当官之法，唯有三事，曰清、曰慎、曰勤。"习近平总书记指出，其中的"清"，指的就是清廉，即清清白白、干干净净。各级政府领导者必须要把好廉洁自律关，在筑牢思想防线上下功夫。按照党的十八大报告提出的要求切实加强自我约束，要忍得住清贫，保得住清白，永葆共产党员的先进本色。

1. 严格遵守廉洁自律的各项规定要求，自觉抵制各种腐朽思想的侵蚀

一是严格遵守党关于领导干部廉洁自律的要求，不断加强党性修养，筑牢思想防线；二是自觉抵制形形色色的诱惑，保持清醒的头脑，心中始终警钟长鸣，要守得住清贫、耐得住寂寞、稳得住心神、经得住考验，拥有一颗"明白心"，在行动上防微杜渐；三是持之以恒地加强

作风建设，在“努力营造贯彻落实科学发展观的风清气正环境”方面做出表率。[①]

2. 规范和正确地行使自己手中的权力

党员领导干部要真正站在人民大众立场上，归根结底必须解决好为谁掌权用权的问题。一是对权力要怀有一颗“平常心”，正确地看待自己手中的权力，牢固树立掌权为民的思想，不断增强公仆意识；二是严格按照要求和程序，依法行使权力，自觉接受群众和组织的监督，让权力在阳光下运行，努力增强法治意识；三是深入推行和不断完善公开办事制度，尊重和保护社会公众的知情权，自觉提高廉洁自律的自觉性，将促进党风廉洁建设摆在政府工作的重要位置。

3. 认真落实党风廉洁建设责任制，形成齐抓共管的工作格局

一是增强自律意识，自觉接受监督；二是切实担负起廉洁建设第一责任人的职责，牢固树立和不断增强敬畏意识；三是在搞好自身廉洁建设的同时，一定要抓好本部门、本单位的廉洁建设工作，做到“管好自己的人、办好自己的事”。

第二节 领导者的能力

新的历史条件赋予了领导能力以崭新的内涵，要求政府领导者必须具有强烈的竞争意识，良好的创新能力和超前的预测能力。

一、领导者能力的内容

能力是完成领导活动的实际本领，它不仅包括履行职权，完成任务的具体方式和方法，还包括运用种种方式和方法的艺术，以及得以实现领导目标的心理特征和智力素质。

---

① 胡锦涛〈在全党深入学习实践科学发展观活动总结大会上的讲话〉学习读本［M］. 北京：人民出版社，2010.

（一）研判与决策能力

统筹全局与科学决策是领导干部的基本能力，毛泽东同志曾深刻地指出，“领导者的责任，归结起来，主要是出主意、用干部两件事”。可见，科学地形势研判能力和决策能力是政府领导者的必备能力之一，也是做好工作的基础和保障。

1. 坚持运用理论观察和审视问题

各级领导者要坚持运用马克思主义的宽广眼界观察和审视世界，既从历史发展的角度去观察和审视问题，又能够密切注视世界政治、经济、科技、文化、军事、外交等方面的变化，善于在普遍联系中把握世界发展的大局，从事物的不断变化中探究和掌握发展的规律，从而更深刻、全面地认识世界。

2. 准确把握时代的发展要求

自觉、主动、深入地把握本地区、本部门的发展状况。科学决策即是遵循决策客体的发展规律，严格按照有序的决策过程，运用科学思维的抉择手段，对未来实践的方向、目标提出的预测判断和抉择。

3. 努力提升决策理论素养

领导者的决策能力既包括政治立场、思想品德、理论水平、知识结构、工作作风、领导方式，也包括领导者气质、兴趣、毅力、胆识、风度等。领导者必须全面培养这些能力。

（二）贯彻与执行能力

抓落实的能力是每一位领导干部所必备的基本功。实践表明，政府的各项工作任务完成得好不好，关键在抓落实的力度大不大，方法多不多，成效好不好。

1. 努力培养统揽全局能力

领导干部必须善于从全局总体目标出发，统揽整个系统，集中民智民力，形成实现政策目标的合力，既快又好地实现管理目标，履行好政府的各项职能。

2. 不断提升组织指挥能力

政府领导者要按照既定的目标任务和决策要求，进行统筹安排，科学地行使好职责权力，做好组织指挥工作，圆满地完成既定的目标任务。

3. 努力增强执法监察能力

领导干部必须对决策方案的实施及其结果进行及时、深入和细致地检查监督，本着实事求是、公正评价和秉公执法的原则，及时发现问题，进行有效的纠偏。

4. 大力提升随机决断能力

领导干部不仅要从全局把握决策目标，制订切实可行的行动方案，还要随时解决实施过程中出现的问题，不断提升随机决策能力，确保各项举措能够落到实处，取得实效。

（三）协调与控制能力

领导过程是为了实现既定目标，对其下属进行协调、控制的一系列活动。协调、控制是两个不同而又密切相关的行为方式，同时也是领导干部都必须具备的基本能力。

1. 强烈的目标意识

政府领导者承担着贯彻执行上级政府决策的任务和使命，必须要有敏锐的判断能力和强烈的目标意识，进而准确地理解和把握上级的政策目标，基于岗位职责的科学分工，根据任务和目标需要有效协调各方力量，形成组织合力，不断提升绩效产出，出色完成各项工作任务。

2. 领导者必须要培养掌控全局的能力

一是不断提升自控能力，时刻严格要求自己，只有起到表率和引领作用，对他人的约束和控制才能名正言顺，才能做到令行禁止；二是选择科学的控制与协商方式和方法。领导干部应善于研究变通方案，及时化解矛盾，不断推进工作；三是协调与控制都应该克服人治化色彩，充分发挥法治与制度的规范功能。

3. 政府领导者必须选择科学的方法

协调是为了有效减少或避免内耗，维护内部团结，调动下属积极因素，使工作中各要素协调一致、互相配合。进行有效的协调需要领导者掌握各种方法和技巧，不断提升组织协调的效能。同时，为了更好地掌控工作全局，政府领导者还应该立足于工作任务，学习驾驭全局的方法和技巧，不断提升掌控能力。

二、领导者能力的模型

衡量领导者是否能够担当责任，圆满完成政府治理的各项目标不能只看某一个方面，而是要看他的综合素质和能力。1973 年，美国心理学家麦克利兰提出了冰山模型，把人的能力和素质形象地描绘成一座冰山。①这一模型为我们认识领导干部的能力体系，以及推进领导者的能力发展提供了一个很好的视角。

（一）领导者的显性能力——“冰山”水上部分

按照现代领导学的相关理论，领导者的影响力主要源自两个方面：一是权力性影响力，包括惩罚权、奖赏权、合法权；二是非权力性影响力。这种影响力与职位无关，只取决于个人素质。显而易见，人的能力既有外在显性部分，也包含内在的隐性内容。

根据麦克利兰的观点，个体素质可以划分为表面的“冰山”水上部分和深藏的“冰山”水下部分。“冰山”水上部分主要包括基本知识、基本技能，这是一个人能力的外在表现，也是在实践中容易了解与测量的部分。政府领导者要提升外在典型的能力，一方面，应培养主动学习的意识，通过理论与实践两个维度的持续学习，为业务能力提升奠定基础；另一方面，在组织内部营造良好的组织氛围，加强团队建设的力度，让包括领导者在内的组织成员能够以持续的学习实现知识结构、能力经验等方面的互补，达到人才资源配置的最佳状态。

① David McClelland. Testing for Competence Rather Than for “Intelligence ”, American Psychologist, January , 1973.

（二）领导者的隐性能力——“冰山”水下部分

“冰山”水下部分主要包括社会角色、自我形象、特质和动机等内在特质。这部分能力是人内在的、难以测量的部分。从管理实践的角度来看，它们不太容易通过外界的影响而得到改变，但却对人员的行为与表现起着关键性作用。另一位美国学者罗伯特·卡茨提出领导者应具有三种基本的管理技能：技术技能、人际技能和概念技能。[①] 其中，技术技能是指熟悉和精通某种特定专业领域的知识；人际技能是指具有良好人际技能的管理者能够使员工对企业充满热情和信心，这种技能对于各个层次的管理者都是必备的；概念技能是指管理者对复杂情况进行抽象和概念化的技能。在卡茨看来，处在不同领导层次上，这三种能力的要求也存在差异。这一研究对分析领导者能力也有很强的启发意义。领导者应根据工作需要，科学地平衡和发展好这三种能力。从实践来看，领导者的隐性能力会因人而异，但是作为新时期的政府领导者，这几方面的能力都需要去着力完善和提升。同时，为了更好地提升组织的整体能力水平，可以通过优化领导班子来构建良好的能力格局。

三、领导者能力的衡量

领导者能力是多维要素的集中体现，其中，权力、责任和服务构成了领导活动的三项基本内容，对领导者素质能力与工作效能的衡量需要围绕这三方面展开。

（一）影响力

影响力是领导者、组织管理者利用自身的学识、知识、经验、判断力、管理能力、执行能力去构建和营造良好的工作氛围的能力，它反映的是领导者个人的综合素质。柯维认为，现代领导者的影响力本质上就是领导者的领导才能，或者说“现代领导者的才能就是其影响力，真正的领导

① ［美］罗伯特·卡茨．能干的管理人员应具有的技能［J］．哈佛工商评论，1974（10）．

者是能够影响别人，使别人追随自己的人物”。

1. 能否运用好职位权力是衡量领导者影响力的前提与基础

实现政府公共管理目标依赖于人民赋予政府而由领导者具体行使的公共权力，但是公共权力在实际运行中存在着畸变的潜在风险。因此，一个领导者能否依法运用好职权，科学合法地施展影响力，更好地促进组织目标的实现，这是衡量政府领导者能力的一个基础性指标。

2. 能否运用好非权力性影响力也是衡量领导者影响力的依据

非权力性影响力是以个人的品格、才能、学识等因素为基础形成的。从实践来看，领导者通过加强“修身”，做到洁身自好、依法用权，产生“公生明，廉生威”的示范效应，在工作中以身作则，以“身教”带动周边的同事与下属，形成“上下同心”的工作局面，这也是衡量领导者能力的重要依据。

3. 是否拥有良好的责任意识和服务意识

推动和保障各项工作的有序开展也是衡量领导者能力的重要标准。公共管理工作事无巨细都关涉人民群众的切身利益，需要强烈的责任心来保障和支持才能不断提升工作效率和质量。领导者只有树立强烈的责任意识，以身作则，严格要求，才能在组织内部建立和健全责任体系。同时，政府领导者还应扮好服务者的角色，为组织发展和下属的工作提供有力的保障。

（二）凝聚力

一个好的领导者，会以自己的人格、意志、品质影响整个集体，成为集体的灵魂，做到群策群力，有效地推进整体工作不断迈上新台阶。

1. 营造宽松、和谐的组织氛围

领导者应坚持以和谐理念抓好班子建设，努力打造坚强有力、团结奋进的工作集体。从实践来看，领导者的凝聚能力主要体现为处理好做事与做人关系的能力。领导者只有“坐得端，行得正”，充分发扬民主，才能形成团结互助、齐心共事的良好氛围，才能不断地提升凝聚力。

2. 政府领导者应善于多反思自身不足，认真开展批评与自我批评

无论是在工作中还是在生活中，都不能故步自封，要在加强同上下级沟通与协调的基础上，及时地寻找和发现自身不足，本着更好地提升工作绩效和质量的原则，通过群策群力，在组织内部形成互补效应。

3. 在完善制度、创新工作机制与方式上起带头作用

领导者应深刻理解和把握首长负责制和分工协作制相结合的原则，在科学分工的基础上，将督办检查、定期研究、情况通报、工作反馈“四位一体”的工作推进方式应用到工作中，不断提高组织科学化水平。

（三）贯彻力

各级政府领导者要在努力学习，不断提升自身素质的基础上，通过努力培育强烈的责任感和大局意识，持续地加强贯彻落实方面的能力建设。

1. 切实增强政策执行的使命感、责任感和自觉性

抓落实是领导干部工作中一个极为重要的环节，是党的思想路线和群众路线的根本要求。政府领导干部要坚持“立党为公，执政为民”的理念，以大局为重、以事业为重、以民生为重，牢固树立“一盘棋”的思想，个人服从组织，少数服从多数，局部服从全局，通过狠抓落实，执行好上级党委和政府的各项政策，全面推进各项工作，确保政令畅通。

2. 努力培养和提升科学发展的能力和本领

一方面，在不断解放思想的基础上，努力促进公开透明、依法依规办事；另一方面，在勤于学习的过程中善于思考、勇于实践，把理论运用到实践中，在实践中升华理论，更好地指导实际工作，不断提高对科学发展理念的领会力，对贯彻落实科学发展观的执行能力。此外，领导者要不断提升坚持公平正义、维护社会和谐的能力，并将其作为能力提升的立足点。

3. 要不断增强执行的前瞻性、预见性和计划性

一是要充分汲取民意，发挥新型智库的功能，不断提升科学决策能力，努力增强执行的前瞻性。二是领导干部要围绕中心任务，充分发挥主

观能动性，增强治理的预见性，将社会矛盾和冲突消弭于萌芽状态。三是要研究和总结政策执行的规律和方法，加强执行前的论证和规划，让科学、依法和高效执行成为常态。

第三节 领导者的思维

领导者思维是建立在各种基本能力基础之上，体现其认知水平的一种核心能力，是领导者开展工作的软实力。

一、领导者思维的内容

拥有科学、周延的思维方式是领导者正确识别和使用人才，充分调动和指挥下属积极性，实现领导目标，促进事业发展的保障。一个政党要走在时代前列，一刻也离不开理论指导；一个领导干部要做好本职工作，一刻也离不开理论学习。只有在不断加强学习的基础上，切实提高战略思维、创新思维、辩证思维能力，才是加强党的执政能力建设的必然要求。

（一）辩证思维能力

2012 年 12 月，习近平总书记在广东考察时指出，“改革也要辩证施治，既要养血润燥、化瘀行血，又要固本培元、壮筋强骨，使各项改革发挥最大效能。”[①] 辩证思维通常被认为是与逻辑思维相对立的一种思维方式，它是唯物辩证法在思维中的运用，要求人们坚持联系与发展的观点，在观察问题和分析问题时，以动态发展的眼光来看问题。在新的历史条件下，政府工作的社会实践环境发生了深刻变化，领导者必须要转变思维方式，克服简单的一元化思维，积极培养辩证思维能力。

1. 坚持实践第一的观点

辩证思维方法不是空洞的理论推演，只有在实践中才能体现其价值。

---

① 杨永加．习近平强调的思维方法［N］．学习时报，2014-9-1.

政府领导者只有结合政府管理的实践，才能通过有针对性地训练，不断培养和塑造辩证思维能力。坚持实践第一的观点关键是要做好调查研究工作。领导干部应当坚持“眼睛向下”，练好调查研究这个基本功，经常深入一线问政于民、问需于民、问计于民，真诚倾听群众的呼声，真实了解群众的意愿，真情关心群众的疾苦，真心帮助群众解决实际问题和困难，成为群众的贴心人。

2. 坚持一切从实际出发

辩证思维是建立在对客观事物的正确认识基础之上的，只有坚持一切从实际出发，才能正确把握实际情况，确保管理实践的正确方向。真正坚持实践第一的观点必须要做到一切从实际出发，根据实际情况统筹安排各项工作。为此，必须要树立科学的政绩观。各级领导干部要始终坚持实事求是的思想路线，大力弘扬求真务实精神，真正把老实做人、做老实人当作人生信条，贯穿和体现到工作、学习、生活的各个方面。领导者应该以此作为开展工作的准则，树立科学的政绩观，要在其位、谋其政、尽其责，真正做到为官一任，造福一方。

3. 坚持全面系统的观点

习近平总书记指出，改革开放是个系统工程，必须坚持全面改革，在各项改革协同配合中推进。公共管理工作复杂多样，不能“头疼医头，脚疼医脚”。培养辩证思维要求各级政府领导者要深入、具体、准确地认识和把握事物发展变化的规律，一方面，坚持从整体上分析处理，找到症结，从根本上解决问题，努力走出就事论事，“头痛医头，脚痛医脚”的窠臼；另一方面，注重系统的层次性，思考研究问题，安排部署工作，注重研究的层次性，针对不同层次的对象规定不同内容，采取不同方法，提出不同要求，不能搞上下一般粗，更不能越俎代庖，一竿子插到底。

（二）战略思维

战略思维方式是指对方向性、全局性、长远性、根本性问题进行分析、判断、综合、预见的理性思维，它是人的思维方式的高级形式，也是领导干部思维方式的本质特征。政府领导者的战略思维既是一个理论问题，也是一个实践问题。在实践中它既受哲学观念的指导，也受时代环境的影响，具有鲜明的总体性、全局性特征，它关系到领导干部是否能够顺应时代潮流，在驾驭复杂环境的基础上抓住机遇、取得比较优势，进而获得发展的主动权。

1. 牢固树立系统观

系统观是战略思维的关键和根本追求。政府领导者不能将市场规则简单地应用到政府管理中来，必须从系统视角出发，克服地区和部门利益对公共利益和整体利益的侵扰，把地区、部门、单位的局部利益和国家的整体利益真正地联系起来，准确地对问题内部的诸多复杂要素进行排序和分类，并从中分辨出主要因素和总体性质，进而准确地判断发展趋势，提出解决问题的创新思路。

2. 科学地把握和运用好感性与理性、习惯性与开创性、发散性与收缩性思维的关系

在一个开放、竞争又充满变数的时代，政府领导者必须要克服僵化的惯性思维和经验思维的弊病，遇事多做比较分析，形成战略计划并付诸实践。为此，要坚持实践是检验标准的原则，将战略思维的培养与训练同经济社会发展以及政府管理的实践紧密结合起来，形成科学的战略思维结构。

3. 不断提升战略思维的实践转化能力

战略思维的结果要转化为实践，付诸实践是战略思维的目的。好的战略计划，不去实施，或者实施得不好，也是枉然。因此，各级政府领导者要以高度的责任感、饱满的精神状态、满腔的工作热情和勤奋的工作作风，在科学决策和周密论证的基础上，一旦时机成熟，就要积极推动，努力将战略思维的积极成果投入到实践之中，不断开创各项工作的新局面。

（三）创新思维

现代领导的核心能力是创造力，而造创力又取决于是否拥有良好的创新思维能力。随着改革向纵深发展，越来越深刻地触及政治体制、文化体制和社会管理体制中的深层矛盾，涉及的社会关系更加复杂，领导者必须

要有强烈的忧患意识和责任意识，始终保持蓬勃向上的朝气、开拓进取的锐气、攻坚克难的勇气，勇于尝试别人没有尝试的方法，敢于破解难题，才能闯出一片新天地，成就一番新作为。

1. 努力打破陈旧思维定式的束缚和羁绊

思维定式是禁锢人们思维的枷锁，必须自觉拿起解放思想的强大武器，从不断发展变化的客观实际出发与时俱进地思考问题，才能冲出因循守旧的牢笼，荡涤思想观念的尘埃，实现以创新的理念谋划发展，以创新的思路开展工作，真正跨越传统思维的峡谷，推动各项建设不断前进。

2. 着力在解决具体问题上下功夫、求突破

实践是创新的唯一源泉和根本动力。实践是具体的，创新也必须是具体的。只有立足本单位具体实际，抓住具体问题进行创新思维，才可能有所突破。实践证明，思维创新必须坚持从客观现实出发，从分析解决具体问题入手，以具体创新求思维定式的突破，不断提升领导能力。

3. 要培养破旧立新的气魄

在实践中，一项创新性的举措一定会打破现存的系统格局和利益关系，会对新做法的实施增加风险和难度。因此，要以科学的态度，坚定的信心去面对困难，在困难和挫折面前决不彷徨和动摇，要坚信办法总会有的，只要大胆实践，困难终究要被战胜。

4. 不断提升创新思维的层次

当前，我国正处在改革的攻坚阶段，领导者要克服遇事守旧、随波逐流、怕担责任等思维习惯和心态，强化“想创新、愿创新、能创新”的意识，善于从纷繁复杂的工作中弄清群众需要什么、上级强调什么、发展趋势是什么，自觉抢占工作的制高点，只有这样才能不断开创各项工作的新局面。

（四）底线思维

党员领导干部“有守”才能“有为”，这也是一种身边的辩证法。《大学》里说：“知止而后有定”。“知止”就是要明确底线，“知止”并且“能止”就是坚持底线思维。

1. 底线思维是党员干部必须时刻怀有的忧患意识

树立底线思维，喜不忘忧、未雨绸缪、防患未然，我们就能做到从“底线”出发，不断逼近“顶线”。唯物辩证法认为，凡事要从坏处准备，做到尽力而为与量力而行的统一，才能努力争取最好的结果。党的十八大以来，习近平总书记多次强调，要坚持底线思维，不回避矛盾，不掩盖问题，做到有备无患、遇事不慌，牢牢把握主动权。因此，坚持底线思维，就是要求党员干部要常怀忧患意识，理性冷静地应对错综复杂的形势，这也是我们推动新一轮改革应有的智慧。

2. 底线思维是党员干部“有为能为”的法律边界

坚持底线思维讲求先要打牢“底线”。依法治国是党领导人民治理国家的基本方略，党员干部作为人民公仆必须要主动提高自己的道德底线，远离法律设定的红线，依法行使手中的职权，不挑战社会的道德底线、不触碰国家的法律红线，不在法律和道德之间打擦边球。严守人生的“底线”，必先从坚定理想信念做起。理想信念是共产党人精神上的“钙”，要当成“大德”来坚守，只有在从理想信念上“守大义”“知荣辱”，才能时刻怀揣对法律的“敬畏”，才能“有所为有所不为”，为全面推进法治国家建设贡献自己的力量。

3. 底线思维是党员干部必须保持的规矩意识和纪律意识

党员干部在很多方面不同于普通群众，是向着党旗庄严宣誓的先进分子，必须讲规矩、守纪律，守住思想和组织上的底线。在一个组织内部，如果其成员无组织、无纪律，行动懒散，那么这个组织很难成为一个组织、一个政党。党的十八届六中全会提出了新时期全面从严治党的新要求。每一个党员干部要深刻领会和不断增强“四个意识”，严格按照“两学一做”的要求，不断增强讲规矩、守纪律的意识，坚守“人民利益至上”的价值观底线，在权力观、政绩观上不犯错误，用好手中的权力，创造出真正过硬的政绩。

二、领导者思维的形式

思维方式作为领导者把握领导客体的理性认识方式，是一个由多要素构成的复杂思维结构。面对各种新情况、新问题和新挑战不断涌现的发展背景，政府领导者更应该着力转变思维方式，为形成适应现代公共管理要求的能力结构奠定坚实的基础。

（一）战略统筹思维

战略统筹思维是领导者在决策活动中对所需要的知识进行分析、判断、概括的能力，培养战略统筹思维能力有助于领导者做到“一叶知秋”“窥一斑而知全豹”，使领导者在纷繁复杂的事物中透过现象看清本质，抓住主要矛盾，面对复杂工作能够触类旁通，关键时刻把握契机，做到出奇制胜。培养和发展战略统筹思维要求领导者要加强学习和积累，做到见多识广、经验丰富，并在自己独到的眼力下加以创造性地运用。

1. 转变封闭型思维为开放型思维，是领导者能力建设的重要组成内容

顺应时代发展潮流，不断开阔视野，放眼世界，培养国际战略眼光，转变封闭型思维为开放型思维。这是新时期领导者战略思维培养的宏观要求，也是领导者能力建设的重要组成内容。

2. 转变滞后型思维为前瞻型思维，掌握领导战略的主动权

从思维的方式来看，领导者要转变单一求同的思维为求同存异的思维，积极培养开放性、多维性的思维结构，从而适应管理实践的需要。

3. 实现发散思维和集中思维的有机结合，持续促进领导战略的优化发展

政府领导者不仅要集中于当前的工作目标和任务，还要从政府工作的全局以及长远发展的角度出发，培养发散思维，实现两方面的有机结合。

4. 变静态思维为动态思维，实现领导战略的适时适地调整

适应现代公共管理要求的能力建设要求各级政府领导者必须要适应现代政府治理的复杂性与多变性，根据实践需要适时地调整领导战略，只有这样才能变被动为主动，不断提升管理的科学化水平。

（二）民主法治思维

领导者应该要适应时代发展的要求，积极培养民主性思维，这既是加强党的建设的需要，也是发扬社会主义民主的客观要求。

(1) 政府领导者必须充分认识到，我们身处开放时代，任何事物都是通过与周围的其他事物进行物质、能量和信息相互交换而维持自身的生存和发展的。这就要求领导者在工作中要以开放的思维，分析问题，探究解决之策，不能因循守旧，照搬原有的老办法，更不能故步自封，在工作中搞“一刀切”，否则就难以适应时代发展的要求。

(2) 领导者在认识事物、制定决策时要树立开放性意识，不仅要把握事物的内部规律，也要把握事物与外界的联系。发扬民主是党的优良传统和作风，能否发扬民主不仅是对领导者思维方法和工作方法的检验，而且与决策成败息息相关，正确决策的真谛在于发挥集体的智慧和才能。所以，必须广开言路，集思广益，注意倾听不同的意见，鼓励新的思维方式，保证决策成功。

(3) 政府领导者要培养和增强法治意识。实现依法治国首先要求政府领导者要培养和增强法治意识，在工作中做到依法用权，不仅符合实质正义，还应充分体现程序正义，注意权力行使的规范性，自觉接受群众的监督，让权力在阳光下运行。

(4) 按照社会主义协商民主的要求，推进协商民主广泛、多层和制度化发展。党的十八大报告明确指出，社会主义协商民主是我国人民民主的重要形式。各级领导者要进一步完善协商民主制度和工作制度，不断地改进工作方法，构筑和谐的政民关系，形成开放、有序的公民参与网络。

(三) 权变创新思维

权变能力是指决策者依据变化的情况，审时度势、灵活机动、从容不迫地处置问题的能力。政府领导者要不负重托、出色地完成工作就必须培养创造性思维。生活从不眷顾因循守旧、满足现状者，从不等待不思进取、坐享其成者，而是将更多的机遇留给善于和勇于创新的人们。

(1) 善于在纷纭多变的环境中，进行多层次的调查研究、全方位的分析思考，并在发挥集体智慧作用的基础上，抓住事物本质，瞄准关键问题，吃透上情，审时度势，不失时机地推进决策。任何成功的创新都不是凭空臆想，领导者只有把握住创新的基点，才能对党的路线、方针、政策有深刻、本质的把握，才能迅速抓住机遇，加快现代化事业发展。

(2) 在领导过程中要遵守组织原则和工作流程，及时地通过各种形式公开政策和规章，不断提升政府公共管理工作的透明性和公开性。领导者只有不断扩展思维领域，转换思维视角，努力培养开放性思维方式，才能应对复杂的工作环境，及时回应人民群众的呼声，把工作做实、做好。

(3) 大力培养"敢为天下先"的胆识，发展从"没有路的地方走出路来"的创新精神和创新能力。政府领导者在实践中不仅自己要重视学习，还要借鉴别人的好思想、好作风、好方法，取人之长，补己之短，做努力创新的表率。此外，要在组织中营造良好的氛围，对组织成员的创新行为进行倡导和鼓励，确保下级的创新活动顺利推进。

三、领导者思维的提升

党的十八大以来，习近平总书记多次强调各级领导干部要努力学习掌握科学的思维方法，防止出现"新办法不会用，老办法不管用，硬办法不敢用，软办法不顶用"的情况，以科学的思维方法保证各项改革顺利推进。领导者思维的改善与提升关键是要有敢为人先的锐气，打破迷信经验、迷信本本、迷信权威的惯性思维，摒弃不合时宜的旧观念，在"知、学、行、思"四个字上下功夫。

(一) 培养脚踏实地的工作作风

培养和发扬脚踏实地的工作作风是做好政府管理工作的基础，也是领导者能力提升的基本内容。

1. 扎实工作

在工作中应该戒"虚"，戒"浮"，戒"空"，从大处着眼，从细节入手，认真抓好工作中的每一个环节，扎扎实实做好每一项具体工作，切实形成"想干事，能干事，会干事，干成事"的工作风气。

2. 踏实服务

作为各项工作的决策者和责任人，政府领导者更应该牢固树立公仆意识，进一步强化服务意识。在处理政务的过程中要多听民言、多知民情，多解民忧，确保全心全意为人民服务的宗旨落到实处，取得实效。

3. 对民诚信

领导者的言行直接关系到政府的公信力，而对民诚实、诚信则是人民群众对领导者的基本要求。因此，在具体的工作中，政府领导者必须要切实履行和兑现对人民群众的每一项承诺，努力在打造诚信机关，建设诚信政府和诚信社会方面做出表率。

4. 注重落实

政府管理工作强调落实，注重实效，政策部署要真真切切地落实到具体行动上。特别是各级领导者更应杜绝只说不练，只做表面文章，“只打雷不下雨”的现象，通过不断完善督办机制、检查机制、考核机制，促进各项政策得以落实。

（二）持续不断地创新工作思维

求真务实与思维创新是有机结合在一起的，这是对新时期领导者的要求与考验。

（1）坚持深入基层察实情，深入百姓察民生，放下架子当学生，说群众听得懂的实话。创新工作思维需要依托实践，只有走近人民群众近距离地接近实际情况，才能准确地获知群众的利益诉求，全面深入地认识问题，并从群众当中汲取智慧，因地制宜地采取对策。

（2）不断强化创新意识，把握形势变化，跳出旧框框，突破旧传统，以改革的精神研究发展中出现的新情况、新问题。进而科学合理地用人，妥善处理各方面的关系，不因循守旧，以积极的团队精神，与时俱进的创造思维推动工作良好开展，不断开创工作新局面。

（3）作为领导者还要思路清晰、多谋善断。面对困难要有点子和招数，学会创造性开展工作，善于把上级的指示精神和现实有机地结合起来，在开展深入的调查研究的基础上，广泛听取各方面的意见，创新思维，集大家的智慧，做出正确、及时的决断。

（三）提升思维的规范性、主动性与科学性水平

由于人治文化的沉淀、市场经济趋利原则的推动和人性自利弱点的驱使，少数领导者功利式思维方式比较浓厚。为此，在领导者能力建设中必须要增强思维的规范性、主动性与科学性。

（1）树立规范性思维方式，提升法治观念和信用意识，做到依法执政。首先，领导者要不断提高学法和用法的意识，以自己的实际行动去维护法律尊严，以法律法规为准则规范言行，及时纠正工作中违背法律精神和法律规定的行为，在组织内部形成知法、懂法、用法和守法的工作氛围。

（2）随着信息时代的到来，科学—技术—生产的转化过程大大缩短，实践节奏日益加快。领导者必须确立主动性思维方式，立足于客体发展的复杂性、偶发性、跳跃性，以未来发展为视角，以灵活的思维触角密切跟踪思维对象，随时接受信息反馈，审时度势，以求在复杂情况下使事物朝着最佳方向发展。

（3）大力提升思维的科学性。现代政府治理要求顺应公共事务复杂性的特点，充分借助来自市场与社会的力量，形成互动协作的治理结构。领导者应该意识到这种发展趋势，增强主动性规范行使权力的同时，通过提升思维的科学化水平，主动向社会和市场借力，不断提升整体的绩效产出水平。

（四）大力培养超前性思维，积极发展多向性思维

在瞬息万变的信息时代，领导者应该要着力培养超前思维。随着信息时代的到来和全球化的推进，传统的“后馈性”思维模式束缚了人的创新思想，难以适应经济社会发展的需要。处于新的历史条件下，政府领导者必须要改变这种思维模式。

（1）清醒地认识和把握现实国情，立足实际谋发展，这是领导者培养超前思维和发展多向思维的基础。虽然改革开放后各项事业有了长足发展，但是各级政府领导者还应理性地认识到社会主义初级阶段的国情没有根本改变，生产力水平和市场发育程度同发达国家相比仍存在明显差距。

同时，还要正视和勇敢面对社会转型过程中的各种困难和矛盾，并遵循科学的发展规律，在解放思想、坚定信心的基础上不断创新、化难克险，开创新的发展局面。

（2）在清醒和准确地认识和把握国情的基础上，大力发展超前思维。各级政府领导者要深刻地认识到当前我国正处于经济社会发展的关键时期，培养超前性的思维方式，立足现实、放眼未来，突破现有的一些制度和机制层面的窠臼束缚，依据客观事物的发展规律进行科学预测，通过对未来的预测规划、指导当前的活动，从而实现科学判断形势，进而实现驾驭市场、应对复杂局面和总揽全局等各项能力的全面提升。

（3）政府领导者培养超前思维还应该与积极发展多向性思维结合起来。所谓多向性思维是指多角度、多方面、多层次、多向度地认识和解决问题的思维方式。现代科学技术的发展、领导团队的专业分工为多向性思维提供了条件，领导者可以借助现代科学技术方法，通过发挥专业决策咨询团队等“外脑”的作用，在多维时空中把握事物的本质和世界经济社会发展的走向，实现政府治理水平的不断提升。

思考题

1. 谈一谈领导干部应该提升哪些方面的素质和能力。
2. 谈一谈领导干部如何才能把好廉洁自律关。
3. 谈一谈新时期领导干部能力建设的挑战与思路。

参考书目

1. 本书编写组．全面深化改革新形势下领导干部必备的18种能力［M］．北京：中共中央党校出版社，2014.

2. 谷向东．党政领导干部胜任力技术与应用［M］．北京：中国发展出版社，2013.

3. 杨启国．领导干部战略思维能力培养［M］．北京：中国人事出版社，2011.

第三章
政府领导的思想建设

各级领导干部的思想建设是政府领导的灵魂，决定着政府建设的方向。只有不忘初心、始终坚持党的性质，保持和发展党的先进性、纯洁性，牢记全心全意为人民服务的宗旨意识，贯彻实事求是的思想路线，坚持中国特色社会主义道路自信、制度自信、理论自信和文化自信，才能从根本上为建设高效服务型政府奠定基础。

第一节 信仰、信念、信心与信任

习近平同志指出："坚定理想信念，坚守共产党人精神追求，始终是共产党人安身立命的根本。对马克思主义的信仰，对社会主义和共产主义的信念，是共产党人的政治灵魂，是共产党人经受住任何考验的精神支柱。"① 这一铿锵有力、深刻透彻的重要论述，充分揭示了中国共产党人的政治本色和政治优势，又一次向世人宣示了中国共产党人的坚定意志和坚守情怀。在社会转型、思想多样、利益多元的环境下，中国共产党要经受执政考验、改革开放考验、市场经济考验、外部环境考验。正如习近平同志指出的那样，理想信念是共产党人精神上的"钙"，没有理想信念，理想信念不坚定，精神上就会缺"钙"，就会得"软骨病"。"信之愈深，行之愈笃"。只有保持坚定的马克思主义信仰，坚持共产主义和社会主义的理想信念，不断增强走中国特色社会主义道路的信心和贯彻党的基本理论、基本路线、基本纲领、基本经验的自觉性和坚定性，才能化解精神懈怠的危险、能力不足的危险、脱离群众的危险、消极腐败的危险，赢得人民群众的信任，真正成为我国全面建成小康社会、加快推进社会主义现代化的坚强领导核心。

一、坚定信仰

我们党是用马克思主义科学理论武装起来的先进政党，对马克思主义

① 坚定理想信念 坚守共产党人精神追求［EB/OL］. 长江网，2015－12－18.

的信仰，对社会主义和共产主义的信念，是共产党人的政治灵魂，是共产党人经受住任何考验的精神支柱。坚定马克思主义信仰是所有共产党员尤其党员领导干部应有的政治追求，也是党章和宪法的要求。

我们信仰马克思主义，是因为相信马克思主义是科学真理。马克思主义是把唯物主义原则应用于社会历史领域，探索资本主义制度发生、发展、灭亡基本规律的科学，是研究在资本主义制度下工人阶级如何实现自身解放，进而解放全人类规律的科学。正如邓小平同志所说："我坚信，世界上赞成马克思主义的人会多起来的，因为马克思主义是科学的"。当代美国著名学者海尔布隆纳说："马克思主义这个从简单商品开始的对资本主义的分析，是我们所见过的最值得注意和最发人深思的敏锐思维之一""只要资本主义存在着，我就不相信我们能在任何时候宣布他关于资本主义内在本性的分析有任何错误"。这个科学理想激励和鼓舞了世界上一代又一代共产党人为之奋斗、为之流血牺牲、为之流汗创业。

马克思主义不仅是认识当代资本主义世界内在矛盾的思想武器和工具，也是认识当前中国经济社会矛盾的理论指南和方法。在当前国际形势发生新的深刻复杂变化，国家之间的竞争更加激烈，国内经济社会发展中不平衡、不协调、不可持续的问题不断显露，完成"十三五"规划目标面临诸多挑战这一新的时代背景下，旗帜鲜明地坚定马克思主义信仰，确保任何时候、任何情况下都不动摇，就显得尤为重要。

领导干部要充满热情地以马克思主义为信仰行动起来，把理论的力量变成物质的力量。要善于运用马克思主义的立场、观点、方法去认识当今世界的变化趋势，正确认识共产党执政规律、社会主义建设规律和人类社会发展规律。要旗帜鲜明地以马克思主义为指导，提高政治鉴别力和政治敏锐性，坚持正确的政治方向和坚定政治立场，始终把党和人民的利益摆在第一位，言行一致地做到全心全意为人民服务。

二、坚持信念

崇高的理想信念，始终是共产党人保持先进性的精神动力。共产主义理想和社会主义信念，是建立在马克思列宁主义揭示的人类社会发展规律的基础之上的，因而是科学的理想信念。共产党人的理想信念，就是把实现共产主义作为毕生的追求，因而共产主义理想信念就成为共产党人最根本的精神家园，为实现共产主义奋斗终生成为共产党人的终极奋斗目标。

在我们党取得执政地位的过程中，许许多多共产党员之所以能够为党和人民事业“鞠躬尽瘁、死而后已”，就是因为有崇高理想和坚定信念的激励。历史早已证明，只有社会主义才能救中国，只有社会主义才能发展中国。坚定社会主义信念，是我们党在马克思主义的指导下，正确认识社会发展客观规律基础上的理性选择。在改革开放和社会主义现代化建设的新时代，我们仍然要坚持共产主义、社会主义的远大理想。无论是过去、现在和将来，共产主义、社会主义的理想信念，永远是中国共产党人的立身之本和力量之源。这既是关系到我们共产党员的先进性、纯洁性和政治前途的大问题，更是关系我们党的纯洁性和国家的事业兴衰成败的大问题。

随着我国经济体制深刻变革，社会结构深刻变化，利益格局深刻调整，世情、国情、党情发生了深刻变化，思想文化多元化已经成为一种不可逆转的趋势。各种思想文化相互碰撞、交流、交锋、交融。在这种形势下，理想信念对于党员特别是领导干部，具有更加重要的意义：理想信念坚定，就能够抵御各种诱惑，经受住各种考验，理想缺失、信念动摇，就有可能导致前进方向的迷失。现在，我们有些党员在矛盾面前畏缩不前，在困难面前悲观失望，在诱惑面前不能保持应有的纯洁以致腐败堕落，说到底是理想信念出了问题。在经受执政考验、改革开放考验、市场经济考验的过程中，共产党人尤其是领导干部必须把共产主义、社会主义的理想信念作为自己的精神家园去坚守、去呵护，在全面建设小康社会、加快推进社会主义现代化的伟大实践中为实现理想信念而奋斗、而努力。

三、增强信心

中国特色社会主义是中国共产党人把自己的最高理想与时代特征相结合的产物，是全国人民为之奋斗的共同事业。道路关乎党的命脉，关乎国家前途、民族命运、人民幸福。中国特色社会主义道路是实现社会主义现代化的必由之路，创造人民美好生活的必由之路，也是中国特色社会主义理论体系的实践形态，巩固和发展中国特色社会主义制度的根本路径。

我们有理由对中国特色社会主义道路充满信心。实践充分证明，中国特色社会主义是当代中国发展进步的旗帜，也是全党全国人民团结奋斗的旗帜。在这面旗帜引领下，中国共产党带领团结亿万人民在90多年的奋斗中实现了“三大成就”，在30多年改革开放中创造了“中国奇迹”。短短30年，我们的综合国力显著增强，人民生活水平显著提高，国际地位和影响显著上升，在中华民族伟大复兴的征程中，我们创造出了令世人刮目相看、令国人扬眉吐气的奇迹。中国特色社会主义道路，中国特色社会主义理论体系，中国特色社会主义制度，是党和人民90多年奋斗、创造、积累的根本成就，必须倍加珍惜、始终坚持、不断发展。

坚定信心，是为了更好地凝聚力量，推动事业发展。当前，我国面对的机遇前所未有，面对的挑战前所未有，但机遇大于挑战。能否团结一切可以团结的力量，调动一切可以调动的积极因素，战胜前进道路上的一切困难和风险，关键在于能否始终如一地高举中国特色社会主义的旗帜，既不走封闭僵化的老路、也不走改旗易帜的邪路，不断增强走中国特色社会主义道路的自觉性和坚定性。也只有这样，党和国家事业的发展才能保持正确方向，才能在战胜一个又一个可以预料和不可以预料的风险挑战中不断推向前进，不断开辟社会主义现代化建设和民族复兴的光明前景。

在当前，中国特色社会主义的科学发展蓝图已经绘就，尤其需要广大领导干部坚定对中国特色社会主义的道路自信、理论自信、制度自信和文化自信，紧密团结在以习近平同志为核心的党中央周围，以对中国特色社会主义道路的自觉和自信带领人民群众以更加坚定的决心、更加有力的举措、更加完善的制度来贯彻落实党中央治国理政新思想、新理念、新战略，真正把治国理政新思想、新理念、新战略转化为推动经济社会又好又快发展的强大力量，我们的中国特色社会主义道路就必然越走越广，就一定能在新中国成立一百年时建成富强民主文明和谐的社会主义现代化国家。

四、赢得信任

水能载舟，也能覆舟。党群、干群间的高度信任关系是取得事业成功的重要保证。对于诞生并发展壮大自人民群众中间的中国共产党来说，赢得群众信赖的重要性怎么强调都不为过。人民群众的信赖和拥护是党和政府的执政基础，党和政府的领导地位也只有赢得人民群众的信赖和拥护才能巩固和加强。我们必须看到，在改革开放和市场经济复杂环境的考验面前，一些党员干部在工作中未能坚持群众路线，与群众之间出现了信任障碍，严重影响了党群关系。如何充分发挥党的群众优势，密切党群、干群信任关系已经成为摆在各级领导干部面前的一个重大而紧迫的课题。

领导干部密切党群、干群信任关系，必须着力加强基层基础工作。要坚持以人为本、执政为民，始终保持党同人民群众的血肉联系。基层党组织是连接党委、政府和人民群众的桥梁纽带，是党做好群众工作的平台和载体。做好群众工作关键在基层，突破点也在基层。在新形势下做好群众工作，要把基层基础建设作为群众工作的根基，充分发挥其推动发展、服务群众、凝聚人心、促进和谐的作用。建立健全以党组织为核心、基层政府行政管理和基层群众团体、自治组织管理相结合的基层社会管理格局。各级领导干部要加强基层组织建设工作的制度化、经常化，着力使基层组织成为推动发展、服务群众、凝聚人心、促进和谐的坚强战斗堡垒。

领导干部密切党群、干群信任关系，必须不断改进新形势下群众工作的方法。新形势下做好群众工作离不开手段的多样化。把解决思想问题与解决实际问题结合起来，不断改善群众生产生活条件，做好群众工作就有了根本保障。新形势下做好群众工作离不开话语体系的大众化。老百姓的话最生动、最活泼、最有生活气息。领导干部做群众工作的话语体系只有为“人民群众喜闻乐见”，才能真正拉近同群众的距离，才能贴近现实、贴近大众、贴近群众的心灵，才能真正实现团结广大人民群众的愿望。

第二节　为人民服务的宗旨意识

习近平同志强调：“人民对美好生活的向往，就是我们的奋斗目标。”全心全意为人民服务的宗旨意识从来都不是抽象的，更不是空洞的，它首先要求各级领导干部必须牢记，权只能为民所用、利只能为民所谋，必须树立起率先垂范的道德观、勇于担当的责任观，必须始终把实现科学发展作为自身政绩观永恒追求。

一、权为民用的权力观

权力观是观察领导干部世界观、人生观、价值观最直接、最集中、最具体的窗口。各级领导干部肩负着引领科学发展的重任。如何看待权力、怎样使用权力，不仅体现着领导干部个人的人品官德，更重要的是反映着党性原则，直接影响党和政府的形象，关乎政府的公信力。领导干部只有树立正确权力观，才能真正为人民掌好权、用好权。

（一）必须树立马克思主义权力观

马克思主义认为，人民是国家的主人，是一切权力的所有者，国家的一切权力都是人民赋予的。在社会主义中国，国家的一切权力都是我们党领导全国各族人民经过新民主主义革命和社会主义革命取得和实现的，都是属于人民的。人民是工人阶级政党和党的领导干部的权力本源，是权力的主体，而不仅仅是权力的作用对象。毛泽东同志曾经指出："我们的权力是人民给的""人民要解放，就把权力委托给代表他们的、能够忠实地为他们办事的人，这就是我们共产党人。"我国《宪法》也规定"中华人民共和国的一切权力属于人民"。这是我们党和政府执政权力的理论基础和力量源泉。我们的领导干部对自己手中的权力必须始终保持清醒的认知，个人权力的本质是公共的，而不是私有的，它只不过是政府公共权力的具体化，职务也只是人民暂时赋予你实现公共利益的工具。如果我们不称职、不胜任，或者违背了行使公共权力的根本宗旨，人民可以收回这些权力。

（二）必须树立牢固的公仆意识

我们必须把人民利益放在第一位，任何时候任何情况下，与人民群众同呼吸共命运的立场不能变，全心全意为人民服务的宗旨不能忘，坚信群众是真正英雄的历史唯物主义观点不能丢。领导岗位就是公仆岗位，领导干部要牢记自己是人民的勤务兵，真正树立人民主权意识，自觉摆正同群众的关系。真正做到“情为民所系，权为民所用”，为人民掌好权，用好权，为人民鞠躬尽瘁，死而后已。必须具备为官一任，造福一方，“先天下之忧而忧，后天下之乐而乐”的高风亮节，坚持深入实际，坚持实事求是，主动问计于民；耐心倾听群众意见，绝不能把“公仆”变为“主人”，更不能把权力私有化、商品化、家长化。这是党和人民群众对干部的基本要求，也是社会主义核心价值体系建设的重要内容和目标之一。

（三）必须坚持公正用权

领导干部是代表人民掌握、运用权力的，所以党和人民在赋予领导干部权力的时候，就向领导干部提出了必须公正用权的要求。领导干部在行使公共权力的过程中必须把公正用权作为根本的行为准则。要突出坚持公道办事。公道办事的关键是要按原则办事，不分远近厚薄，不搞亲疏有别，始终按制度办事；要突出坚持公开行政。公开透明、让权力在阳光下运行，是现代政府的重要特征，变“暗箱操作”为“阳光工程”，可以增强公共政策制定的透明度、用权透明度和公众参与度，充分发挥人民群众和社会舆论对政府行政的监督和制约，更好地取信于民。

（四）必须坚持自觉接受监督

习近平同志强调，能不能正确对待、自觉接受党和人民监督，是衡量领导干部党性修养水平的一个重要尺度。增强监督意识是树立正确权力观的重要保证。公共权力如果失去了监督和制约必然走向其初衷的反面。阿克顿说过，“权力往往是腐蚀人的，绝对的权力则绝对腐蚀人”。列宁同志也说过：“不受制约的权力，必然导致不受节制的堕落。”邓小平同志更反复强调：“党要受监督，党员要受监督。”敢于接受监督、自觉接受监督不仅仅是一种勇气，是一种崇高的境界，更有利于提升领导干部的个人修养，有利于提升领导干部自身素质，增强领导干部的执政能力，有利于促进领导干部的健康成长。在党的十八届六中全会第二次全体会议上，习近平同志指出：“全党要深刻认识到，党内监督是永葆党的肌体健康的生命之源，要不断增强向体内病灶开刀的自觉性，使积极开展监督、主动接受监督成为全党的自觉行动。”因此，我们每一个领导干部应该正确对待监督，自觉地接受来自方方面面的监督，欢迎各种形式的监督。要自觉接受组织的监督，要坚持集体领导，尊重多数、重视少数，接受班子监督。要自觉接受群众的监督，把群众的批评和监督当作一面镜子，主动问政于民、问需于民、问计于民。要自觉接受舆论的监督，把舆论监督作为一种爱护、一种信任。正如朱镕基同志所说：“舆论监督，群众喉舌，政府镜鉴，改革尖兵”，绝不能把舆论监督看作“抹黑”“挑刺”“找麻烦”。

二、利为民谋的利益观

马克思说过：“人们奋斗所争取的一切，都同他们的利益有关。”利益追求既是推动社会进步的强大杠杆，又是引发社会矛盾的最终根源。在人类社会生活中，利益的本质是价值抉择，利益的具体含义有待认识主体的价值抉择来赋予。在当今利益主体日趋多元、利益矛盾复杂多样的条件下，领导干部要永葆先进性和纯洁性，担负起时代和人民赋予的神圣使命，就必须理性地面对各种利益关系，牢固树立正确的利益观。

（一）把群众利益放在第一位

树立正确的利益观，就是在任何时候都要把群众的利益放在第一位。古人讲：“为政之道，以顺民心为本，以厚民生为本，以安而不扰为本。”我们党除了人民的利益，没有自己的特殊利益。不断实现最广大人民的根本利益，是我们党全部奋斗的最高目标。因此，坚持人民利益高于一切，必须成为党员领导干部处理利益问题的根本原则。“位尊不泯公仆心，权重不移为民志”。一个合格的党员领导干部，行使权力必须时刻牢记党的宗旨，把人民的利益摆在第一位，坚持一切为了群众，一切依靠群众，立志为人民做实事、做好事，绝不与民争利，真正做到利为民所谋，始终把实现好、维护好、发展好广大人民的根本利益作为全部工作的出发点和落脚点，坚定不移地执行党的路线、方针和政策，坚持全心全意为人民服务。要用群众的眼光，从群众的立场来想问题、看问题、处理问题，尊重群众、依靠群众，注意向群众学习，坚持问政于民、问需于民、问计于民，汲取群众智慧，根据群众意愿制定方针政策，充分发挥群众参与社会管理的基础性作用。要坚持群众利益无小事，人民利益大于天，着眼长远，立足当前，自觉从身边做起，从小事做起，从群众最需要、最迫切、最验证解决的事情做起，努力多为人民办好事、办实事，真正给群众以看得见、摸得着的利益。使人民群众从不断获得的实惠中真切地感受到党是人民群众根本利益的代表者。

（二）处理好个人利益与社会利益的关系

树立正确的利益观，必须处理好个人利益与社会利益的关系。胡耀邦纪念馆有一句话："心在人民，原无论大事小事；利归天下，何必争多得少得"。随着我国经济成分、就业方式和分配方式的日益多样化，社会利益主体日趋多元，各种利益调整、分化、分配等诸多利益矛盾复杂多样，必然会影响到全社会的每一个成员的个人利益。共产党人是历史唯物论者，不讳言利益，不否认社会成员有个人利益、个人抱负、个人追求。领导干部也有制度和政策规定范围内的正当利益。但是共产党人的利益观要求各级党员领导干部在利益问题上要比一般社会成员有更高的标准和境界，因为领导干部的行为及其后果，不仅对本人，而且对他人、集体以及整个社会都有影响。作为领导干部，必须清楚地认识到每一个人在一定的社会活动和社会交往中，与他人、集体以至整个社会形成了密不可分的联系，个人利益的实现固然与自己的努力奋斗有关，但更重要的是要靠社会的全面发展进步。因此，领导干部必须牢固树立个人利益服从社会整体利益的正确观念，坚持把实现个人利益追求与实现党的奋斗目标、人民利益紧密结合起来，正确看待个人利益，正确看待个人得失。作为政府权力的执行者，领导干部手中掌握着各种公共权力和公共资源，在资源与利益分配中占据着有利地位，他们只有正确处理个人利益与社会利益的关系，真正做到当个人利益同社会利益发生矛盾时，把党和国家的利益、社会的利益放在第一位，个人利益服从社会利益，才能真正诠释人民政府和共产党人的真谛。

（三）处理好奉献与索取的关系

树立正确的利益观，必须处理好奉献与索取的关系。世界上没有脱离利益的奋斗。无论是国家、政党，还是团体、个人，都是如此。市场经济奉行按劳分配、多劳多得的分配原则，这同样适用于党员领导干部。但是，在奉献与索取的利益选择面前，能不能坚持正确的利益观，对党员干部是一个非常现实的考验。有些党员干部看到社会上一些人富起来就感到心理失衡，觉得自己吃了亏，总想着攀比仿效，总琢磨给自己找好后路，有的人甚至利欲熏心、唯利是图，个人主义逐步发展、恶性膨胀，最终走上了犯罪的道路。他们在价值观上就首先失去了成为党员领导干部的资格，既损害了党和人民的利益，又断送了自己的大好前程，也给家庭带来了种种隐患。领导干部的价值观必须体现党的根本宗旨，一定要知足、满足，决不能把商品交换的原则带入政治生活领域，把权力变成资本，超越权限谋取不正当个人利益，更不能搞权钱交易、与民争利。在奉献与索取的关系上，一定要真正做到不为私心所扰，不为名利所累，不为物欲所惑，淡泊名利，克己奉公。

三、率先垂范的道德观

加强道德修养是新时期做一名合格共产党员的一项基本要求，也是保持党的纯洁性的基本前提。邓小平同志曾说：“党是整个社会的表率，党的各级领导同志又是全党的表率。”如果说党的正确理论和路线方针政策是真理的力量，那么，领导干部的良好道德风尚就是人格的力量。习近平同志也指出：“道德问题是做人的首要的基本问题”“干部要提升道德境界，远离低级趣味”。各级领导干部只有真正“常修为政之德，常思贪欲之害，常怀律己之心，真正做到一身正气、一尘不染，始终保持共产党人的高尚品格和革命气节”，自觉在为人民服务的实践中不断强化党性修养和品德养成，模范践行社会主义荣辱观，做社会主义道德的示范者、诚信风尚的引领者、公平正义的维护者，才能用良好的品行和操守影响人、凝聚人、感召人，以实际行动彰显共产党人的人格力量，形成强大的领导力量。

（一）必须率先垂范良好的社会公德

领导干部首先是社会公民，必须遵循社会基本道德规范，即爱国守法、明礼诚信、团结友善、勤俭自强、敬业奉献。领导干部是单位优良风气的倡导者和示范者，他们的道德价值观直接对其下属甚至一方百姓起到很强的示范导向作用，深刻地影响着一个地方、一个单位的党风、政风和民风。群众看我们党，很重要的是看党员干部特别是领导干部做得怎么样。如果领导者德不服人，他和群众的思想感情就是不相容的，威信也就无从谈起。倘若领导干部自己思想混乱，道德缺失，是非、善恶、美丑混淆，见利忘义、损人利己、骄奢淫逸，对于整个社会道德体系所产生的消极影响和破坏作用是无法估量的。所以孔子说："为政以德，譬如北辰，居其所而众星拱之"意思是以道德治理国家，就会得到百姓的真心爱戴和拥护。提高全社会公德水平，应从提高领导干部自身社会公德水平入手。领导干部要带头做社会主义核心价值体系的忠实践行者和积极传播者，要求群众做到的，自己首先做到，禁止群众做的，自己坚决不做，自觉践行社会主义道德，用实际行动引领社会风气。

（二）必须率先垂范良好的从政道德

领导干部作为掌权者，还必须具备与权力行使密切相关的道德意识和道德行为。在我们党的历史上，焦裕禄、孔繁森、牛玉儒、郑培民、杨善洲等党的好干部身上所体现的从政道德风范，直接影响着几代人。在新的历史时期，我们党提倡的从政道德可以集中概况为"为民、务实、清廉"六个字。其中"为民"是核心、"务实"是关键、"清廉"是根本。在当前的社会环境里，"清廉"在一定程度上已经成为衡量从政道德的风向标，也是领导干部必须保持的最基本的从政道德要求。抗日民族英雄吉鸿昌的父亲临终前留给儿子的遗嘱是"做官即不许发财"。领导干部首先要慎欲，必须光明磊落，廉洁自律，秉公办事，不谋私利，要清清白白做人，实实在在办事，增强自我约束意识，要耐得住清苦、抗得住诱惑、管得住小节，在生活作风上增强拒腐防变的能力。"不虑于微，始成大患，不妨于小，终亏大德"，"大节"与"小节"从来都是相互统一、互为依存的。领导干部要时刻做到自重、自省、自警、自励，慎独、慎微、慎初，始终保持领导干部应有的本色。古人说："道德当身，故不以物惑。"一尘不染、两袖清风、洁身自好、清正廉洁，是共产党员的做人之本；一身正气、克己奉公、无私无畏、勤政为民，必须成为领导干部的从政之基，这也是决定我们事业能否取得成功的关键。

（三）必须率先垂范严于律己的良好个人道德

《论语》上说："政者，正也。其身正，不令而行，其身不正，虽令不从。"自古以来，人们就把做官先须做人看作是从政为官的传统美德。王阳明曾用金子比喻人品官德，纯度越高，品位就越高。一个有高尚品德、健康向上生活情趣与伟大人格的领导干部，必然具备强大的凝聚力和感召力，而一个心术不正、私欲膨胀、生活作风腐朽的领导干部，不仅会迷失自己的理想追求，还会严重败坏党风、政风。腐败分子走上违法犯罪的道路，大都是从道德品质上出问题开始的。党性修养的基础是德行修养，没有德行修养，党性修养就是一句空话。"身是菩提树，心如明镜台。时时勤拂拭，莫使有尘埃"，这是我国佛教史上一条著名的偈语，它教导人们要经常清除思想上的"污垢"，检点自己的行为。领导干部一定要注重以德修身、以德服众、以德领才、以德润才、德才兼备，用"道德力量"驾驭权力这把"双刃剑"，始终保持共产党人的道德感召力，真正让权力为社会服务。党的十七届四中全会提出要"加强思想道德建设，加强党的优良传统教育，加强中华优秀文化传统教育，引导党员、干部带头弘扬以爱国主义为核心的民族精神和以改革创新为核心的时代精神，自觉践行社会主义荣辱观，培养高尚道德情操和健康生活情趣，保持昂扬奋发的精神状态"，领导干部一定要明是非、知荣辱、辨善恶、分美丑，自觉培养高尚的个人品德，努力形成符合社会主义道德观念、道德原则和道德规范要求的比较稳定的心理特点、思想倾向和行为习惯，做社会主义道德建设的先锋。

（四）必须率先垂范以好家风涵养好作风

古语有云"欲治其国者，先齐其家"。家庭是社会的细胞，家风好，就能家道兴盛、和顺美满；家风差，难免殃及子孙、贻害社会。领导干部的家风，不是个人小事、家庭私事，而是领导干部作风的重要表现。各级领导干部要教育亲属子女树立遵纪守法、艰苦朴素、自食其力的良好观念，明白见利忘义、贪赃枉法都是不道德的事情，要为全社会做表率。各级领导干部要带头抓好家风，做家风建设的表率。家风为政风提供道德基础，政风为家风增添政治内涵。家风为政风提供亲情动力，好的家风以亲情的愿望和力量，推动或感召从政者树立好的政风。对党员干部而言，好家风不仅能涵养自身及家人的德行，而且将其反映到工作中，就是好作风。一句话，家风清正则作风纯正。以好家风来涵养好作风，要善体悟。要体悟古人和革命前辈的情怀，体悟其中的道理。善于联系、善于自省，通过体悟，真正明白“好学乐学、修德明理、清廉守法、奉献担当”好家风的深刻含义，将它们内化于心。要用社会主义核心价值观引领家庭文明建设，锤炼个人品德、书写家庭美德、遵守职业道德、弘扬社会公德。领导干部更应带头注重家庭、家教、家风，廉洁修身、清正齐家，做家风建设的表率。

四、勇于担当的责任观

习近平同志强调，各级领导干部要切实转变作风，做到讲实话、干实事，敢作为、勇担当，言必信、行必果。当前，我国改革进入攻坚期和深水区，我们正站在新的历史起点上，既面临难得的发展机遇，也面临风险更大、难题更为集中的挑战，推进改革的复杂程度、敏感程度、艰巨程度前所未有，需要我们进行具有许多新的历史特点的伟大斗争。这就要求各级领导干部更要有强烈的担当精神，忠诚履责、勇于担责、敢于负责。

（一）必须强化忧患意识，增强责任感

勇于担当的责任观要求领导干部必须强化忧患意识，增强责任感。忧患意识是讲责任的前提，是增强责任感的内在动力。没有忧患意识，就没有责任心，责任心缺失必然导致事业的严重损失。强烈的忧患意识是我们党执政兴国的宝贵经验，更是中国共产党人一以贯之的自觉意识。习近平

总书记强调，历史使命越光荣，奋斗目标越宏伟，执政环境越复杂，我们就越要增强忧患意识，越要从严治党，使我们党永远立于不败之地。各级领导干部一定要居安思危，增强忧患意识，增强责任感和使命感，深刻汲取世界上一些执政党兴衰成败的经验教训，更加自觉地加强自身执政能力建设，始终为人民执好政、掌好权。

（二）必须拥有权责一致的道德勇气

勇于担当的责任观要求领导干部必须拥有权责一致的道德勇气。权力和责任始终是一枚钱币的两个面，它们总是相伴随而存在，一定的权力必然承担相应的责任。责任从本质上来讲，是一种与生俱来的使命。作为领导干部必须时刻意识到这一点，在接受人民赋予的权力的同时，也应该深刻地意识到自己需要承担的责任。只有能够承担并且敢于承担责任的人，才能被赋予更多的使命，才有资格获得更大的荣誉。拥有权力而不承担责任、没有责任的约束，必然导致滥用权力、为所欲为。那种光想当官要权、发号施令、指手画脚，不肯承担责任的想法和做法是不道德的。权责一致的原则要求我们的各级领导干部真正透彻地理解权力与责任的内涵，在责任的约束下行使权力，对人民的事业负责，对自己手中掌握的权力负责。要以党性为首、责任第一，无论任何情况，在大是大非面前做到立场坚定，敢于坚持真理，讲真话、讲正气，不随波逐流；在急难险重时，无论在何岗位，都要从全局出发、不回避、不推诿，挺身而出、迎难而上、勇挑重担。这样才能真正做到权为民所用，利为民所谋，做到为官一任，造福一方。

（三）敢于承担责任、绝不推卸责任

勇于担当的责任观要求领导干部敢于承担责任、绝不推卸责任。勇于担责，就是积极主动承担党和人民赋予的各项任务，尤其是急难险重任务。“为官避事平生耻”，领导干部对党忠诚、对党和人民事业负责，就要为党分忧，勇于做事，敢于担责，在大是大非面前敢于亮剑，在矛盾问题面前迎难而上，在危机困难关头挺身而出，面对歪风邪气坚决斗争。这是我们党和国家事业不断战胜困难挑战、经济社会快速发展的重要原因。对

领导者来说，不揽功是次要的，首要的是不诿过。当前，我国面临的经济社会发展形势越来越复杂、社会管理难度越来越大，任何一位优秀的领导干部都有可能遭受挫折甚至失败。失败并不可怕，关键在于正确认识和对待挫折与失败。优秀的领导干部应该敢于承担责任，善于在挫折和失败中分析自己决策失误的原因总结失败的教训，即使被追究责任、做出相应的处理，也要有敢于担当的勇气。决不能陷入贪功诿过的泥潭而不能自拔。一名优秀的领导干部特别要敢于实事求是地为自己的下属承担责任，不仅要敢于对下属出现的失误负责，更要敢于承认自己的决策失误，对因自己决策失误而造成下属失败的后果承担责任，决不往下属身上推卸责任，让下属当自己的“牺牲品”“替罪羊”。只有这样，才能促进班子的团结和谐，发挥班子成员的最大潜能，增强班子的凝聚力和战斗力，为各项工作的顺利开展奠定坚实的基础。

五、以人民为中心的政绩观

党的十八大以来，习近平总书记始终把民生作为念兹在兹的重大关切，贯穿于治国理政的方方面面。政绩是领导干部德才素质在实践中的综合反映，是组织和群众评价、选用领导干部的重要依据。政绩观，是领导干部对自己行政行为的价值判断，直接反映领导干部从政的价值取向，领导干部的政绩观正确与否，不仅影响着领导干部的健康成长，更关系到党和国家的事业发展，关系到党在人民群众中的威信和形象。必须全面贯彻以人民为中心的发展思想，牢固树立正确的政绩观，才能创造出社会需要、群众欢迎的政绩，才能又好又快地推动各地区的经济社会发展。

（一）正确认识什么是正确的政绩观

什么叫政绩？顾名思义，就是为政之绩，即为政的成绩、功绩、实绩。我们做事情、干工作，如果做到了上有利于国家、下有利于人民；既符合国家和人民眼前利益的要求，又符合国家和人民长远利益的要求；既能促进经济社会发展，又能促进国家富强和人民幸福，那就做出了党和人民所需要的真正的政绩。党员干部要树立的正确政绩观，必须是以人民为中心的政绩观，是为了实现广大人民群众最根本利益的政绩观，这就要求既要防止不作为，又要防止乱作为，要在工作岗位上有所为、有所不为。领导干部要提高领导水平和执政能力，就必须根据以人民为中心的要求认识政绩。更加自觉地树立以人民为中心的核心立场。领导干部在任期间应该通过扎实而勤奋的工作，多干一些事情，多为一方经济社会发展做出一些贡献，多为一方百姓谋一些福利，这是任何一个有责任心、事业心的领导干部应该有的追求。要按照习近平总书记的要求，意气风发、满腔热情干工作，坚持为官一任、造福一方，对定下来的工作部署，要一抓到底、善始善终。要有“功成不必在我”的境界，像接力赛一样，一棒一棒接着干下去，无论是显性的政绩还是隐性的政绩，都是我们所应致力追求和创造的政绩。

（二）正确认识为谁创造政绩

干事创业一定要树立正确的政绩观，做到“民之所好好之，民之所恶恶之”。要正确认识为谁创造政绩，把以人民为中心贯彻落实到政绩观中，首先要解决的就是为什么创造政绩、为谁创造政绩的问题。这是政绩观的核心问题，是衡量领导干部政绩观正确与否的分水岭。创造政绩的目的不同，其结果也往往是不同的。作为党的干部，必须始终坚持立党为公、执政为民的政治立场，领导干部要带领群众实现发展目标，必须倾听群众的呼声，要始终把群众的情绪作为第一信号，把群众的需要作为第一选择，切实解决农民增收、企业改制、劳动就业、征地拆迁、土地流转以及教育、医疗卫生等群众普遍关注的热点问题，用解决关系群众切身利益问题的实际成效创造政绩。只有时时刻刻把人民的利益放在心里，一切以人民的意愿为归依，才能创造出真正无愧于时代、无愧于历史、无愧于人民的政绩。

（三）正确认识如何创造政绩

没有以人民为中心的思想和理念，不可能创造出符合人民群众期望的政绩；没有求真务实、真抓实干的能力和本领，同样不能创造出符合人民群众期望的政绩。以人民为中心的发展，是给人民群众带来实惠的发展；

以人民为中心要求的政绩，也是给人民群众带来实惠的政绩。这样的发展和政绩只能通过艰苦努力，靠着实干精神、科学精神干出来。领导干部要想取得政绩，没有捷径可走，求真务实、真抓实干、埋头苦干是唯一的可行之路。只有坚持抓好发展与关注民生的结合，对上负责与对人民负责的结合，立足当前与着眼长远的结合，局部利益与整体利益的结合，才能创造实实在在的符合人民群众期望的政绩。否则，抓工作只抓那些容易出成果的“显绩”而不啃“硬骨头”，只关注局部利益而不顾及全局得失；甚至主观臆断、违背客观规律搞“拍脑袋”决策，就必然出现偏离党的事业和人民利益的“形象工程”“面子工程”“政绩工程”“隐患工程”。这样的“政绩”，绝不是以人民为中心的政绩，不仅对百姓没有益处，还有害于国家的经济社会发展大局。

第三节 实事求是的思想路线

中国共产党人把马克思主义基本原理与中国革命的具体实践相结合的过程中，批判地继承了历史上的“实事求是”，进行了新的科学解释，赋予其唯物辩证法的哲学内容。“实事求是”是中国共产党一以贯之的思想路线，是毛泽东思想的精髓，是中国特色社会主义理论的哲学基础。在新的历史条件下推动改革开放和科学发展，仍然必须坚持实事求是的思想路线。

一、坚持实事求是的背景

实事求是是我们党的优良传统和作风。以毛泽东同志为核心的党的第一代中央领导集体，正是在“实事求是”思想路线指引下，把马克思主义基本原理同中国革命具体实际相结合，形成了马克思主义中国化的第一个理论成果——毛泽东思想。“实事求是”是毛泽东思想的精髓，它是贯穿于毛泽东思想全部内容中的活的灵魂。党的十一届三中全会重新确立了实事求是的思想路线，为全面改革奠定了思想理论基础。邓小平同志强调

“把马克思主义的普遍真理同我国的具体实际结合起来，走自己的道路，建设有中国特色的社会主义”，由邓小平同志开辟的中国特色社会主义建设道路，使我国社会主义建设事业取得了举世瞩目的成就，形成了马克思主义中国化的第二个理论成果——邓小平理论。以江泽民同志为核心的党的第三代中央领导集体创造性地回答了“建设什么样的党、怎样建设党”的问题，提出了“三个代表”重要思想。科学发展观是我们党解放思想、实事求是、与时俱进的重要成果，在新世纪新阶段的历史起点上，创造性地回答了实现什么样的发展、怎样发展的问题。

党的十八大以来，以习近平同志为核心的党中央紧紧围绕坚持和发展中国特色社会主义的历史任务，适应具有许多新的历史特点的伟大斗争的需要，集中全党的智慧和力量，提出了一系列治国理政新思想、新理念、新战略。“中国梦”的提出，以其通俗亲和的话语表达方式给当代中国社会和中国人民一个既有憧憬超越又看得见摸得着的目标，一个既科学崇高又喜闻乐见的理想，让中国特色社会主义更加亲和、更加清晰、更加具体，打造出了中国特色社会主义的“大众版”。全面建成小康社会、全面深化改革、全面依法治国、全面从严治党的“四个全面”战略布局相互支撑、相互促进，既描绘了美好蓝图，又规划出了路线图时间表，确立了新的历史条件下党和国家各项工作的战略目标和战略举措，让中国特色社会主义在“全面”中高歌猛进；创新、协调、绿色、开放、共享的新发展理念，引领中国社会跨越“中等收入陷阱”，走上实现更高质量、更有效率、更加公平、更可持续发展的必由之路；“一带一路”发展新战略，开启21世纪新全球化模式，着力打造开放、包容、均衡、普惠的区域合作架构，开辟大家携手前进的阳光大道；合作共赢为核心的新型国际关系，人类命运共同体的世界新构想，让中国做世界和平的建设者、全球发展的贡献者、国际秩序的维护者，为推动人类文明进步提出“中国方案”、贡献“中国智慧”等。这一系列治国理政新思想、新理念、新战略，坚持了目标导向和问题导向的统一，渗透着深邃的战略思维、辩证思维、创新思维、底线思维，为我们直面矛盾、直面难题、知行合一、勇于担当的新实践提供了根本遵循，从理论和实践上成功开辟了中国特色社会主义新实践、新局面、新境界。

但是我们应该看到，一些党员和干部在坚持实事求是的思想路线方面还存在一些必须引起注意的问题。一些同志急功近利，不顾客观条件，不讲客观规律，凭热情决策，热衷于攀比速度，急于求成，爱搞“一刀切”“一律化”，看起来很坚决，实际上行不通。其结果往往欲速则不达，甚至适得其反。也有一些人凡事唯书唯上，想问题、办事情习惯于找本本等文件，只会照抄照转上级精神，不善于在与实际结合上下功夫，缺乏开拓进取意识。还有一些人满足并夸大个人感性经验的作用，贬低或忽视理论的作用，坐井观天，故步自封，满足于一孔之见，用片面的经验指导实践。其结果是以偏概全，在复杂情况下，往往迷失方向，陷入主观盲目性中，在新的变化着的实践中碰壁或失败。更有甚者为了迎合或满足某种主观的需要行事，说假话、大话、空话，看脸色行事，弄虚作假，阳奉阴违。结果是空谈误事误国，败坏了社会风气，助长了党内不正之风和腐败现象。这说明我们要战胜“精神懈怠、能力不足、脱离群众、消极腐败”的危险，实现中华民族伟大复兴的历史使命，需要我们进一步掌握好实事求是这一思想理论武器，全面地理解它，正确地把握它，科学地运用它。

党员干部特别是各级领导干部要深刻理解实事求是的科学含义和精神实质，始终按实事求是的要求办事。不断提高自己的思想水平、工作水平和领导水平。

二、坚持实事求是的要求

毛泽东同志对实事求是做过精辟的论述：“实事”就是客观存在着的一切事物，“是”就是客观事物的内部联系，即规律性，“求”就是我们去研究。要全面准确地理解和把握实事求是，必须要注意下面几个基本要求。

（一）坚持实事求是的前提是掌握“实事”

实事求是的“实事”包括实际问题、实际条件、实际效果等各个方面，缺一不可。决策不从实际问题出发，当然不是实事求是。解决问题不从实际条件出发也不能说是实事求是。那种只决策不顾实际效果的做法更谈不上是实事求是。但“实事”本身具有发展性甚至隐蔽性，也就是说，在事物发展的不同阶段，事物的本质特征暴露的程度是不同的，往往会影响对事物的把握，只有当事物本身处于发展的成熟阶段时才更便于认识，而且事物本身也会故意显示其有利的一面而隐藏其不利的一面。比如，在看一个地方或者单位的政绩时，其光鲜亮丽的显绩往往被置于突出位置，而问题则被掩盖起来，使人对其真实的政绩难以评判。这就要求决策者如习近平同志要求的那样，必须不断对实际情况作深入系统而不是粗枝大叶的调查研究，努力掌握全面、真实、丰富、生动的第一手材料，真正搞清楚本地区、本部门、本单位的实际情况，真正搞清楚影响改革发展稳定的突出问题，真正及时了解人民群众的所思所盼，才能真正掌握客观实际中的“实事”。

（二）坚持实事求是的关键是“求是”

“求是”是通过细致艰苦的研究达到对客观存在的正确认识，只有以“求是”的态度、方法和目的去认识“实事”，才能得出规律性的结论，达到实事求是的目的。但是“求是”的过程也受到诸多因素的影响，包括以什么样的理论去指导认识过程，采用的方式和方法是否得当，认识事物的结论是否会造成某种利害冲突，认识主体拥有的知识和能力如何，以及认识主体的世界观、价值观，其中任何一个方面或者环节出现问题，都会制约人们得出正确的结论。这就要求领导干部作决策、办事情、谋发展，都要认识规律、遵循规律。

（三）坚持实事求是必须始终坚持发挥人民群众的主体作用

习近平总书记指出，要“坚持人民主体地位，发挥人民首创精神，着力解决好人民群众最关心、最直接、最现实的利益问题，不断让人民得到实实在在的利益，充分调动人民群众的积极性、主动性、创造性”“要自觉拜师人民、尊重人民、依靠人民”“要始终坚持问政于民、问计于民、问需于民”。这告诉我们，只有发自内心尊重群众的智慧和创造，才能真正体会群众工作的真谛，赢得群众的理解与支持。只有坚持群众路线，才能真正做到实事求是。领导干部要深刻认识人民群众的支持是我们党的执政基础，深刻认识人民群众中蕴藏着无限创造力，始终不渝坚持从群众中来、到群众中去的群众路线。要用群众的眼光、从群众的立场来想问题、看问题、处理问题，强调要摆正干部与群众的位置，把对上级负责与对群众负责紧密结合和统一起来，尊重群众、依靠群众，注意向群众学习，坚持问政于民、问需于民、问计于民，虚心向群众请教，汲取群众智慧，根据群众意愿制定方针政策，充分发挥群众参与社会管理的基础性作用，使各项决策和各方面工作符合实际情况、符合客观规律、符合人民意愿。

三、坚持实事求是的挑战

习近平同志指出："领导干部对党和人民事业肩负着光荣而重大的领导责任，始终贯彻执行党的实事求是的思想路线，对于推动科学发展、促进社会和谐至关重要。各级领导干部要把实事求是贯彻到领导工作全过程，自觉做坚持实事求是的表率。"[①] 在进行具有新的历史特点的伟大斗争中，我们的政府决策者如何真正做到实事求是呢？

（一）领导干部必须树立求真务实的工作作风

一是要说实话。对上级说实话，不虚夸、不表功、不避丑，只有这样才能有利于领导决策，有利于把工作做好。对下级说实话，不唱高调、不说官话、不说空话，只有这样才能赢得群众的支持，才能调动广大群众的积极性。对同事说实话，不说套话、不说假话、不说不利于团结的话，只有这样，才能赢得同志们的信任，才能带好队伍，促进工作。不论在工作中，还是为人处世中，都要说实话，说实话是一个人的修养，说实话是一种工作方法，说实话是搞好工作的前提，也是坚持党性的表现。二是要办实事。按实情办事，按规律办事，按规定办事。一切从人民利益出发，一切从工作出发，一切从长远利益出发，一切从大局出发。不搞"形象工程""政绩工程"，不做不切实际的事情，不做形式主义的事，不做违背原则的事情，不做牟取私利的事情。切实解决工作中的难点和热点问题，想出办法，采取措施，搞好落实。说了就做，做就做好，讲究针对性，讲求实效性。三是要求实效。工作不做表面文章，不搞花架子，不搞形式主

---

① 习近平．坚持实事求是的思想路线［EB/OL］．中国网，2012－5－28.

义。要立足工作实际，量力而行，逐步发展，不好大喜功。对那些需要解决而又能够解决的突出问题，不扯皮、不推诿，雷厉风行。对复杂问题要分清职责，理顺关系，明确标准，奖优罚劣，简政放权，提高效率。对日常工作要做到“严细实恒”，勤跑，勤看，勤问。要实行制度管理，既要把竞争激励机制引入管理之中，又要营造宽松、和谐、融洽的环境，提高工作效率。四是要做实人。认认真真做事，老老实实做人。不妄自尊大，不妄自菲薄。不趋炎附势，不仗势压人。做到以诚待人，以情感人，以理服人。做到“五官端正”，手不伸，嘴不馋，眼不斜，心不偏，耳不软。不仁之事不为，不义之财不取，不正之风不染，不法之事不干。时刻保持清醒头脑，廉洁自律，以身作则，一身正气，做好榜样。

（二）要坚持实事求是与解放思想、与时俱进的统一

解放思想与实事求是是辩证统一的，只有解放思想，才能真正做到实事求是；只有实事求是，才是真正解放思想。实事求是是在特定的理论框架和认知水平上实现的，如果所依据的理论已经落后于科学发展和时代特征，那么就必然难以得出科学的结论，做出正确的决策，这就需要在实事求是的过程中不断实现认识主体的理论提升、思想进步。客观实际是不断发展变化的，我们对客观事物及其规律的认识是不断深化的，事物发展过程的每一发展阶段，每一发展阶段的每一个具体环节都有新的情况、新的问题。我们永远不可能穷尽对客观规律的认识，永远不可能求得最终的“是”。所以实事求是永无止境，解放思想也永无止境。在未来中国特色社会主义前进道路上，各种可以预见和难以预见的矛盾和问题都会不断出现。各级领导干部要继续解放思想、始终实事求是，以科学态度对待马克思主义，用发展着的马克思主义指导新的实践，勇于变革、勇于创新，才能不断把握历史发展的潮流，永远走在时代前列。

思考题

1. 为什么说对马克思主义的信仰、对社会主义和共产主义的信念是共产党人的政治灵魂？

2. 领导干部应该如何树立正确权力观？

3. 如何全面贯彻以人民为中心的发展思想，牢固树立正确的政绩观？

参考书目

1. 中共中央宣传部．习近平总书记系列重要讲话读本［M］．北京：学习出版社，人民出版社 2016.

2. 曲风．社会主义核心价值观学习读本［M］．北京：国家行政学院出版社，2014.

3. 全国干部教育培训教材编审指导委员会组织编写．坚持和发展中国特色社会主义［M］．北京：人民出版社，2015.

第四章
政府领导的科学决策

决策是各级领导干部的一项重要职能。毛泽东指出，领导者的责任，归结起来，主要是出主意、用干部两件事。这两件事对于党的事业来说，都是重要的决策。而领导干部决策质量的高低直接关系到党和国家事业的兴衰成败。近年来领导干部重大决策失误问题已经引起全社会的广泛关注，为此，《关于实行党政领导干部问责的暂行规定》中明确规定，对决策严重失误造成重大损失或者恶劣影响的，将对党政领导干部实行问责。这充分表明党和国家对领导干部决策失误治理的决心。探讨领导干部的科学决策问题旨在规范政府领导决策行为，培养规则意识，提高和改善领导干部的决策能力，避免和减少领导干部的决策失误。

第一节 科学决策的程序

科学决策的程序是指决策时应遵循的基本顺序、步骤。一般来说，科学决策的程序主要包括：发现问题，确定目标；预测调研，拟订方案；分析评估，优选方案；试验验证，决策反馈。科学决策程序能有效地规范决策行为，避免和减少决策失误，以实现决策的科学化、民主化。

一、发现问题、确定目标

发现问题、确定目标是解决问题的前提。所谓问题，是指客观现实状态与期望状态的差距。发现问题，是对客观现实的认知和界定，弄清客观实际状态与期望状态的差距，以及产生差距的根源。问题发现的是否及时，问题界定的是否清楚，问题产生的根源找的准不准，直接关系到问题解决的效果和效率。实践经验表明，我们经历的决策失败更多的是因为解决了错误的问题，而不是因为我们为真正的问题找到了错误的解决方案。正如有时病人吃了好多的药，医治很长时间都没有医治好病，其原因有时不在于药效，而在于药不对症。而良医的高明之处，在于能准确地判断其病根，并能对症下药。一个有预见力的领导干部，通常能够比常人更容易发现问题，或更早地发现问题。而领导干部预见能力越强，决策的效率就越高，决策效果就越好。准确的预测不是主观臆断，更不是巧合，而是建立在丰富阅历、渊博的学识基础之上，深入的调查研究、缜密的分析判断，而得出合乎规律的结论。正因如此，领导干部要具备预测问题的能力。毛泽东说过：坐在指挥台上，如果什么也看不见，就不能叫领导。坐在指挥台上，只看见地平线上已经出现的大量的普遍的东西，那是平平常常的，也不能算领导。只有当还没有出现大量的明显的东西的时候，当桅杆顶刚刚露出的时候，就能看出这是要发展成为大量普遍的东西，并能掌握住它，这才叫领导。国外也有种说法，“聪明人解决问题，而天才则避免问题”。

目标是解决问题所要达到的状态。确定目标就是要明确解决问题的方向、动力。科学、合理、规范的目标不仅具有导向作用，还起到激励和监督作用。然而，在实际目标确立过程中，存在的问题是，决策中定性目标多于定量目标，有些决策虽然制定了定量目标，但定量目标设计不科学、不合理，甚至带有随意性，结果导致问题不但没有解决，还影响决策的科学性和权威性。怎样确定目标呢？应把握四个原则。

（1）先进性原则。就是决策目标所要达到的状态应优于现有的状态。一个好的决策目标，不仅指明努力方向，而且提供实现目标的动力。行为科学表明，人的行为受优势动机支配的，而人的行为动机强度受目标影响，越接近目标，人的动机强度越大；正因如此，领导干部在设计目标时，目标要有先进性，但目标不是越先进越好，如果决策目标过高，实现目标的代价太大，或者暂时不具备实现的条件，就会挫伤决策对象实现目标的积极性，甚至放弃决策目标，导致决策失败。

（2）规律性原则。就是指决策目标确立必须从客观实际出发，按照事物发展的客观规律来确定目标。确定目标，“领导干部要按照实际情况决定工作方针，不提不切实际的口号，不提超越阶段的目标，不做不切实际的事情。”[①] 实践经验也充分证明，凡是尊重事实，符合客观规律的决策目标，在实践中不但决策目标能够实现，还大大增强了领导干部的决策权威性；凡是背离客观事实，违背客观规律的目标，不但决策目标无法实现，

① 习近平在中央党校春季学期第二批入学学员开学典礼上的讲话［N］．学习时报，2012－5－16.

还给国家和社会造成巨大损失。如20世纪我国“大跃进”的运动中，由于党在经济方面的错误指导，提出了中国在钢铁等主要工业产品的产量15年“赶英超美”的口号，严重背离了中国实际情况，连续3年的“大跃进”运动，给党、国家和人民带来了深重的灾难。

（3）规范性原则。指目标设计要符合社会基本规范，即决策目标要符合国家的宪法、法律以及其他体现国家基本制度的社会规范要求，决策目标还要同上级决策目标要求一致。

（4）明确性原则。指决策目标描述要明确具体，可以量化的目标，应规定数量指标，而有些难以量化的目标，应用间接测定的数量指标衡量。明确的目标既有利于决策的实施，也有利于对决策效果的监督。

二、预测调研、拟订方案

预测调研、拟订方案是科学决策的基础。预测调研为领导干部进行决策提供有价值、有见地的科学依据，从而为科学决策创造条件。美国企业家亨利·法约尔曾说过，预见能力即使不是领导工作的全部，至少也是领导工作的本质。

科学准确的预测是建立在及时、准确、有效信息基础上。而调研是获取准确预测所需要的各种信息的重要途径。“一个成功的决策是90％依靠信息和10％依靠直觉。”特别在重大问题决策时，信息准确程度直接关系到决策的失败，可谓“失之毫厘，谬以千里”。现代社会进入网络时代，信息获取具有极大的便利性，与此同时，信息甄别也更加复杂化，领导干部如何能获取有效信息？从获取信息渠道方面来说，领导干部要善于从多渠道获取信息。以往领导干部在获取信息时，往往依赖传统的自上而下或自下而上的正规的单一渠道，其优点是信息传递速度快，其缺点是容易产生信息失真和偏差。而多渠道信息传递和获取方式，即领导干部从不同渠道获取的信息，如从上级、专家学者、书本、实践等各种渠道，能弥补和修正单向单一获取信息的不足和偏差，并有助于决策者甄选识别信息。从信息选择方面来说，应保持信息中立原则。人们在利用信息进行决策时，首先，要对信息可用性、可信性进行价值判断。如来自反对者，来自竞争者的信息常常被我们主观地加以排斥。再如，人们通常对专家学者的学术观点、上级部门的意见和建议比较重视，而对来自基层的信息和观点持怀疑态度。因而容易导致信息选择的片面性，进而导致决策错误。所以，信息中立原则要求领导干部在对信息进行价值判断之前，应该保持不偏不倚的态度。否则，就会被假象所迷惑。从信息获取的数量来看，要坚持适度的原则。获取决策信息是需要花费人力、物力、财力的，经过加工整理的信息是有成本的，过度追求决策信息的数量，不但增加了决策成本，还容易错过决策最佳时期。从获取信息方式来看，领导干部应掌握先进的信息获取技术。在信息时代，领导干部对信息的处理能力和掌控程度决定着获取信息的数量和质量，进而影响决策的质量和效率。所以，对信息技术的掌控是实现决策科学化的一个重要因素。

拟订方案就是寻找实现决策目标的手段，包括途径、措施、方法、步骤。问题能否解决，以及解决到何种程度，与拟订方案质量有着密切的关系。为了确保决策的质量，领导干部在拟订决策方案时，应把握四个原则。一是信息完备的原则。任何决策从形成、确定、执行到评估、调整是一个不断运动的过程，每一个环节都离不开足够的信息，并对这些信息进行科学的分析，这是确保高质量决策的重要前提。没有充足的信息保障，决策的风险就会增加，决策失误的概率就会增大。二是系统协调的原则。在方案规划时，要从系统论的观点出发，对决策中所涉及的各种因素，如相关利益群体诉求、所拥有的资源等进行综合分析，在此基础上统筹兼顾，将整体利益与局部利益相结合，内部条件与外部条件相结合，眼前利益与长远利益相结合，主要目标与次要目标相结合。三是现实可行原则。决策方案在设计时，必须要考虑到实施时应具备的主客观条件，包括实施过程中所需要的各种决策资源，以及适宜的决策环境。有时政策方案在设计时，主观愿望与现实有很大差距，从而使决策方案在实施中会遇到各种阻力，甚至可能导致决策失败。四是多个备选方案原则。有比较才有鉴别，为了确保决策方案质量，在设计方案时，要设计多个实现目标的思路和方案，并且每个方案应是互相独立的，备选方案要具有差异性，这样才能保证方案的多样性。

三、分析评估、优选方案

分析评估、优选方案是科学决策的关键。分析评估，即依据一定的标准，对已设计的各种备选方案进行优劣比较、鉴别，为优选方案提供依据，也是保证决策科学的必要环节。重大决策不经调查研究不决策，不经可行性论证不决策，没有两个以上比较方案不决策的“三不决策”应成为各级政府领导干部决策的一个重要原则。值得注意的是，领导干部的决策在分析评估时，应区别于一般决策的分析评估，政治可行性应成为领导干部决策的首要评估标准。政治可行性评价标准，包括合法性、可接受性、回应性及公正性。所谓决策的合法性，是指决策要与国家宪法和法律及有关法律、法规、规章和政策措施一致；要符合相关法律程序的规定。所谓决策的可接受性，是指决策从本质上说是对利益的分配、调整和行为的修正。但这种利益分配、调整和行为修正范围超过人们一定的社会承受能力时，不但无法实现目标，甚至会产生反面效果。所谓决策的回应性，主要指决策对公众诉求回馈和反应的迅捷与充分程度。在现代社会里，当决策对公众诉求没有做出及时回应，就可能导致不良反应，甚至可能引发社会群体事件。所谓决策的公正性，主要包括决策过程的公正性和决策结果的公正性。实践表明，只有过程的公正，才有可能保证结果的公正。此外，决策方案的经济可行性、行政可行性、技术可行性，也是决策论证的重要内容。

随着社会的发展和进步，“人本理念”成为现代决策的一个重要趋势。因此，政府领导决策时，还应关注社会文化、人们心理承受能力、社会风俗习惯等因素。国际应用心理学协会主席、德国心理学家米夏埃尔·弗雷泽曾讲过，心理学研究人的行为、思想和感情。政府在制定公共政策的时候应采纳心理学家的意见，这样可以更好地了解决策将对人们产生什么样的影响，什么样的政策更易接受、收效更佳。如我国从禁止燃放鞭炮到限制燃放鞭炮，就是一个人本化决策的案例。

优选方案是指决策者根据经验和科学分析，在备选方案中做出最后选择。决策方案选择受多种因素影响，但主要取决于决策者素质和方案选择方法。决策者的素质对方案的选择影响表现在，不同的决策者对于利益和损失的看法、反应或兴趣不同，即决策者对于风险的态度不同。比如，有的领导干部对利益反应比较迟钝，而对损失的反应比较敏感。这样的领导干部会选择比较保守的决策方案。而有的领导干部对损失的反应比较迟钝，而对利益的反应比较敏感，就会选择比较激进的、风险较高但收益较大的方案。方案选择方法对方案的选择影响也很大。由于社会问题错综复杂，仅仅利用经验的、直观的或简单的决策方法远远满足不了决策的目标要求，随着科学技术的飞跃发展和决策理论的深入研究，各种先进的决策手段和方法不断得到广泛应用，例如，实验模拟、系统分析、网络技术、计算机科学、头脑风暴法、德尔菲法等，对决策方案选择都有很大的帮助。

四、试验验证、决策反馈

试验验证、决策反馈是科学决策的保证。试验验证主要途径是通过试点，即小范围的实践来检验决策方案的方法。决策方案正确与否，效果如何，只有通过实践检验才能检验出结果。随着社会发展，决策环境越来越复杂，决策后果影响范围越来越大，对于关系民生重大决策，需要通过试验验证来减少决策失误。试验验证成功与否，取决于试验对象选择、试验方案和对试验结果的总结。一般来说，试验对象选择要具有典型性和代表性；试验方案要缜密细致、切实可行；试验结果总结要客观真实，分析透彻。

决策反馈，是指决策方案实施后，将决策方案实施的结果及时反馈到决策系统中，决策系统根据反馈的结果，对决策方案进行修改、补充和完善，再重新输出决策结果的过程。信息反馈可以分为正反馈和负反馈两种形式。决策中的正反馈反映决策方案在执行中效果明显，为更好地发挥其政策作用，决策主体利用正反馈调节加大政策力度，尽快实现政策目标。决策中的负反馈反映决策方案在执行中存在的问题和失误，决策主体利用负反馈调节可以补充、修改和完善政策方案，提高政策质量；在决策调整中，正反馈与负反馈都是需要的，尤其是离不开负反馈，负反馈可以纠正决策方案出现的失误和偏差，减少决策造成的损失。信息反馈是实现决策调整的前提，所以反馈的信息必须灵敏、及时、准确，否则，根据错误的信息调整的决策，将会造成更大的损失。

第二节 科学决策的因素

科学决策是受多种因素的影响和制约，了解和把握影响科学决策的因素，有助于领导干部在决策中主动控制和正确运用这些因素，进而实现决策的科学化。影响科学决策的因素主要有思维模式、制度的完善、领导的心理素质、文化模式、决策技术。

一、领导的思维模式

思维模式是影响领导干部决策质量的重要因素。良好的思维模式是领导干部必备的素质。党的十七届四中全会指出："中央委员和省部级领导干部要认真研读马克思主义特别是中国特色社会主义理论体系基本著作，切实提高战略思维、创新思维、辩证思维能力，带头探索回答重大理论和实践问题。"明确提出了领导干部应具备的思维模式。

战略思维是指对关系事物全局的、长远的、根本性的重大问题的谋划的过程。"不谋万世者，不足谋一时；不谋全局者，不足谋一域。"深刻揭示了战略思维在决策中的重要性。我党的历史经验也证明，凡是战略决策正确，革命就能取得成功；战略决策错误，革命就会失败。所以，领导干部决策时要有战略意识，运用战略思维。具体来说，要把握以下几点。一是领导干部决策时要从大局出发，从全局利益出发。当局部利益与全局利益发生矛盾时，要以大局为重。二是领导干部决策时要从长远利益出发，不仅要关注眼前利益、近期利益，还要关注长远利益。当眼前利益与长远利益发生矛盾时，要以长远利益为重。三是领导干部决策时要把握重点，从我国目前来讲，就是要"着力解决好人民最关心、最直接、最现实的利益问题。"① 创新思维是指运用新观点、新方法、去认识问题，解决问题的

---

① 胡锦涛．在省部级主要领导干部社会管理及其创新专题研讨班开班式重要讲话［EB/OL］．新华网，2011-2-19.

思维方式。江泽民同志曾指出，“创新是一个民族进步的灵魂，是一个国家兴旺发达的不竭动力，也是一个政党永葆生机的源泉。”① 创新思维有助于政府领导在纷繁复杂的事物中及时发现问题，有助于政府领导在困境中找到解决问题的办法。爱因斯坦说过，提出一个问题往往比解决一个问题更重要，因为解决一个问题也许仅是一个数学上的或实验上的技能而已。而提出一个新的问题，新的可能性，从新的角度去看旧的问题，却需要创造性的想象力，而且标志着科学的真正进步。在现实中，一些领导干部习惯于现有的认识问题、解决问题的方式，常常按照经验行事，按书本行事，对于没有遇到过的问题，观望等待，错过决策的最佳时机。创新思维要求领导干部在决策过程中，广泛听取各方面意见，摆脱经验主义、教条主义的束缚，不断适应社会的变革，破除一切束缚创新的思想观念桎梏和体制机制障碍，有助于领导干部更全面地评价和理解所面临的问题，更容易找到解决问题的方案。

理论思维，是指运用科学理论对客观事物通过综合分析、抽象概括，从而把握其共性和规律的思维方式。恩格斯曾指出：“一个民族要想站在科学的最高峰，就一刻也不能没有理论思维。”② 理论思维能将获得的感性材料进行加工形成的对事物的本质和规律的认识。理论思维有助于认识事物的本质，透过事物现象看事物本质。领导干部在认识事物过程中不仅要知其然，还要知其所以然，善于从繁杂的事物关系中认识到事物的规律性。马克思主义理论素养是领导干部的必备素质，是保持政治上的清醒坚定的基础和前提。这能提高领导干部的洞察力、鉴别力和敏锐性，能明辨政治上的是非曲直，真假利弊，能辨析一定时期的政治气候、动向与发展态势；理论思维能更好地指导实践，增强科学决策、民主决策的本领。

辩证思维是指用辩证的观点去认识问题、分析问题、解决问题的思维方式。辩证思维的基本要求是要用联系的发展的观点去认识问题和解决问题。所谓联系的观点，就是观察问题和研究问题要注意事物之间的内在关系，才能真正认识到事物的本质和产生问题的深刻原因，才能真正找到解

① 江泽民文选（第三卷）[M]．北京：人民出版社，2006.

② 马克思恩格斯全集（第3卷）[M]．北京：人民出版社，1971：467.

决问题的办法。也就是说，现实中我们面临的问题是过去多种因素作用的结果，而今天如果割裂事物的联系性，只见局部、不见整体，“只见树木、不见森林”，只能“头痛医头，脚疼医脚”。所谓发展的观点，是指一切事物处于不断变化过程中，新事物要不断取代旧事物。所以，领导干部决策时要因时制宜、因地制宜，不能照搬照抄。当环境发生变化时，要根据反馈信息不断完善和调整决策方案，再好的决策方案，如果不能根据环境变化进行适时调整和完善，也可能成为阻碍社会发展的桎梏。

二、领导的制度完善

科学的决策不仅要求领导干部要有坚定的政治信念、良好的思维品质、高尚的道德水平，同时，还需要建立和完善相应的制度去引导和约束领导干部的决策行为。正如邓小平同志所指出的那样：我们过去发生的各种错误，固然与某些领导人的思想、作风有关，但是组织制度、工作制度方面的问题更重要。这些方面的制度好，可以使坏人无法任意横行；制度不好，可以使好人无法充分做好事，甚至会走向反面。所以，领导干部决策制度的完善是实现科学决策、民主决策、依法决策的重要前提。领导干部决策制度的完善主要包括：决策咨询制度、决策失误责任追究制度、决策的绩效评估制度、决策的监督制度等。

决策咨询听证制度，是指重大行政决策事项，应当组织专家进行咨询论证，防止决策的随意性。决策失误责任追究制度，就是要对造成决策失误的责任主体进行问责。通过责任追究制，严格规范决策权力，防止浪费国家资源。决策监督制度，就是通过对决策过程的监督，实现决策科学化、民主化的过程。决策监督制度是落实决策责任制的重要保证，特别是社会各界力量监督以及舆论监督，为领导干部决策提供广泛的民意基础。

三、领导的心理因素

心理因素与领导干部决策有着密切相关性。不同的心理因素在领导干部决策中起着不同的作用。从一般意义上来说，任何决策都是经过人的认真思考并在心里加工过而做出的选择。但是，作为领导干部，由于所处的地位、担负的责任及其理想和信念的不同，所以，领导干部的决策行为不能只从环境刺激方面做出选择，也不能单从决策主体需要去选择，应该是主客观因素综合作用下的选择。人在选择时，人们原有的观念、知识和经验，以及源于某种需要的动机和目的等，都在其中起着重要的作用。1977年，詹尼斯和曼恩提出的决策心理模型指出，强烈的心理冲突会引起决策者的紧张、动摇、踌躇、不安，这种高度的情绪波动常常会导致决策的重大失误。所以，良好的认知心理品质和当机立断的胆识和魄力是当前领导干部的重要的心理因素。

良好的认知心理品质是领导干部了解情况、获得信息、正确决策的基础。为此，领导干部必须具有良好的观察、记忆、想象和思维等心理品质，才能提高领导观察力。领导观察是领导干部从一定目的和任务出发，有计划、有组织地对某一对象的知觉过程，这是一项能动的、积极的感知活动。领导干部观察敏锐，有助于及时捕捉多种信息；领导干部观察准确，有助于获得正确的信息；领导干部观察全面，有助于保证信息的完整性。

当机立断的胆识和魄力是领导干部及时决策的前提。现代领导者面临着许多新问题，必然要应用他的知识和智慧，综观全局，把握时机，做出抉择，这就是当机立断的魄力。如果优柔寡断，患得患失，就会错过良机。要做到这一点，首先，要敏捷而准确地发现问题的症结；其次，通过现象把握本质，权衡利弊得失；最后，认准目标，当机立断，拍板定案。

良好的意志品质是领导干部创新决策的保证。领导干部能够经常地明确地意识到自己行动的目的和意义，并主动地支配自己的行动，使之符合自己确定的目的。在处理问题时有自己的主见，善于听取别人意见，主动学习，不独断专行。在困难挫折面前，能够不放弃、不懈怠。遇到紧急问题时，能够始终保持冷静、理智，能控制住自己的情绪，面对众多批评时坦然接受，时刻保持清醒的头脑。这会为科学决策提供保障。

四、领导的文化理念

领导文化是领导活动的各方面内容的综合反映形式，是领导干部在实践中形成并通过后天学习和发展形成的。领导文化贯穿于领导决策活动始终，并对领导干部决策具有引导、规范、调适的功能。在众多文化理念当中，领导干部应该树立和培养民主文化、法治文化、人本文化的理念。

民主文化，就是关于民主的信念、信仰、道德规范等的总和，是民主制度在思想、观念上的反映。领导干部民主文化理念在决策中的表现，就是从人民群众利益出发，一切为人民群众，一切依靠人民群众，对人民群众负责。决策就是以人民群众愿意不愿意，接受不接受，高兴不高兴作为衡量决策质量的标准。从决策规则看，就是按照多数人意见做出决定。从决策态度看，就是听取群众意见和群众商量的工作作风和工作方法。从决策途径看，就是让广大群众直接参政议政。

法治文化即依据法律管理国家和社会事物，以《宪法》和法律作为行为准则的最具权威的标准文化理念。法治文化是治理国家的基石，是社会主义民主政治的必然要求，是领导干部一切活动的基本准则。所以，领导干部在决策时要把法治理念贯穿于决策活动中的各个环节。具体地说，要以法律形式规范领导干部的决策权，领导干部应在法律规定的权限内使用权力；按照权利义务一致原则，对于决策失误失范的要追究其相应的责任；按照用权监督的原则，在决策过程中要保证公民的知情权、参与权、表达权、监督权；按照违法必究的原则，对于违反《宪法》和法律的决策，要及时纠正，同时，要依法追究和惩罚。

人本文化即把满足人们的需要、尊重人的感受、实现人们的利益放在首位的文化理念。也就是说，领导干部在决策中要始终把人民的利益作为决策的出发点和落脚点，以不断满足人们多方面需求和促进人的全面发展作为决策依据。具体来说，领导干部要在决策中“同群众一起讨论问题，倾听他们的呼声，体察他们的情绪，感受他们的疾苦，总结他们的经验，听取他们的智慧……尤其是对群众最盼、最急、最忧、最怨的问题”①。

---

① 习近平．在中央党校春季学期第二批入学学员开学典礼上的讲话［N］．学习时报，2012－5－16．

五、领导干部的决策技术

决策技术是领导干部科学决策的工具，是实现科学决策的重要手段，现代决策技术越来越丰富，但在众多的决策技术中，调查研究是领导干部最有效的决策技术。除此之外，头脑风暴法、德尔菲法等也是领导干部决策过程中应积极采用的技术方法。

（一）调查研究方法

调查研究是我党一贯的优良传统。毛泽东同志早就说过，没有调查研究，就没有发言权。习近平同志也在强调：没有调查就没有发言权，没有调查也没有决策权。充分表明调查研究对决策的重要性和必要性。从决策技术角度来看，作为领导干部不仅要明确调查研究在决策中的重要性，还要正确掌握调查研究的方法。

正确的调查研究，是由调查和研究两个阶段组成的。所谓调查，就是用科学的方法通过各种形式获取资料的过程；所谓研究，就是对搜集来的资料进行科学分析和加工得出结论的过程。而调查质量的高低，取决于调查者的态度和方法的科学性。“通过深入实际调查研究，把大量和零碎的材料经过去粗取精、去伪存真、由此及彼、由表及里的思考、分析、综合，加以系统化、条理化，透过纷繁复杂的现象抓住事物的本质，找出它的内在规律，由感性认识上升为理性认识，在此基础上做出正确的决策，这本身就是领导干部分析和解决问题本领的重要反映，也是领导干部思想理论水平和工作水平的重要反映。领导干部不论阅历多么丰富，不论从事哪一方面工作，都应始终坚持和不断加强调查研究。”①

（二）头脑风暴法

头脑风暴法，由现代创造学的创始人、美国学者阿历克斯·奥斯本于1938年首次提出，意为“头脑起风暴”。头脑风暴法的特点是让与会者敞

---

① 习近平．在中央党校秋季学期第二批入学学员开学典礼上的讲话［N］．学习时报，2011-11-16.

开思想，使各种设想在相互碰撞中激起脑海的创造性风暴。头脑风暴法的特点是要求参加者在讨论方案中不要受任何条条框框限制，让思维自由驰骋，从不同角度、不同层次、不同方位，大胆地展开想象，尽可能地标新立异，与众不同，提出独创性的想法。作为组织者，为了确保参加者充分表达意见和建议，必须坚持对参加者的任何设想不做出评价；同时，参加头脑风暴会议的每个人也不得对别人的设想提出批评意见。因为批评对创造性思维无疑会产生抑制作用；发言人的自我批评也在禁止之列。头脑风暴法的目标是获得尽可能多的设想。头脑风暴法提供了一种有效的就特定主题集中注意力与思想进行创造性沟通的方式，对于重大决策或日常事务的决策，头脑风暴法都不失为一种有效的途径。

（三）德尔菲法

德尔菲法最早出现于20世纪50年代末，是当时美国为了预测在其“遭受原子弹轰炸后，可能出现的结果”而发明的一种方法，主要用来进行评价、决策和规划工作。德尔菲法本质上是一种反馈匿名函询法。其做法是在对所要预测的问题征得专家的意见之后，进行整理、归纳、统计，再匿名反馈给各专家，再次征求意见，再集中，再反馈，直至得到稳定的意见。如全国社科基金中标，就采用这种方式。匿名是德尔菲法极其重要的特点，从事预测的专家是在完全匿名的情况下交流思想。因此，每个专家的意见都能得到充分表达和重视；小组成员的交流是通过回答组织者的问题来实现的，能使每一位专家独立自主地做出自己的判断；小组的统计回答，能表示出小组的不同意见的状况；能充分发挥各位专家的作用，起到集思广益的作用，使决策质量得到提高。德尔菲法能避免专家会议法的一些缺点，如有些专家碍于情面，不愿意发表与其他人不同的意见等问题。

第三节 科学决策的困境

科学决策的实现并不是一蹴而就的，是一个不断探索和完善的过程。

在决策过程中，领导干部随时会遇到各种困难和险境；同时，也面临着各种诱惑和误区，如果领导干部没有辨别是非、识别诱惑的能力，必然会产生决策失误，给党和国家造成巨大损失。所以，领导干部要不断提高自身素质和能力，增加辨别是非、抵制诱惑的能力，进而提高决策质量。

一、注意决策中的陷阱与盲点

（一）决策中的陷阱

决策的陷阱是指领导干部在科学决策过程中被一些假象所迷惑而陷入决策困境。领导干部在决策中经常遇到的陷阱有以下几种。

1. “门槛效应”陷阱

美国社会心理学家J·佛里德曼曾做过一个实验：A组与市郊的妇女交涉，在窗户上安一个无害的安全行车标志，两周后，进一步提出在门前竖一个安全行车的大牌子；而B组直接提出第二个要求。结果A组接受第二个要求的人有53%，B组接受的只占22%，为此，心理学家把这种一旦接受了别人一个无关紧要的小要求，进而会接受更大的，甚至有违自己要求的现象称为“门槛效应”。如一些部门或地区，为了申报的项目能顺利通过，在项目申报时，故意降低预算，隐瞒风险，夸大项目效果的方式获得项目审批。等项目上马后，以投资不足等各种理由为借口而要求不断追加投资，使决策成本大大高于预期成本。这种以大收益、低风险作为诱饵，骗取投资方式，是决策陷入“门槛效应”的常见表现形式。领导干部避免落入“门槛效应”陷阱的有效措施，就是要坚持深入调查研究，不断提高辨别是非的能力。

2. “霍布森选择”陷阱

“霍布森选择”是说英国一个叫霍布森的贩马商人，他在贩马时，一边称他的马个个精良，欢迎顾客任意挑选；另一方面，买马人一旦选择后，却因霍布森设置的附加条件，即马必须能通过他所设计的门才能被牵走，而导致看似有选择，实际没有选择的选择，称作“霍布森选择”。“霍布森选择”实质是只有一个方案、没有选择余地的“假决策”，这是决策的大忌。科学决策从某种意义上说，是在众多方案中按照科学方法，通过甄别选择的过程。但在实际决策过程中，个别领导干部出于某种目的在进行方案选择时，进行一些“事先说明”，导致看似民主的决策，实为一个没有选择的专断决策。如近年来一些景区门票涨价前，举行听证会，结果往往是“逢听必涨”。其原因是参加听证会的选派的代表、听证的方案带“门框”，听证结果只能是“通过事先设计的门的那匹马”。避免“霍布森选择”办法，就是领导干部要有开放的心态，愿意听取不同意见，接纳不同的观点。邓小平同志指出：一个革命政党，就怕听不到人民的声音，最可怕的是鸦雀无声。

3. “路径依赖”陷阱

新制度经济学的创始人、诺贝尔经济学奖获得者道格拉斯·诺思，用“路径依赖”理论阐释经济制度的演进时，指出人类社会中的技术演进或制度变迁均有类有似于物理学中的惯性，即一旦进入某一路径（无论是“好”还是“坏”）就可能对这种路径产生依赖。从决策角度来看，一旦决策者做了某种选择，就好比走上了一条不归之路，惯性的力量会使这一选择不断自我强化，并让你轻易走不出去。“路径依赖”在决策中的消极作用是容易依靠经验行事，保守不易创新。所以，领导干部要不断增强创新意识，提高创新能力，要有敢于承担风险的意识。

4. 群体决策极化陷阱

群体决策一般来说由于集思广益、博采众长，比个人决策更为科学、合理、有效。但在决策实践中也存在着另外一种情况，群体决策与个人决策相比，往往更倾向于冒险，即群体决策中冒险水平增加的现象即“冒险转移”或有时向保守方向转移的倾向。例如，领导干部在决策中受利益的驱动、群体内压力的影响，集体决策“集体负责”制度的影响，一些领导干部不愿意讲真话，不敢讲真话，从而不能正确地判断事物，加重了群体决策极化现象。群体决策极化现象的存在，增大了决策失误的风险。所以，领导干部在决策过程中要创造一个良好宽松的决策环境，充分发扬民主，善于借助“外脑”来确保决策的质量。

（二）决策中的盲点

决策的盲点是指领导干部在科学决策过程中受各种因素影响而没有认识和发现的事物及其规律。科学决策盲点是决策过程中木桶上的“短板”，弥补“短板”，是提高决策质量的有效措施。

1. 认知盲点

决策是主观见之于客观的一种行为，决策者对客观事物的认识直接影响着决策的质量。毛泽东同志说过：只有一个改造世界或改造中国的主观愿望，而没有一个像样的图样，他们完全不认识这个世界，又欲改造这个世界，结果不但要碰破自己的脑壳，还会引导一群人碰破脑壳。随着社会的进步与发展，决策环境复杂多变、决策问题多因多果，领导干部的决策能力面临着严峻挑战。胡锦涛同志指出：“全党必须清醒地看到，在世情、国情、党情发生深刻变化的新形势下，提高党的领导水平和执政水平、提高拒腐防变和抵御风险能力，加强党的执政能力建设和先进性建设，面临许多前所未有的新情况、新问题、新挑战，执政考验、改革开放考验、市场经济考验、外部环境考验是长期的、复杂的、严峻的。”①

如何消除认知盲点？就是要加强学习。当今世界，知识增长、更新很快，新知识新事物层出不穷。领导干部既要“温故知新”，又要“学新知新”，这样才能保持思想活力和与时俱进，才能更好地胜任所肩负的领导工作。② 在学习中最重要的是党的基本理论，最需要加强的是理论教育。领导干部学习，不仅要学习书本上的理论学习，也要在实践中积累经验，增长才干。

2. 经验盲点

随着社会发展，领导干部面临的新情况、新问题越来越多，决策环境越来越复杂，如何在复杂的情况下做出有效的决策，是领导干部面临的一个重要课题。近年来，领导干部的素质总体上不断提高，但我们也看到，在实践经验、应对复杂环境、突发事件方面还存在着能力不足的问题。邓

---

① 胡锦涛．在庆祝中国共产党成立 90 周年大会上讲话［EB/OL］．新华网，2011－7－1.

② 习近平．在中共中央党校举行秋季学期开学典礼讲话［EB/OL］．人民网，2012－9－2.

小平同志指出："历史上成功的经验是宝贵财富，错误的经验、失败的经验也是宝贵财富。"面临着深刻变化的国际环境、面对改革发展稳定的艰巨任务，学习历史经验，总结实践经验是增长才干、增长见识、增长能力的最好办法。所以，加强实践，深入基层，是丰富经验的有效途径。基层实践不仅能提高领导干部的能力素质，而且有利于领导干部转变工作作风和思想作风，特别是情况复杂、环境艰苦、矛盾突出的岗位，更有利于提高领导干部应对突发事件能力，有利于培养领导干部开拓进取、不怕失败、勇于创新的意识。

二、注意决策中的诱惑与误区

（一）决策中的诱惑

决策的诱惑是指领导干部决策过程中自觉或不自觉地受一些因素的引诱、迷惑而导致决策失误。现代社会充满着各种诱惑，面对这些诱惑，如何保持清醒头脑，做出正确选择是领导干部面临的重要考验。《淮南子·要略》曾指出，"使人不妄没于势力，不诱惑于事态"，就是告诫人们不要盲目沉沦在势力之中，不要被事态的变化所迷惑。所以认清诱惑是避免诱惑的关键。

1. 利益诱惑

利益，简单理解就是好处，如名誉、地位、权力、金钱等。利益始终是推动人类进步的动力。然而人们在追求利益的过程中，由于利益的诱惑，有时会丧失判断能力、丧失原则，进而做出错误的选择，带来无法挽回的损失。如近年来，某些领导干部为了个人或小团体的利益，不顾群众需要和当地实际，不惜利用手中权力而搞出的劳民伤财、浮华无效却有可能为自己和小团体带来利益的政绩工程。结果是伤了民心、浪费了民力、损失了民财。避免利益诱惑的有效措施。

一是要树立正确的政绩观。权为民所用，而不是为少数人或个人谋利。二是加强监督。监督的缺失使决策失误成本提高，承担的风险加大，抵制诱惑的动力不足，因而有效的监督是防止利益诱惑的重要措施。三是强化问责机制。问责机制是对利益的引导和控制，是确保领导干部在追求利益过程中把利益要求控制在合理的范围内的有效约束机制。

2. 权力诱惑

权力是领导干部决策的保证。权力诱惑是客观存在的权力现象对人身心刺激所产生的引诱和迷惑。这种诱惑既有助于提高决策效率，但也会将决策引入歧途。领导干部的决策权力意味着可以动用和分配一定数量的资源。而这种资源的配置是否科学、有效，必须以一定知识作为后盾。实践表明，决策权力运用过程中如果没有知识作为后盾，没有有效制度的约束，盲目决策、“三拍决策”，结果必然导致权力的滥用和资源的浪费。正如英国学者阿克顿勋爵所说，权力导致腐败，绝对权力导致绝对的腐败。所以，对领导干部决策权力的约束和规范是避免权力诱惑的一个重要措施。

（二）决策中的误区

决策的误区是指领导干部决策过程中由于主观认识的局限性，而导致决策失误。尽管决策误区是领导干部由于认知偏差导致的，更多情况下是无意识产生的决策失误，但结果会给国家造成重大损失。所以，认识和了解决策误区才能更好地避免决策误区。在决策实践中常见的误区主要有以下几类。

1. 科学决策等同决策科学的误区

科学决策是指运用科学规律，遵循决策程序、原则和方法做出的选择。科学决策是提高和改善决策质量的重要途径。一般来说，科学决策的结果是科学的，决策质量好于其他方式决策。但现实情况有时也存在着科学决策所产生的结果未尽如意，并没有达到预期的效果。这是因为决策中存在着大量不确定性因素、不可预知的事物，有时还要面临着两难决策，以及认识的偏差，虽然按照科学决策的程序、原则进行的选择其结果也未必是最佳的。所以说，决策既是一门科学又是一门艺术，其艺术性在于决策时将决策原则与决策环境有效地结合起来，既坚持原则性，同时又要有灵活性。古人云：天下之事，谋之贵众，断之贵独，虑之贵详，行之贵力。讲的是决策原则和方法，但在现实决策中，如何运用和掌握这个原则，不同的人会有不同的结果。决策艺术在于对原则“度”的把握。

2. “可行性论证”即是“可批性论证”的误区

可行性论证作为科学决策的一个关键环节，是为保证决策质量对所设计的方案进行的推断和预测。可行性论证是科学决策的主要依据，是科学决策中不可缺少的环节。可行性论证目的是找出决策方案中可能存在的风险，并提出相应的对策和措施，换句话说，可行性论证重点应该是“不可行性研究”。近年来，我国也不断重视和加强对决策的可行性论证，可是，很多可行性论证却流于形式，只讲决策方案好处不谈决策方案风险，致使大量其实并不可行的“问题项目”堂皇上马。甚至个别地方政府、部门或企业组织可行性论证，演变成如何应对审批机关的论证，即“可行性论证”蜕化成了“可批性论证”，最后导致决策失误。科学论证方法应该是采取“证真”与“证伪”双向论证方法，一方面要用逻辑的方法证明真实可靠性。另一方面也要用逻辑的方法论证其是否虚假。如果一个方案其真实性大于其虚假性，该方案具有可行性。如果一个方案其真实性小于其虚假性，该方案具有不可行性，这时需要重新选择其他方案。

3. 决策中的“投入升级”的误区

在现实决策中，个别领导干部在面临可能决策失败并要为此承担责任时，为了逃避责任，否认决策失误，会进一步向已经表明可能失败的活动继续追加新的投资。也就是说，他们“继续把钱投入错误的事情”，用以表明自己最初选择的正确性，而避免承认自己决策失误。“投入升级”实际上是投资者对未来获取高额收益的期望和侥幸心理，同时不愿承担责任，不负责的态度。事实证明，决策中的“投入升级”现象存在，会导致国家资源的严重浪费，造成巨大的损失。所以，我们要通过加强制度建设，规范和约束领导干部决策行为，尽量避免和减少决策失误。

4. 经验误区

经验是由实践得来的知识或者技能。经验对决策者来说具有一定的指导和借鉴作用，在特殊决策情境下，当决策信息不明，时间紧迫时，经验可以帮助决策者提高决策效率。但在决策中如果过分依赖以往的经验，甚至夸大以往成功的经验作用，不是采取全面、动态、联系的观点，而是采取片面、静止、孤立的观点认识问题、解决问题，必然使决策陷入误区。“二战”期间，曾有过这样一个案例，在地中海的一个海湾，英国军队发现德国军舰每逢周一、周三、周五都会去布水雷，于是就采取相应对策，在德国军舰布雷的第二天即每周二、周四、周六去扫雷，渐渐双方形成了习惯，即德国人布雷第二天英国人扫雷。有一天，英国军舰没有去扫雷，第二天德国军舰依照惯例去布雷，结果被自己布下的鱼雷炸伤。由此可见，过分地依赖经验，而忽略了情况的变化在决策实践中是可怕的。毛泽东在《反对本本主义》《实践论》等著作中明确指出，经验主义的要害在于轻视马克思主义理论的指导作用，满足于个人狭隘经验，把局部经验误认为是普遍真理，到处生搬硬套，否认具体问题具体分析。思维僵化、方式简单，依然单纯采用压制的手段和“收买”的手段，导致问题越来越复杂，矛盾越来越尖锐。所以，领导干部作为决策者，无论是学习理论还是探讨重大问题，都要以开放的心态和怀疑精神，不断反思原有的决策思维模式，处理事情的习惯，在实践中不断完善自我。

思考题

1. 领导干部如何做到决策的科学决策、民主决策、依法决策?

2. 决策方案可行性论证包括哪些内容?

3. 结合工作实际谈谈领导干部决策中存在哪些误区和陷阱? 如何避免?

参考书目

1. 王佃利，曹现强．公共决策导论［M］．北京：中国人民大学出版社，2003.

2. 陈庆云．公共政策分析［M］．北京：北京大学出版社，2010.

3. 习近平谈治国理政［M］．北京：外文出版社，2014.

第五章

政府领导的有效执行

为政之要，贵在决策，重在执行。党的十八大以来，中央相继出台了一系列重要决策部署。习近平总书记 2013 年在山东考察时强调指出："一分部署，九分落实。改革蓝图有了，现在的关键是把蓝图一步步变为现实"，向全党全国人民发出了用真抓实干贯彻党中央决策部署的动员令。保证中央政令畅通，贯彻落实好各项战略决策，是各级政府领导的重要职责，在新常态下，更要站在执政地位的高度，以担当的精神看待有效执行问题。

第一节 有效执行的三维架构

政府领导的执行都是在特定的组织体系中进行的，要做到有效执行，必须基于科学的理论指导，由正确的价值取向指引。因此，理论基础、组织体系、价值取向构成了政府领导有效执行的三维架构。

一、理论基础

执行是一种实践行为，侧重于实战，也需要理论作支撑。我们常说没有理论指导的实践是盲目的实践，其实，没有理论指导的执行往往是无效的执行。因此，有效执行的基本条件是，选择相适应的理论，确立执行的理论基点。

（一）公共选择理论

公共选择理论认为，政府执行的过程是一个利益再分配的过程，经济利益因素是制约政府执行力的内在因素和关键因素，而作为政府执行力主体的行政组织和行政人员可能因自利性而降低工作效能，直接影响政府的执行力。因此，要求在"经济人"假设下分析和考察官员的行为动机和行为方式，提出运用效用最大化、交换及供求等工具和方法提升政府行政人员执行力。

（二）交易成本理论

交易成本理论的创立者科斯，将交易成本定义为获得市场信息、谈判和签订交易契约及调解与仲裁的费用。科斯认为企业和市场都存在交易成本，如果市场的交易成本低，那么就选择市场，反之就选择企业，它们之间存在着更替关系。同理，政府与市场也存在交易成本，政府交易成本低，自然就选择政府的行为以替代市场的行为。降低政府交易成本的途径有：完善制度法规降低整个社会的交易成本，保持政策的稳定性和连续性减少非理性行为，公开政府信息减少信息不对称性。

（三）集体行动理论

集体行动理论认为，在集体行动中，执行主体的个人理性自利实际上难以保证决策的有效执行，而过分强调执行人员的自觉性，缺乏制度约束和激励机制是导致出现种种执行力问题的重要原因。由于政府决策的执行涉及面广，执行组织庞大，相关利益者众多，执行过程更加需要强调集体行动和共同协作，而构建完善的制度体系是确保政府领导及工作人员规范有效执行的关键。

二、组织体系

各级政府领导的执行行为是在特定的政府组织中产生的。组织由“三制”即体制、机制和制度构成，“三制”“三位一体”地构成完整的组织体系。政府的组织体系对政府领导的执行行为和执行结果具有决定性的影响。

（一）体制架构

体制以权力为核心，以组织结构为主要内容，主要解决组织的利益格局问题。体制决定决策的速度和质量，对执行效果有直接影响。我国的集权型、压力型管理体制，具有其他国家无法比拟的快速决策与执行的优势，每每关键时刻、特殊时期所向披靡，执行神速有力，抗震救灾及灾后迅速恢复重建就是力证。但这种执行力并不是执行的常态，而是在上级高压之下“逼”出来的，因而缺乏连贯性与持续性。同时，在集权型体制下做出的决策，也容易产生缜密性不够、科学性不足，从而对执行效果产生不良影响。党的十八届四中全会提出在中国共产党领导下，全面推进依法治国，建设法治中国和中国特色社会主义法治体系的目标。建立和完善依靠法律和制度形成固化的执行系统为我国行政体制改革的方向。

（二）运行机制

机制以运行为主题，以激励约束机制为主要内容，主要解决组织的动力和活力问题。其中，激励机制负责调动执行者的积极性，约束机制则保证执行过程的有序化和规范化。如果把组织比喻为在道路上奔驰的汽车，激励机制就是它的动力系统，包括发动机、燃料供应与储备等；约束机制就是制动系统，包括方向盘、刹车、主（被）动安全系统、报警装置等。完善的组织机制是一个闭环的系统，内含沟通机制、用人机制、分配机制、竞争机制、控制机制、监督机制、奖惩机制、预警机制、纠错机制等。党的十八大以来，我国政府机构的运行机制得到进一步优化和完善，逐步形成了比较完善的、闭环的执行机制，但激励机制、约束机制仍需进一步细化和强化。

（三）管理制度

制度以管理为主题，以人力资源管理为主要内容，主要解决组织的能力和效力问题。制度是规范组织成员执行行为、提升执行能力的重要基础，将直接影响执行的效果和组织目标的实现。制度的生命在于执行，但不同的制度执行效果不同。邓小平同志指出，“制度好可以使坏人无法任意横行，制度不好可以使好人无法充分做好事，甚至会走向反面”。可见，良法是善治的基础，有好的制度才可能有好的执行行为和结果。从系统的观点看，好的制度还必须按照政府组织目标的要求，组合成相互联系、相互融合的“制度群”、制度体系，才能确保政府组织顺利地实现既定目标。目前，我国政府组织的制度不少，但有的时候制度之间缺乏必要的联系，众多的制度之间出现彼此孤立甚至相互矛盾和冲突的现象，不仅不能很好地规范执行者的行为，而且会让执行者无所适从。

三、价值取向

在实际工作中，政府领导的各种判断和执行行为都受到价值取向的指引。管理心理学把价值取向定义为“在多种工作情景中指导人们行动和决策判断的总体信念”。我国政府领导的行政价值观是关于世界观、人生观、权力观、地位观、利益观、政绩观的综合体现，在行政活动中，具有重要的导向功能和评价功能。

（一）坚持党的领导

我国宪法明确规定，中国共产党是中国的唯一执政党，因此，共产党领导行政管理是由党在国家中的法律地位确定的，各级政府必须自觉地坚持党的领导。党在领导行政管理的实践中，形成了党委统一领导、政府及其部门各负其责、依靠群众支持和参与推进行政管理的领导体制和工作机制。[①] 各级政府领导提出具体的行政管理任务、制定政策、部署工作，都要以党的中心工作为出发点和落脚点，切实保证党的基本路线和重大决策的贯彻执行。

（二）依法行政

依法行政是依法治国的核心内容。党的十八届四中全会明确提出，要深入推进依法行政，加快建设法治政府。要求各级政府机关必须根据法律法规的规定设立，并依法取得和行使其行政权力，以法律为依据管理各种事务，对其行政行为的后果承担相应的责任。比如，当前举国上下正在推进政府机构、职能、权限、程序、责任的法定化，推行政府权力清单、责任清单制度建设。政府领导在政策执行过程中，必须遵循法治思维、运用法治方式、在法治的轨道上行使各项权力，所有行政行为都要于法有据、程序正当，绝对不能越权或者违法施政。

（三）为人民服务

1944 年毛泽东同志在追悼张思德同志所做的《为人民服务》讲话中，

---

① 邵景均．始终坚持中国共产党的领导［J］．中国行政管理，2011（7）．

把“为人民服务”明确为中国共产党的根本宗旨。党的宗旨自确立之日起，就不断地发展、完善与深化，从“一切依靠群众，一切为了群众”的群众路线，到“立党为公、执政为民”的执政理念，再到“以人为本”为核心的科学发展观，中国共产党始终把全心全意为人民服务作为自己的根本宗旨。2016年习近平总书记在《不忘初心，继续前行》讲话中指出：“全党同志要把人民放在心中最高位置，坚持全心全意为人民服务的根本宗旨，实现好、维护好、发展好最广大人民根本利益……”各级政府领导在执行过程中，必须坚持群众路线，充分了解人民的需要，秉持公共服务的精神，践行组织价值的承诺，扎扎实实地为群众解难事、办好事，把党的宗旨落实到各项工作中。

（四）实事求是

“实事求是”是马克思主义方法论之精髓。毛泽东同志在《改造我们的学习》中指出：“实事”就是客观存在着的一切事物，“是”就是客观事物的内部联系，即规律性，“求”就是我们去研究。实事求是要求我们一切从实际出发，理论联系实际。党的十二届三中全会通过的《中共中央关于经济体制改革的决定》指出：“要解放思想、实事求是，一切从实际出发，把党的方针政策同各地区、各部门、各单位的实际密切结合起来，创造性地贯彻执行。”党的十八大报告进一步强调，解放思想、实事求是、与时俱进、求真务实是科学发展观最鲜明的精神实质。党中央的一以贯之的这重要思想，是改革开放新形势下执行决策的重要指导原则，要求各级政府领导在执行的过程中，秉承科学的精神，遵循事物的客观发展规律，密切联系实际，力求在执行思路和方式方法上创新。

第二节 有效执行的现实偏差

当前，各级政府领导的执行力总体上是好的，但也不同程度地存在着认识上的偏颇、方法上的不当以及措施上的不力，各种执行偏差也会时常出现。

一、敷衍塞责的消极执行

敷衍塞责的消极执行是指执行者由于执行意愿不足，表面上执行了，实际上未尽全力，没有全面、准确地执行上级的决策。具体表现为：部分执行，即决策内容没有全部实施，而是片面强调决策某一部分内容的重要性，将之与整个决策内容割裂开来，以部分内容的执行取代整个决策的执行；局部执行，即决策没有在相应的范围内得以全面实施，而是在"实验"的借口下，仅在个别部门、地区范围内执行，或不按程序执行，即人为删除必要的执行程序，比如，不按程序签订合同、缺少监督检查环节等；延缓执行，即对那些不利于维护本地区、本部门利益的决策，以各种借口，甚至设置障碍，或摆出执行假象，实则延缓执行。长期以来，制假售假、重复建设、走私盗版、教育医疗乱收费等一系列问题，三令五申，仍屡禁不止，就是消极变通执行的典型表现。① 这种消极执行的行为扭曲了决策的真实意图，在执行过程中，无法体现决策的完整性和整体性，决策的实际效果大大降低。

产生消极执行行为的原因：一是"认为"上级的决策是错误的，主观上根本不想执行，但又不敢不执行，执行变成了消极抵抗。"认为"分两种情况，一种是上级真的因种种原因做出了错误决策，还有一种是上级做出的决策是正确的，但由于认知偏差，执行者误认为决策是错误的。无论是哪种情况，一旦被执行者判断决策是错误的，在执行过程中，就会敷衍塞责地消极执行。二是源于自利的心理。如果决策与执行者的利益发生了冲突，执行者可能会千方百计抵制这一决策而消极执行。正如法国行政学家夏尔·德巴什（Charles Debbasch）所指出，对于行政机构来说，"如果决策与它所希望的东西不相符合或在它看来是无法实施时，它将反对这种毫无活力的东西或者试图改变既定措施的内容"②。

在实际工作中，如果你"认为"上级的决策是错误的，怎么办？《中

① 周定财．政策执行失灵视角下我国地方政府能力提升研究［J］．云南行政学院学报，2009（4）：29-34.

② ［法］夏尔·德巴什．行政科学［M］．葛智强，施雪华译．上海：上海译文出版社，2000：113.

华人民共和国公务员法》（以下简称《公务员法》）第五十四条规定：公务员执行公务时，认为上级的决定或者命令有错误的，可以向上级提出改正或者撤销该决定或者命令的意见；上级不改变该决定或者命令，或者要求立即执行的，公务员应当执行该决定或者命令，执行的后果由上级负责，公务员不承担责任……邓小平同志在总结以往的经验和教训的基础上提出了“不争论”方针。他说：“对改革开放，一开始就有不同意见，这是正常的……不搞争论，是我的一个发明。不争论，是为了争取时间干。一争论就复杂了，把时间都争掉了，什么也干不成。不争论，大胆地试，大胆地闯。”① “不争论”应该成为各级政府领导对待上级决策的基本态度。

二、不切实际的形式执行

不切实际的形式执行是指执行者自作聪明“以会议贯彻会议”“以通知贯彻通知”“以文件落实文件”“以讲话落实讲话”来应付上级的工作安排，“原原本本传达，原封不动执行”。开会、发文、出通知就算是执行了上级的命令，贯彻了上级精神，向下有了说法，向上有了交代，工作在一片“落实”声中落了空。这种形式执行行为因为“光打雷，不下雨”，只做表面文章，没有任何实际行动，所以决策形同虚设，不会产生任何实际效果。

产生形式执行行为的原因有两条。一是认为上级的决策意图是好的，但实际条件不具备，客观上无法执行，但又不得不执行，执行变成了一种形式，为了执行而执行。当然所谓的“实际条件不具备”或许是执行者主观能动性不足、过多地强调了客观条件，但也可能决策确与本地区、本单位、本部门实际情况相去甚远、不具有可操作性，比如，“一刀切”的决策，很难说具有普遍的执行意义。上级对下级的要求总是“有条件的要执行，没条件创造条件也要执行”，实际上，有些条件是可以创造的，有些条件可能很难创造；有些条件可以短时间创造出来，有些则需要较长时间。二是我国的决策机制还不完善，传统的“拍脑袋”决策思想的影响依然存在，导致脱离实际和群众现实需求的决策不可避免地出现，必然造成

① 中共中央文献研究室．新时期经济体制改革重要文献选编（下）［M］．北京：中央文献出版社，1998.

形式执行行为的出现。

作为执行者，各级政府领导必须正视这样的现实，那就是实际情况总是千差万别，再好的决策也不可能穷尽所有的差异。因此，各地区、各单位、各部门在执行上级决策时，必须结合实际情况，在遵循决策宗旨的前提下，实事求是、创造性地执行。同时，作为上级决策者，必须加强调查研究，密切联系实际，正确认识客观规律，增强决策的科学性、合理性和针对性。

三、墨守成规的机械执行

墨守成规的机械执行是指执行者在执行过程中，不能根据环境条件的变化确定新的执行方案，而是简单地生搬硬套，呆板机械地执行。在实际工作中表现为：照搬照抄执行上级政策，比如，国家制定的农业产业结构调整政策，在执行过程中，许多地方政府看到临近地区种什么成功就要求农民改种什么，看到别人搞什么产业成功就叫农民搞什么产业，结果农民得不到经济效益，国家制定的农业产业结构调整政策难以取得理想的结果；无视现实出现的各种新情况、新问题、新特点，机械地执行旧的、过时的决策；无视公共事务管理的时效性，在决策不到位的情况下，面对亟须解决的问题无所作为，坐等上级决策而丧失解决问题的最佳时机。

墨守成规的机械执行上级命令，看起来每个人都严格执行了，每个人也都很尽责，但由于没有真正领会上级决策的要义、精髓，貌似执行，实际上是在以执行的名义破坏执行。这种呆板、机械的执行行为，使原本科学的决策丧失其内在价值，不但不能解决问题，而且使上级决策的执行流于形式，降低了决策权威；不仅使决策执行功能不能正常发挥，而且浪费了公共资源，降低了执行效力；久而久之养成了消极的工作习惯，不敢创新和超越。毛泽东同志早在20世纪30年代就指出："盲目地表面上完全无异议地执行上级的指示，这不是真正执行上级的指示，这是反对上级的指示或者对上级指示怠工的最妙办法。"[①]产生机械执行行为的原因主要是

---

① 毛泽东选集（第一卷）[M]．北京：人民出版社，1991：111.

执行者悟性不够、意识不强、素质不高、能力平庸，无法正确理解上级决策的真实意图。尽管他们认为上级决策是好的，也愿意不折不扣地执行，但由于没有系统地接受过现代市场经济的洗礼和现代管理知识的训练，仅靠自发、本能的意识很难形成有效执行决策所必需的系统观念、战略远见和科学方法。

减少机械执行行为的关键在于全面提升政府执行人员的水平。一要把好“入口”关，特别是考试考核关，确保有执行能力的高层次人才进入政府机构。二要加大对政府执行人员的培训力度，提升他们知识水平和理解水平，激发其工作热情和创造性。三要提供政府执行人员的实践锻炼机会，让他们的执行力在实践工作得到锻炼和提高。四要运用辞职、辞退等手段，使一些实在无法适应政府执行工作、执行力低下的人员以各种形式离开相应岗位或政府部门。

四、成本高昂的粗放执行

成本高昂的粗放执行是指不计成本与效率（效益）、缺乏计划性和有效控制的粗疏、传统、经验、低效率和低质量的执行行为。粗放执行行为充其量也不过是一种“差不多”的执行，缺乏准确性和科学性，只顾投入不管产出。现实中，粗放执行行为主要表现：一是拖延、慢执行，时间成本高昂；二是做表面文章，做“形象工程”，浪费资源，物质成本高昂。粗放执行行为的“两高一低”——高投入、高消耗、低效率，以及只注重数量、不注重质量的执行态度，严重背离了科学发展观的本质要求，具有不可持续性。

产生粗放执行行为的原因：一方面是执行者专业化水平低，加上长期形成的粗放思维、大而化之的工作态度和工作习惯，缺乏成本意识，时间观念不强；另一方面是组织没有提出明确的要求，缺乏制度保障。

改变粗放执行行为要从两方面努力：一是执行者自身必须树立精品意识，养成精益求精的工作习惯，提高专业水平；二是组织提供保障，通过制定科学规范的执行流程和制度，将组织管理由传统粗放引向科学规范的精细化管理轨道。

五、自由裁量的随意执行

自由裁量的随意执行是指干部滥用自由裁量权，在职责权限范围内违反行政合理性的原则、不当行使行政权力的执行行为。现代行政主要表现为自由裁量行政，行政自由裁量权是现代行政发展的重要特征和趋势。它一方面能使行政主体发挥其积极作用，以利于决策执行，另一方面也会造成行政主体权力滥用和失控的负面效应。正是基于自由裁量权的这些特性，实践中，一些执行主体出于个人利益或局部利益的考虑，在执行过程中滥用自由裁量权，造成了对原政策的“走样、走形”；[①] 自己怎么方便就怎么来，对自身怎么有利就怎么干，而不考虑组织等服务对象是否满意；对不同的政策目标团体——即政策直接作用影响的对象采取不同的标准等。随意执行行为曲解了决策的本质意图，严重违背了公平、公正原则，损害了决策的整体效果。

产生随意执行的原因有三条。一是执行者自身水平低或道德素质差，出于寻租、谋私的心理，或由于对政策理解不透彻，而不适当地使用自由裁量权，执行变成了随心所欲。二是多年来在“宁缺毋滥”“宜粗不宜细”理念指导下制定的各种制度，具有极大的弹性空间，加上权力的自我膨胀性，执行变成了牟私利。三是认为上级的决策是违法的，主观上认为不能执行，但又不敢不执行，导致自由裁量权超出法律规定，变成了做违反法律规定的事。

在实际工作中，对上级违反法律规定的决策，下级到底应不应该执行？执行与不执行，无论是从法理上看、从党的组织原则上讲，还是着眼于现实情况，都是一个悖论。首先，下级服从上级是党的组织原则和《公务员法》对公务员的基本要求，只要上级做出决策，下级都应该执行。其次，在法治原则下，严格遵守法律又是公务员的基本职责，这一职责又不允许公务员服从上级的违法命令。这就意味着，执行与不执行都会违反法律规定、违反原则，这让下级执行者处在两难境地。毫无疑问，各级

---

① 周定财．政策执行失灵视角下我国地方政府能力提升研究［J］．云南行政学院学报，2009（4）：29-34.

公务员服从与有效执行上级决策，是保证实现政府行政管理目标和提高行政效率的首要条件。但是超出职责范围和承受能力，而且不符合实际情况和群众现实需求的决策，就必然导致执行难，而违反法律规定的决策必然遭到下级执行者的抵制。如何正确界定公务员服从上级命令的范围，对于上级违法命令如何处理等问题，都是有待于审慎思考和在法律层面解决的。

要减少随意执行行为，需要解决三个层面的问题。一是提高执行者的理解力和道德素质。二是扭转法律制度“宜粗不宜细”的错误观念，注重制度程序和细节的设计，堵住制度执行中的各种漏洞。三是加强法治建设，建立依法决策机制和监督机制，保证决策合法，确保重大决策终身责任追究制度及责任倒查机制，得以实施。

第三节 有效执行的科学方法

政府领导要想创造性地完成任务，必须根据上级确定的目标、规定的期限、提出的期望，以先进的理念、科学的方法、有效的工具和手段去策划整个执行的操作过程。以下是几种常用的执行方法和工具。

一、目标管理法

目标管理法是实现组织目标非常有效的方法，1954 年由美国管理专家彼得·德鲁克提出。目标管理法通常是由组织高层管理者确定组织目标，然后分解成各部门以及每个人的分目标，管理者根据分目标的完成情况对下级进行考核、评价和奖惩。目标管理法一般包括以下三个步骤：设定目标、分解目标和管理目标。

（一）设定目标——遵循 SMART 原则

组织必须有明确的战略目标，这是组织的重要特征，也是目标管理的起点。正如迈克尔·波特所言，战略的内容不仅包括组织期望实现的目标，而且包括已经决定不去实现的目标。由于资源有限，政府组织必须突出重要目标，舍弃无关紧要的目标。设定目标一般遵循“黄金准则”——SMART原则，S、M、A、R、T五个英文字母所代表的意义如下。

S（Specific）——明确性。目标是具体的，不能笼统，就是要用具体的语言清楚地说明要达成的行为标准。

M（Measurable）——可度量性。目标是可以衡量的、量化的，应该有一组明确的数据作为衡量是否达成目标的依据，如果制定的目标没有办法衡量，就无法判断这个目标是否实现。

A（Attainable）——可实现性。目标设立的不过高或过低，既要使工作内容饱满，也要具有可达性，即跳起来可以达到。目标设置要坚持员工参与、上下左右沟通，使拟定的工作目标在组织及个人之间达成一致。

R（Realistic）——相关性。工作目标的设定要和岗位职责相关联，此目标与其他目标关联，个人目标、部门目标与组织目标关联。

T（Time based）——时限性。目标设置要具有时间限制，根据工作任务的权重、事情的轻重缓急，拟定出完成目标的时间要求，定期检查完成进度，及时掌握进展情况，必要时调整工作计划。

无论是设定团队的工作目标还是个人的工作目标，这五个原则缺一不可。

（二）分解目标——依据火箭分级思想

火箭飞向月球需要一定的速度和质量。科学家们经过精密的计算得出了结论，那就是火箭的自重至少要达到100万吨。如此笨重的庞然大物如何把它送上天？只有将火箭分级才能做得到。火箭分级就是将火箭分成若干级，当第一级将其他级送出大气层时，便自行脱落以减轻质量，依此类推，这样可保证火箭的其他部分轻松地逼近月球。依据火箭分级的思想，组织目标必须化整为零，分解成单位、部门、个人的目标，每个成员完成了自己的分目标，整个组织的总目标就得以实现。

（三）管理目标——运用平衡计分卡工具

目标分解之后，必须对组织目标的实现过程进行有效管理。否则，只顾低头拉车，不抬头看路，就会掉入“活动陷阱”而偏离组织目标。管理目标的有效工具是平衡记分卡，1992年由哈佛商学院教授罗伯特·S.卡普兰和大卫·P.诺顿共同提出。平衡计分卡的功能是将组织的战略目标转换成操作性术语，并将各种目标按重要程度进行排序，帮助组织成员明确目标的先后顺序，并借助目标的控制和约束作用，确保成员行为的一致性，齐心协力为实现组织的目标而努力。在政府机构的平衡计分卡中，使命应该占据最突出的位置，它代表政府机构对社会的责任，以及获得持续支持的理由；使命之后通常是一个长期的社会影响目标，比如，减少贫困，降低失学率等，可以量化；排在使命或社会影响之后的是政府的服务对象或客户等，视具体工作而定。

二、流程再造法

有效执行必须有具体而确定的流程来保证。决策规定了“是什么”，而流程则解决“如何做”，即对各项工作之间的相互衔接做出具体的界定，让执行有序展开。管理学家戴明指出：“不能满足客户要求的原因中有85%与系统和流程的缺陷有关……而不是员工。管理的角色是改变流程而不是迫使个别人做得更好！”在这种理念指导下，流程再造成为20世纪90年代初美国组织变革的新方法，开始是为了解决企业的竞争问题，后来其思想逐渐应用于政府部门。政府部门主要是借鉴企业流程再造思想，对政府传统的工作方式、方法、程序等进行重新审视，进行必要的清理、简化、优化、整合和改造，从而优化政务流程。随着电子政务的深入开展和大数据时代的来临，我国各级政府组织为了提升行政效能和公共服务质量，正在简化审批程序，深化行政管理体制改革，对政务流程进行再造。再造政务流程一般经过这样几个环节。一是梳理政府部门的业务，对业务进行分类并划分层次。如建立业务描述标准和业务流程图绘制标准，对每个业务进行描述并绘制相应的业务流程图。二是对办事人员和政府客户（企事业单位和个人）进行调查研究，征求他们对现有业务流程的意见；根据调研结果对业务流程进行分类，针对不同情况选择再造方法（如废除、简化、优化、合并等），绘制新的业务流程图。三是发布新的业务流程规范，对原工作流程、机构设置和人员编制进行调整，并建立配套的监督管理制度。目前，我国政府有必要制定能够具体指导各级政府组织在执行时必须遵守或者参考遵守的流程，如“政策执行流程条例”。

三、精益管理法

精益管理是一种通用的管理思想和管理模式，20 世纪 50 年代由日本丰田汽车公司提出，目前已经成为普遍适用于各行各业的各类组织。20 世纪 90 年代以来，精益管理成为我国政府进行管理模式创新、提升政府工作效能、建设服务型政府的重要工具手段。

精益管理就是管理的细化和深化，通过明确各环节的关键控制点，建立合理、高效、不断优化的业务流程。精益管理的“精”可以理解为更好、更优，精益求精；“益”可以解释为更加具体，细针密缕，深入到每一个细微环节的管理。精益管理包括细化、量化、流程化、标准化、协同化等内涵。

政府实现精益管理必须明确职责分工、明确管理节点、优化业务流程、细化和量化工作目标责任，逐级为每一个岗位制定科学具体的职位说明书，使政府执行转入专业化、标准化、规范化轨道，并能进行量化考核和责任追溯。精益管理目前已被我国财政、司法、城市、社会、行政效能管理所实践，比如，城市网格化城市管理模式就是一种精益的管理模式。最早实现网格化管理的北京市东城区将所有城市部件分为 6 大类 56 种 168 339个，每个部件小到井盖、路灯、邮筒、果皮箱、行道树，大到停车场、工地、立交桥、电话亭、公厕，全都有自己的身份代码，每个监督员对自己管理区域内的城市部件的数量、位置、所属社区、管理部门都能脱口而出。精益管理模式下，问题处理时间已精确到秒，实现了准确、及时的动态化管理，避免了传统城市管理模式的“突击式管理”“运动式管理”，极大地提高了执行效果。

四、系统优化法

在政府组织内部，即使单个部门的工作都十分出色，也并不代表整个组织已经达到最佳状态。要实现 1+1>2 的效果，必须进行持续优化和系统整合。

（一）持续优化

管理学中有一个通用的行之有效的持续改进的工作机制——PDCA 循环，又叫“戴明环、质量环”，是 1950 年美国质量管理专家戴明博士提出的。PDCA 循环体现的是全面质量管理的思想，既适用于个体管理，也适用于团队、组织管理，小到一项工作的推进、一场活动的组织、部门内部工作的部署和安排，大到战略推进、项目跟进等都可以使用。P、D、C、A 四个英文字母所代表的意义如下。

P（Plan）——策划。根据对组织外部环境与内部条件的分析，提出在未来一定时期内要达到的组织目标以及实现目标的方案途径。成功的策划主要通过：分块管理，使复杂的事情通过模块化后简单化；分类管理，通过专业化分工使成员能发挥自己的优势且易于培养；分级管理，使工作能够按照重要性和优先度进行分级授权管理，平衡工作的效率和风险控制难题。

D（Do）——实施。按照计划的目标和方法严格执行，关注执行的效率和效果，不做计划外的事情。

C（Check）——检查。对计划执行情况进行监督检查。检查分为三个阶段：一是事前检查，以确认策划的完备性；二是事中检查，以确定策划正在被执行，与既定目标有无偏差；三是事后检查，以检讨和省思，看看有无需要改进之处。

A（Action）——改进。对检查的结果进行处理，认可或否定。成功的经验要加以肯定，或者模式化或者标准化以适当推广；失败的教训要加以总结，以免重现；这一轮未解决的问题放到下一个 PDCA 循环。

正确运用 PDCA 循环关键要掌握以下四点。一是阶段完整。四个阶段一个也不能少，即 Plan（策划）、Do（实施）、Check（检查）和 Action（改进）缺一不可。二是周而复始。四个阶段不是运行一次就完结，而是周而复始地进行。一个循环结束了，解决了一部分问题，可能还有问题没有解决，或者又出现了新的问题，再进行下一个 PDCA 循环，依此类推。

三是大环带小环。如果把整个组织的工作作为一个大的 PDCA 循环，那么，各个部门、小组还有各自小的 PDCA 循环，大环带动小环，一级带一级，有机地构成一个运转的体系。四是阶梯式上升。每个 PDCA 循环都不是在同一水平上循环，而是一个螺旋上升的循环，每循环一次，水平就提高一步，到了下一次循环，又有了新的目标和内容，更上一层楼。

海尔的 OEC 管理模式体现的就是这样一种全面质量管理的思想，值得政府组织和政府领导参考借鉴。OEC 是英文 Overall Every Control and Clear 的缩写，意为全方位地对每天、每人、每事进行清理控制。它的主要内涵是贯穿在工作中的日事日毕、日清日高的“日清”制度。具体地说就是组织每天的事都有人管，做到控制不漏项；所有的人均有管理、控制的内容，并依据工作标准对各自控制的事项按预定的计划执行。每日把实施结果与计划指标对照、总结、纠偏，达到对事物发展过程的实时控制，确保事物的发展向预定的目标前进。

（二）系统整合

政府组织是一个系统，政府执行力是一种合力。在执行过程中各种执行力量不是简单的相加，而是通过政府机制对执行人员、资源、工具等种种要素进行整合以及彼此相互作用而产生的“整合力”。各级政府领导整合优化的程度和水平决定了政府执行力的强弱。具体来看，在政府组织系统中，整体与部分之间以及整体中部分与部分之间，既存在着“虽有合，而实为二”的二元论关系，又存在着“虽有分，而实不二”的不二论关系。系统整合要求从系统的整体出发，在动态中协调整体与部分的关系，使系统在整体上达到最佳目标。一方面，政府组织中，个人执行力、部门执行力、组织执行力分属不同层面，应该坚持“二元论”的思想加以区别，对不同层面的执行力采取不同的措施加以提升；另一方面，个人执行力、部门执行力、组织执行力统一于系统执行力这个整体之中，彼此“虽有分，而实不二”，在这个意义上，又应当坚持“不二论”，把各层面执行力看作一个整体，从组织体系的角度进行全面整合，解决体制、机制、制度等共性问题。

思考题

1. 什么是政府领导的有效执行？
2. 当前各级政府执行不力的突出表现及原因是什么？
3. 新常态下如何认知和提升各级政府领导的执行力？
4. 新常态下如何认知和提升各级政府组织的执行力？

参考书目

1. ［美］拉里·博西迪，拉姆·查兰．执行——如何完成任务的学问［M］．刘祥亚译．北京：机械工业出版社，2003.

2. 魏长青，王淑贤．执行能力［M］．北京：国家行政学院出版社，2011.

3. 俞兆群，朱新月．政府执行力［M］．北京：新华出版社，2014.

第六章
政府领导的选人用人

选人用人问题是党和人民事业成败的关键问题。知人善任是领导的重要职责。政府领导处于国家治理的第一线，它所承担的公共管理任务远比其他领域复杂，社会影响也尤为广泛，加上政府工作实行首长负责制等特点，都对政府领导人才素质提出了更高的要求，政府领导在知人善任方面的责任更大、任务也会更重。

第一节 把好选人用人关

毛泽东指出：政治路线确定之后，干部就是决定的因素。进入改革开放新时期，邓小平也反复告诫全党：中国的事情，关键在党，关键在人。在深化改革的攻坚阶段，实践更是反复正明：把好选人用人关，对于中国特色社会主义事业的成功至关重要。习近平总书记在庆祝中国共产党成立95周年大会上指出："伟大的斗争，宏伟的事业，需要高素质干部。我们要坚持德才兼备、以德为先，坚持五湖四海、任人唯贤，坚持事业为上、公道正派，坚决防止和纠正选人用人上的不正之风，把党和人民需要的好干部精心培养起来、及时发现出来、合理使用起来。"选好人、用好人既要熟悉和了解干部，也要明确标准、加强规范和完善流程，还要加强监督、及时发现和解决问题，匡正选人用人风气、杜绝带病提拔。各级党委和组织部门要坚持重教育、严管理的原则，做到公道待人、公平识人和公正用人，为党和人民的事业提供坚实的人才保障。

一、选人用人的经验与教训

"为政之要，莫先于用人"。无论是在革命战争年代还是在执政、改革开放的今天，在中国共产党90多年的辉煌历程中，在选人用人方面的经验与教训，对于我们今后的工作有着重要的借鉴意义。

(一) 选人用人的成功经验

在选人用人方面积累的主要成功经验有五个方面。

1. 坚持任人唯贤

这是中国共产党根本的用人路线，它以民主制度为基础，视野宽阔，善集“五湖四海”之人才，有利于做到选贤任能，与狭隘的依赖少数人“裙带关系”的任人唯亲直接对立。正是因为能够坚持任人唯贤、反对任人唯亲的路线，严格按照党的干部政策和标准选人用人，使各种优秀人才集聚于国家的建设事业之中。

2. 坚持党管干部

即在组织和配备力量、选拔和使用干部、建设高素质干部队伍方面坚持党的领导原则，有效解决唯票、唯分、唯 GDP、唯年龄等问题。干部问题是组织路线的核心，而组织路线是政治路线和思想路线贯彻执行的根本保障，这是必须始终坚持的原则。尽管“文革”中曾有过“踢开党委闹革命”，在用人问题上的混乱现象，但我们党能够及时拨乱反正。这说明，坚持党管干部原则不动摇，才保证了党的思想和政治路线得以恢复。

3. 坚持公道正派

习近平总书记强调，各级领导干部要有爱才之心、识才之眼、容才之量、用才之能，坚持用当适任、用当其时、用当尽才，为人才发展营造良好环境。坚持公道正派就是在选人用人观念上坚持不搞帮派，不徇私情；在标准上坚持德才兼备，不搞照顾；在程序上坚持按规程办事；在考察上力求保持“原汁原味”，真实反映被考察人特点，不随意增减内容或避重就轻；在纪律上严格遵循相关政策法规，坚决遏制“跑官、买官、卖官”歪风，从根本上保证了干部清正、政府清廉、政治清明。

4. 坚持全面客观

一些地方和单位过度依赖票数，致使那些因拉票或当老好人而得票高的人得到提拔重用。这显然不利于激发党员干部干事创业的积极性。因此，坚持全面客观就是必须全面客观地了解考察对象，透过了解到的情况反映其本质特征。坚持既看工作实绩，又看人品作风；既看学历，更要看能力；既看近期表现，又看历史发展的轨迹；既看在本单位的表现，也看其在日常生活方面的情形。这是保证选好、选准人的重要经验。

5. 坚持事业第一

即坚持从党的事业发展需要和人民群众根本利益出发为政府机关选人用人。不容许从个人或小团体的私利出发，为了某个“专人”设置“专岗”等错误倾向出现，全力杜绝选人用人方面存在的各种违法行为和不正之风。尽管由于受不正之风影响，个别政府部门在选人用人方面也出现过“跑偏”现象，但由于我们坚持事业第一，基本上得以及时发现并纠正。

（二）选人用人中的教训

在选人用人方面值得汲取的主要教训有四点。

1. 个人说了算，搞一言堂

即违背民主集中制原则，一些主要领导者无视班子多数成员的权利，在具体人选上搞先入为主，忽视多数成员的意见，甚至动用“一把手”的权威，压制不同意见。在“文革”时期这方面的教训非常深刻，但至今这种现象尚未消除，尽管与“文革”在本质上不同，但带来的负面影响是相同的。

2. 无视集体酝酿，搞临时动议

即凭个人在班子中的地位与权威搞突然袭击，在大家毫无准备，不知可否的情况下通过。这种表面上实行“集体讨论”，实际上搞小动作，不尊重民主酝酿的倾向，一般都有某种不正当的意图，严重破坏了正常的干部任用制度和纪律。

3. 违反组织纪律，搞各类交易

即在“跑官、要官、买官、卖官”中，形成权权交易、权钱交易、权色交易等腐败现象。组织工作的原则和纪律要求我们，必须自觉抵制选人用人方面的不正之风，不被各种说情风所左右，不被权势或金钱、色相所利诱，但到目前为止这种问题仍然存在，这表明在选人用人有关制度方面尚待完善，需要下大力气加强建设。

4. 误解干部政策，搞绝对化倾向

即唯学历、唯经验、唯年龄、唯出身、唯外引进者等。虽然选人用人要有年龄和学历等原则性要求，可有的地方却搞“一刀切”，在观念上存有晕轮效应、光环效应、马太效应等误区。这极大地影响了选人用人的视野，在实践中造成了因条条框框过多而缩小了选人用人的范围。

二、德才兼备，以德为先的用人标准

坚持德才兼备，以德为先的用人标准是中国共产党在选贤任能方面的一贯主张。以毛泽东同志为核心的党的第一代领导集体开创了德才兼备，德应当是第一位的干部标准。以邓小平同志为核心的党的第二代领导集体在创造性地提出干部队伍“四化”方针的同时就反复告诫全党，革命化始终是第一位的。他说：“干部不只是要年轻，有业务知识，就能解决问题，还要有好的作风。要全心全意为人民服务……”①

以江泽民同志为核心的党的第三代领导集体不仅坚持这一重要的用人标准，而且从执政党的地位和使命的高度提出了以德治国的方针。胡锦涛同志强调：“坚持和发展中国特色社会主义，关键在于建设一支政治坚定、能力过硬、作风优良、奋发有为的执政骨干队伍。要坚持党管干部原则，坚持五湖四海、任人唯贤，坚持德才兼备、以德为先，坚持注重实绩、群众公认。”②

习近平同志指出：“一定要把增强领导干部队伍的先进性和纯洁性摆在首要位置。把那些政治坚定、有真才实学、实绩突出、群众公认的优秀干部选拔到领导岗位上来。”③

之所以始终强调坚持德才兼备，以德为先的干部标准，既是继承和发扬党的优良传统，保持干部政策连续性、稳定性、权威性的需要，更是中国改革开放所处的国内外复杂环境，以及所面临的各种挑战和考验的要求。德，带有方向性，如果一个人有才无德，那么其破坏性会大于建设性；德，带有可测性，一个人的德行、品质如何，能否得到群众公认便知其大概；德，带有整合性，如果一个人的德行好，对能、勤、绩、廉等方

① 邓小平文选（第三卷）［M］．北京：人民出版社，1993：146.
② 胡锦涛．在中国共产党第十八次全国代表大会上的报告［N］．人民日报，2012－11－18.
③ 习近平．坚持不懈推进党的先进性和纯洁性建设［J］．党建研究，2012（4）．

面会有促进作用；德，还带有普适性，它与才的不同之处是不分行业和岗位，在任何职位都普遍适用的要素。

三、选人用人的公信度

胡锦涛同志在十八大报告中指出："提高选人用人公信度，不让老实人吃亏，不让投机钻营者得利。"①

这对于切实纠正选人用人方面的不正之风有着重要的意义。为此必须做到以下四点。

（一）坚持标准和程序，弘扬选人用人的清风正气

即切实树立注重品行、崇尚实干、关注基层、全面发展、群众公认的用人导向；严格选人的程序，防止变通，认真按照《党政领导干部选拔任用工作条例》（以下简称《干部任用条例》）和有关规定的原则选人用人，真正把那些政治上靠得住、工作上有本事、作风上过得硬、人民群众信得过的干部，选拔到各级领导岗位上来，杜绝各种不正之风。要用铁心硬手匡正选人用人风气，把选人用人置于"风清气正阳光下"，切实提高选人用人的公信度和群众满意度。

（二）坚持群众基础，增强对干部选任的认可度

群众认可和群众满意是党的事业的根基，也是坚持正确选人用人的最高标准。实践证明，"用人公，事业兴""用人歪，事业衰"。用好一个干部，能凝聚人心，推动一个地方或单位的事业发展；否则，势必寒人心、挫伤一批人的积极性，影响社会风气和发展。所以，选人用人一定要走群众路线，把群众的知情权、参与权、选择权、监督权落到实处，真正把那些群众信任的干部提拔到各级领导岗位，实现民心所盼，众向所归。

（三）坚持正确导向，以实际工作效果为衡量

领导干部的德才素质和工作能力主要通过政绩体现出来，在这个意义

① 胡锦涛．在中国共产党第十八次全国代表大会上的报告［N］．人民日报，2012－11－18.

上，一个干部的政绩如何，决定了对其任用的价值。但这个政绩必须要经得起历史检验，以群众满意为衡量标准，而不是急功近利甚至破坏。所以提高选人用人公信度，要确定政绩考核标准、如何进行政绩认定和如何运用政绩考核结果这三个环节。

(四) 坚持制度管人，严防和及时纠正各种问题

即加强对干部工作的全程监督，制约和防止其滋生不正之风；必须明确权责，严格对违规违纪案件的查处，以儆效尤。以法治国，确保任人唯贤。因此，必须加强对组织人事干部的教育培训，强化其党性意识和加强法律法规约束。习近平总书记指出，要坚持制度面前人人平等、执行制度没有例外，不留“暗门”、不开“天窗”，坚决维护制度的严肃性和权威性，坚决纠正有令不行、有禁不止的行为，使制度成为硬约束而不是“橡皮筋”。

第二节　选人用人的方法

“古者圣王，甚尊尚贤而任使能，不党父兄，不偏贵富，不嬖颜色。”我国古代就有内举不避亲，外举不避仇，“任人唯贤”的历史典故。树立科学的原则和理念、把好选人用人关，是搞好选人用人工作的根本性前提，但要将这些原则和理念落到实处、把住这个关口，探索出一系列与时代背景相符并行之有效的选人用人方法至关重要。

一、民主、公开、竞争、择优的方法

2013 年 3 月，习近平总书记在人民大会堂接受多国记者联合采访时说，中国有句古话：“宰相必起于州部，猛将必发于卒伍”。我们现在的干部遴选机制也是一级一级的，“比如，我在农村干过，担任过大队党支部书记，在县、市、省、中央都工作过。”干部有了丰富的基层经历，就能更好地树立群众观点，知道国情，知道人民需要什么，在实践中不断积累各

方面经验和专业知识，增强工作能力和才干。这是做好工作的基本条件。

（一）民主、公开的方法

这是做好选人用人工作的基础工程，这项工作能否搞好，根本上取决于广大人民群众或选举人的参与程度，而选人用人的公开程度，又恰恰反映着本质上的民主程度，选人用人的“透明度”是政治民主化重要标志。因此，实行民主、公开的方法选人用人，首先必然要求公开用人政策、任职条件、确定候选人途径、选拔程序以及候选人基本情况等，只有这样才能真正接受群众监督，听取群众反映，才能充分唤起人民群众的参与热情，才能让他们正确和充分地行使好民主权利，做出最佳选择。

（二）竞争、择优的方法

这是选人用人取得好结果的基本保障。竞争机制是市场经济体制对干部选用机制的客观要求，它能够使人民群众拥有更广泛的知情权，有利于落实民主权与监督权，保障政治透明度；它也有利于候选人充分发挥主动性和创造性，强化为人民服务的使命感。这种方法多用于干部选拔和升迁方面的竞争与择优。近年各地普遍探索与推行的具体方法有四种。

1. 考任制

许多地方通过“双推双考”“三荐双考”等方式面向社会公开选拔党政领导干部，使一大批德才兼备的优秀年轻干部脱颖而出，走上了领导岗位，这是对干部制度改革的重大突破，并已经得到广大干部群众的广泛认同。这种方法也正在实践中得到进一步的完善与规范。

2. 竞争制

这是干部选用工作从“伯乐相马”模式转向民主开放性的“公开赛马”模式的重要标志。它适用于机关内部实行领导职位竞争上岗，可以使本单位的优秀人才凭借能力与政绩脱颖而出，也适用于某个领导岗位出现空缺，而本单位或本部门又难以满足需要，因而只能以在全社会公开招聘的办法选拔领导干部。它打破了部门、单位、地域等方面的限制，实现了人才资源的全社会共享。实行这种方法要求以公开性为保障，把笔试、面试和以能力、政绩为核心的考察结果相结合为内容。

3. 竞选制

竞选制和市场经济一样都是人类文明的共同成果。在我国，凡是实行选举任命的领导干部，均可以从我国国情的实际出发，让人民群众或国家权力机关实行竞争性的差额选举，直至党内的选举都实行这种差额制竞选的办法。这有利于把广大干部的注意力聚焦到提高自身素质和执政能力方面。

4. 直选制

近些年我国农村普遍实行的直选“村主任”的成功实践说明，直接选举的方法在我国基层干部选举中，既有可能也有必要，完全可以在条件具备的地方和领域逐步扩大直选的范围和层次，在试点的基础上，应逐步在乡镇推行直接选举乡镇长，在条件成熟的地方开展直选县（市、区）长的试点。党内选举也应逐步参照这种办法，把由委员会选举的常委会、书记、副书记等改由代表直接选举产生。

二、差额推荐与考核的方法

坚持、改善和发展差额推荐与考核的方法，是发扬民主，开阔视野，知人善任，用好的作风选作风好的人的重要方法。

（一）差额推荐

差额推荐指推荐候选人的预备人选应多于候选人名额；差额选举指选举单位的正式候选人名额多于应选名额的选举方式。在中国共产党的党内选举中，长期以来习惯于等额选举，这一做法的好处是能较好地体现上级党委的意图。但是，随着社会主义市场经济的深入发展，需要进一步发展党内民主，更好地体现党员的主体地位，以“完善党内选举制度，改进候选人提名方式，适当扩大差额推荐和差额选举的范围和比例”。[①]

近十年来的实践表明，在一定范围内实行差额选举，有利于健全党内

① 中共中央关于加强党的执政能力建设的决定［J］. 求是，2004（19）.

民主生活，发扬党内民主，充分体现选举人的意志。党的十八届中央委员会就是实行差额选举产生的。差额选举的优点如下。首先，在候选人之间形成了相应的竞争，意味着对候选人提出了更高的要求，有利于候选人更好地发扬长处，克服不足。其次，让选民或代表对候选人进行比较，有助于选民了解候选人，并按照自己的意愿选择自己信赖的人担当相应国家机关的领导者，为选民提供了选择的余地，有利于增强选举人的主人翁责任感。最后，它还有助于从制度上切实提高选举的民主化程度，有利于克服人身依附和恩赐观念，有利于人才的选拔，使优秀人才得以脱颖而出，有利于打破干部能上不能下和论资排辈的弊端。

当前实行差额推荐的方法，需进一步完善：一是扩大差额推荐人选的比例，多个候选人竞争更有利于发扬民主，创造尽可能多的公平竞争机会，获得“优中选优”结果；二是让候选人在选举者面前发表施政演说，并接受咨询之后再进行选举，这有利于选举人有充分的比较和选择的余地，保证把票投给自己认为最合适的候选人，扩大民主，保证选举质量；三是打破仅在副职中实行差额推荐的状况，逐步推行领导岗位正职人选的差额推荐；四是要完善相关规范，避免虚假宣传、贿选等现象发生。

（二）考核标准

一种健全的干部考核制度，必须有明确而统一的考核标准、科学而可量化的考核方法、与考核结果相联系的组织措施，这三大要素相辅相成，缺一不可，才能使考核制度发挥出应有的激励功效。

1. 量化考核指标

考核标准要在岗位责任制的基础上建立职务分类制度。制定出不同职位的规范化标准并以此作为考核干部的依据，这些具体量化标准应该包括德、能、勤、绩、廉几大方面。

2. 完善考核方法

考核方法是否科学而切合实际，很大程度上决定着考核能否达到预期目的。要客观公正地评价干部，就必须在考核方法上减少主管人为因素的影响，使考核能够按照标准，实事求是地进行，从而得出符合干部客观实际的结论。为此，要实行领导与群众相结合、定性考核与定量考核相结合、平时考查与定期考核相结合等基本的方式；要采用个别谈话、民主评议、民意测验、日常考勤等基本方法；要遵循成立考核组织、个人述职与总结、多种形式的群众测评与评议、个别谈话、主管领导写评语、考核组织讨论审定、以一定形式反馈给本人等基本程序。

3. 运用考核结果

准确地了解和评价干部固然重要，但激励干部奋发向上、从而正确地使用干部，才是考核干部的真正目的。所以，必须将考核结果同对干部的升降奖惩等组织化的使用措施紧密联系起来。否则其应有的激励功能难以发挥，其考核的结果也毫无积极的作用。

三、“一报告两评议”的方法

近年来，中央先后出台了《地方党委常委会向全委会报告干部选拔任用工作并接受民主评议办法（试行）》（简称“一报告两评议”办法）等一系列干部监督制度。“一报告两评议”办法，把干部选拔任用工作置于群众监督之下，它对匡正选人用人风气、进一步提升选人用人公信度尤为重要。

“一报告两评议”是选人用人方面的一种全新方法，应从如下方面进一步完善此种方法。一是从初始提名的环节入手。要把选人用人的提名环节和程序列入报告的内容，纳入评议的重点，这是选人用人工作能否做好的关键性环节，也是不断创新和规范干部选拔任用提名方式的重要推动力。同时始终注重选拔任用工作中的公开透明，阳光操作，接受干部群众的监督。二是要坚持多渠道听取意见。即要不断探索“兼听则明”的途径和具体方式，全面了解干部情况并对其评价意见进行综合分析，把群众公认原则贯穿于干部考察的全过程，客观、公正、准确评价考察对象，增强考察工作的科学性。在这过程中，要在完善民主评议、监督约束、反馈通报这三项机制上下功夫，使这种新方法确实行之有效，让群众认可。三是严把审核监督、民主测评、结果运用这三个关口，突出民主监督的重点。这三个关口在“一报告两评议”方法使用流程中是最能体现有无实效、最能真实反映干部群众满意程度的，因此，必须作为民主监督的重点。同时必须坚持“一报告两评议”与干部年度考核、与《干部任用条例》年度检查、与日常监督相结合，强化监督实效。

实行“一报告两评议”的方法，当前最为关键的环节是使用好民主评议结果。每年“一报告两评议”工作结束后，各级组织人事部门应当及时向本地区、本单位反馈民主评议结果，并将民主评议结果作为考核评价该地区、该单位干部选拔任用工作的重要依据。按照规定，对民主评议满意度高、工作成绩突出的地区和单位，上级组织人事部门要予以表扬；对民主评议满意度明显偏低、干部群众反映强烈的，经组织考核认定后，要按照有关规定追究相关党委（党组）和组织人事部门主要领导的责任，并督促整改与进行相应的教育和处理。

第三节 选人用人的机制

习近平总书记指出，好干部不会自然而然产生。成长为一个好干部，一靠自身努力，二靠组织培养。他特别强调，“把好干部选用起来，需要科学有效的选人用人机制”。

一、激励机制建设

选人用人的激励机制，是通过是非分明的奖惩制度，将对干部的考核结果，作为奖优罚劣的重要依据，从而克服在选人用人问题上的各种错误倾向。激励机制建设要以目标激励、考评激励、奖惩激励和授权激励等基本方法为主，最好将各种方法有机统一起来综合运用。

目标激励、考评激励、奖惩激励是既相对独立又有机统一的激励手段。制定和实现正确的用人目标本身就是激励选人用人者奋进的动力，同时也是考评和奖惩的基础与前提，它是考评的根本标准，也是奖惩的基本依据。考评是衡量选人用人目标实现程度的手段，奖惩是目标实现程度的结果。当前，这其中最关键的一环，就是用群众对选人用人的满意度考核组织人事干部并将其结果与对其未来的安排使用紧密结合起来。一是要把组织人事干部的职务升降与群众对其选人用人满意度的考核结果挂钩，奖优罚劣、优胜劣汰。二是要将组织人事干部的工资收入、福利待遇、年终奖金与在选人用人方面的考核结果挂钩，奖优罚劣。三是要坚持以人为本，采取各种激励手段，使组织人事干部在职务升迁之外，也有实现价值的空间。如依据《中华人民共和国公务员法》，积极探索完善干部职务和职级相结合的制度，发挥职级对组织人事干部的激励作用。

授权激励，就是以信任与诚意给下属加压，既激励下属的积极性，也为自己在繁重的事务中松绑，对事业发展有利的激励手段。现代领导者一般都面临着繁重而复杂的任务和比较成熟的下属，所以应该善于分权和授权，群策群力，集中集体智慧，当超级领导者，组织人事部门的领导者更应该如此。运用这种方法，一是要根据下属的成熟度去物色成熟可靠的下属予以授权；二是要在内容方面合理授权，除重大事务决策权、最终用人权、奖惩权和外部协调权不能授予之外，其他权力都可授予；四是要把握量力、信任、容过、帮助的授权原则。量力，即与被授权者的能力相符；信任，即用人不疑，充分信任而不放任；容过，经过摔打会成熟得更快；帮助，授权后不能不闻不问，要帮助总结提高。

公平激励、需要激励、忧患激励等也是组织人事部门经常使用的方法。但无论哪一种方法，一般都不会是单独奏效的，因为不同的人同一时刻会有不同的需求，同一个人不同时刻需求也可能会变化。所以，现代领导者要善于审时度势，以权变的理念，有的放矢地选取激励手段，全面的、综合的构建起选人用人方面的激励机制，有效地激发出组织人事干部的积极性和创造性，为履行好政府职责而选好人、用好人。

二、约束与问责机制建设

选人用人与其他政府职责一样，有激励机制就要有监控机制，它包括事前的约束和事后的问责两种机制建设。

（一）约束机制建设

选人用人方面的约束机制，其实质就是有效地规范、约束和监督组织人事干部手中的公共权力，使其发挥出应有的积极作用，防止可能出现的消极作用。综观我们党的理论和长期实践经验，要监督和约束好选人用人的权力，必须以相应的权威和约束力为后盾，而广大人民群众和普通党员正是自己民主权利最忠实的看守者，因此，最可靠的办法，就是以落实好党员和人民群众的监督权力为突破口，去健全约束、监督的机制。

1. 在宏观上必须确立监督主体和客体的相对独立原则

改进并完善现存的党委监督保障以及人大监督、政协监督和各民主党派等机构对政府工作，特别是政府在选人用人这个关键性环节上切实有效发挥作用的机制；探索监督的主客体之间权力平行制约原则；探索监督的主客体各自的工作重点；探索监督系统中各方面有效运行、协调配合的机制，这是建立健全政府选人用人监督机制最基本的前提。

2. 在中观上必须以社会舆论监督等体制机制的改革完善为保障

为此，要依法保障舆论监督的权力，进一步强化舆论监督的作用，要借助现代科技手段，合理规范和利用社会舆论的全方位监督作用，逐步健全政府内外监督结合、软硬约束措施兼有、党政专兼职部门合力，有效制约政府选人用人权力的体制机制系统，确保政府在选人用人方面的权力始终在阳光之下运行。要建立健全巡视制度和纪检、监察、审计、信访、访谈、约谈、党外监督评议以及问题审核等方面的制度，确保每位组织人事干部的职务行为，特别是选人用人行为都在党和人民群众的约束与监督之下。

3. 在微观上必须在政府机构内部建立健全协调有效的具体监督机制

要以实体性与程序性、原则性与操作性、预防性与惩治性、超前性与补救性相统一等原则建立健全一系列具体制度：要建立健全对选人用人决策程序、议事规则、会商报告、函询回复以及追究问责等方面的监察制度；要建立健全对领导班子和领导干部日常管理和监督制度；要提高和扩大政府机关在选人用人方面的公开性和公示制度，切实保障群众的知情权和监督权，让群众想监督，能监督，等等。把这几项制度有机地结合起来去全面地考察与监督组织人事干部。

（二）问责机制建设

2010年《党政领导干部选拔任用工作责任追究办法》等制度的出台，标志着我国干部问责制进入新的阶段。近年来，各地全面落实科学发展观，以建设高素质干部队伍为目标，认真贯彻落实《干部任用条例》和有关规定，深入整治用人上不正之风，不断改进干部选拔任用工作评价问责的思路和方法，初步建立了干部选拔任用工作评价问责机制，取得了明显成效。然而，建立和完善干部选拔任用工作的问责机制，是一个复杂的过程，涉及干部选拔任用工作的各个环节，程序性、政策性强。必须从以下几个方面加以完善与建设。

（1）要把科学性与规范性贯穿整个评价问责机制建设的全过程，不但要科学确定评价问责的内容，科学制定评价问责的标准，采取科学的评价问责方法，而且还要形成一套切实可行的制度，使评价问责工作有章可循、有序运作，减少评价问责的随意性和盲目性。

（2）要按照《干部任用条例》规定的原则、内容和标准，全面了解情况，实事求是地对评价对象做出恰当地评价，把信念坚定、为民服务、勤政务实、敢于担当、清正廉洁的好干部标准落实到干部选拔任用工作中去，而不受文化、经济、亲疏等社会因素的影响，排除一切干扰，摒弃个人好恶，实事求是、全面公正地评价干部选拔任用责任人的工作。

（3）要充分相信和依靠群众，让群众更多地参与评价问责工作。群众是干部选拔任用工作的参与者和实践者，干部选拔任用工作的好坏，群众最有发言权。通过民主评议、民主测评、个别谈话等方式，把群众意见作为评价问责的重要依据，使评价问责结果更加符合群众公论。

（4）要以评价结果作为基础去依法问责。这是对选人用人实行问责的直接目的，也是发挥评价结果导向作用的直接手段和主要途径。要对执行有关规定，干部选拔任用工作做得好的，给予表彰和奖励；对不按规定办事的，要问责、惩处，追究有关责任人的责任。为此，要在科学设置评价内容，创新评价方式方法的基础上充分运用评价结果。对那些在选人用人方面存在严重失误、失察、违规、违纪，甚至违法的主要责任人应严格按照《党政领导干部选拔任用工作责任追究办法》的规定加以处理或查办，绝不纵容或姑息，坚决维护问责制和党规党纪的严肃性与权威性。

三、纠错机制建设

建立健全科学的纠错机制，是保证选人用人的原则、方法得以展现与落实的重要保障，也是加强党的执政能力建设的关键性环节。目前，加强对纠错的认识和完善纠错机制建设是十分迫切的。

（一）纠错的实质与建设的重点

干部选拔任用纠错机制建设，是一项负有“否定”职责的工程，要确保其建设质量、收到实效，就必须解决否定什么、依靠什么、借助什么三个问题，它决定干部选任纠错机制的作用、质量。

1. 纠错的实质是保质，必须明确导向

选人用人是大事。用好一个人，可以带动一方发展；用错一个人，则会带坏一方风气。用错人可怕，用错人不纠正更可怕。建立干部选任纠错机制，就是要明确崇尚实干的用人导向，依靠科学的制度和有效的外部监督，把那些不干实事、投机钻营混进队伍的人“揪”出来，把那些在位不作为、乱作为的人“剔”出去，这既可以降低用人失误、人之失察带来的危害和损失，又能保证选人用人质量，保持队伍的纯洁性、优质性和战斗力，确保党的人才事业永葆生机。

2. 纠错的关键是民意

干部生活于群众之中什么样的人能用，什么样的人不能用，群众心中最清楚；哪些人干了事，哪些人没干事，哪些人乱干事，群众说得最明白。在干部选任纠错过程中，只有坚持走群众路线，干部绩效民议、干部表现民评、干部去留民定，才能全面、客观、准确地掌握干部表现，增强纠错的底气；也才能在这方面真正落实群众的知情权、参与权、选择权和监督权，赢得群众的拥护。

3. 纠错的动力是机制

科学纠错和依法纠错要筑牢制度根基、构建方法体系。只有通过建立联动式考核、大规模测评、立体化监督等一系列行之有效的机制，把干部的工作实绩、民意程度等与其职务任免、报酬、奖惩有效挂起钩来，才能畅通干部队伍“出口”，有效地解决“能上不能下”“能进不能出”等顽症。

（二）积极探索，创新机制

近年来，各地以深化干部人事制度改革为契机，积极探索建立干部选拔任用纠错机制，着力提升干部选拔任用工作质量。其主要任务是建立考核、测评、监督“三位一体”的干部选拔任用纠错机制。

1. 推行“联动式考核”，以绩效论英雄

针对行政工作常常出现“条块分割、各自为政”的现象，许多地方采取对领导班子及其选人用人工作实行联动考核。即条块协作互相考评、民主考评测量民心、政绩考核测量实绩。联动考核结果不佳，特别是用人失误、失察严重者可以实行黄牌警告、取消当年评优资格、次年内不予提拔重用、并向上级党委、政府检讨、列为诫勉谈话对象，直至自动辞职或免职等措施。

2. 开展“大规模测评”，凭民意定去留

根据各层次、各领域干部队伍实际，以“民心考核”为重点，在所管辖的全部范围内开展大规模公开民主测评活动。一是实施三级测评，紧盯“一把手”。二是开展专项测评，认真执行“一报告两评议”制度，考问选人用人的“公信度”。三是推行履职测评，以发挥党代表、人大代表和政协委员在闭会期间的“代表性”作用，落实“有错必纠”的公正结果。

3. 实施“立体化监督”

充分整合各种资源，着力强化对干部任免工作的日常监督。在民主推荐与考核、票决公示、试用期考核、任期制执行、用人失察失误责任追究、干部监督信息交流、监督工作领导责任制等方面形成一种既突出重点又相辅相成，足以堵塞和防止漏洞的立体监督体系。在发挥以上机制作用的前提下，我们需要探索创新更广泛的机制建设。

第四节 领导班子科学化建设

政府领导班子，是由若干负有特定职责的领导者依照国家有关法律规制按照一定程序和任期组织起来的领导集体，是行政管理工作的决策、指挥中心。团结是班子建设的重要问题，讲团结是讲政治、顾大局的表现。政府领导班子实行重大决策集体讨论和首长负责制相结合的运行原则，以保证决策的科学与民主和执行的高效率。胡锦涛同志在十八大报告中强调优化领导班子配备和干部队伍结构，表明这对整体领导活动的影响与重要作用。

一、领导班子结构的科学化

衡量领导班子结构是否合理，要看它是否适应该系统的本质特征。领导班子作为一个系统，其结构是否科学合理，要从这五方面作系统分析。一是目的性分析，弄清领导班子的结构是否符合领导班子建立的目的和要达到的功能。二是集合性分析，弄清组成领导班子的成员数量是否合理，既无不足，又无多余。三是相关性分析，研究领导班子成员的年龄、素质等的搭配是否形成相互结合、相互补充、相互作用的合理关系。四是整体性分析，研究领导班子成员的构成是否有利于加强领导班子的整体功能。结构越合理，整体功能越大，否则，功能越小，甚至内耗，产生负效应。五是环境适应性分析，研究领导班子与周围环境之间的关系是否合理，能否自我适应、自我控制、自我完善，以求得平衡稳定。

按照系统分析的要求，实现政府领导班子的结构科学化，需要重视如下方面的建设内容。一是专业知识要形成立体的合理结构。政府领导班子是综合性的决策机构，决策对象涉及多学科的知识，要想决策正确而高效，政府领导班子就必须形成合理的专业结构，它既要求每一个班子成员的知识结构要合理，也要求班子整体的知识结构要形成立体的、合理的结构，同时还要与本行政机构的管理职能与业务性质相适应。二是能力方面要形成优势互补的结构。政府领导班子综合性决策的基本职能决定了其每一名成员既要具备学习、预测、沟通、协调、指挥、控制、创新、反馈等共性的能力，更要有善于大处着眼把握全局与善于细致分析突破局部、善于决断与执行、办事认真与人情练达、长于思考与致力于监督等不同特长的能力，形成各种特长优势互补的合理能力结构，组成充满合力的战斗堡垒。三是年龄方面要形成老中青梯队结构。这是指领导班子成员的年龄组合状态，它不是对行政领导成员的个体年龄限制，而是要求整个领导班子保持老中青干部各占适当比例的梯队结构。政府领导班子的综合性执行性质，一般要求以年富力强的成员为主体，其平均年龄应与领导班子的层次相适应；老干部和年轻干部应当各占一定的比重，以发挥其特有的、在经验与闯劲方面的优势。四是性格气质要形成相融的和谐结构。不同人的气质和性格迥然不同，各自都有积极与消极的方面。政府领导班子成员应该谋求不同气质个性之间的相容性，减少冲突性和内耗。合理与和谐的气质性格结构应该体现为班子成员不同个性优点的有机结合体，彼此之间既可以气质优势互补，又可以避免无谓的相互摩擦，从而使班子总体上保持协调一致，既有凝聚力又有战斗力与创造力。五是工作组织要形成保权威、有制约、求效率的结构。现代政府领导集体是由四种职能机构，即决策中心与执行、监督、反馈机构组成的一个完整的领导集体，这种有分工、有中心的组织结构有利于加强各领导职责之间的相互联系、相互制约，更有利于保障决策中心的决策准确与权威，提高现代领导工作的效率。

二、领导班子的民主集中制建设

民主集中制，是列宁同志在创建俄国布尔什维克党的过程中提出的，是工人阶级政党的根本组织原则，我们党的历史经验证明，坚持并不断完善民主集中制，是关系到我们党和国家前途命运的大事，也是我们加强各级各类领导班子建设，使之科学有效地运行，发挥好集体领导合力的一项基础性工作。“一把手”要负主要责任，应以身作则，严格要求，善于抓方向、议大事、管全局，善于团结各方面同志包括与不同意见的同志一道工作，善于充分调动班子成员的积极性、主动性和创造性，真正做到发扬民主，集思广益，科学决策，防止和克服独断专行、软弱涣散和各行其是。

坚持和完善领导班子的民主集中制建设，当前需重点搞好以下几方面工作。一是以民主集中制为总的目标和指导，结合新时期的新特点，建立健全科学的领导体制和有效的工作机制，保证能够更好地发扬民主，同时维护集中统一；努力完善党内民主和领导班子正确决策的有效机制建设，不断增强各级领导班子的活力和战斗力。二是按照“集体领导、民主集中、个别酝酿、会议决定”的原则，进一步完善各级领导班子的议事与决策机制；进一步完善集体领导下的个人分工负责制度，提高工作效率。以创造“又有集中又有民主，又有纪律又有自由，又有统一意志又有个人心情舒畅的生动活泼的政治局面”为基本要求和目标。三是必须坚持“三重一大”事项集体讨论制度，即重大决策、重要干部任免、重大项目安排和大额资金使用都应通过集体讨论决定。在讨论时必须严格按照有关文件规定做好记录，以利于决策稳妥，民主监督。

三、领导班子成员相处准则与方式

领导班子是由不同角色和特质的领导者组成的，要使他们的长处能优势互补、形成合力，就必须遵循一些原则和可参照的方式。

（一）政府领导班子成员合作共事的原则

政府领导班子除了执行民主决策与集中领导相统一和集体领导与个人分工负责相统一等有效领导的一般原则之外。要想合作共事得好，还应该坚持以下几项基本原则。

1. 维护集体决定，会后不发表不和谐言论原则

领导班子实行民主集中制，就是要大家有各抒己见，充分发表意见的机会，这有利于集中集体智慧，达成更加科学而恰当的决策共识。即使在表决之后，有不同意见的班子成员，仍然可以保留意见或继续向组织反应自己的意见，但切不可对组织的决策言行上抵制或散布不和谐言论，这既

反映一个人的素质是否成熟，也是组织纪律不能容忍的。

2. 遵守组织纪律，不拿原则做交易的原则

班子做出的任何决策都具有组织的严肃性，所有成员在集体决策面前都只有坚持原则的义务，没有拿原则做交易的权力，任何以原则做交易的行为都是严重违反组织纪律的错误行为，甚至是个人思想作风腐败变质的反映。

3. 维护班子团结，不在背后互相指责的原则

领导班子成员在一起合作共事，既是为了共同的工作目标而必须服从的一种组织安排，也是一种不同个性同事相互学习、磨砺而共同进步的机会，因此，大家在班子中应该团结互助、优势互补、营造一种有利于推动工作、有利于共同提高的氛围。切不可因计较小利而伤害团结进步的大局，并要善于沟通及时化解矛盾。

4. 各司其职，不做职权以外决定的原则

在班子中每个人都有各自的角色、职权和责任，这种分工设计是经过科学论证的，因此，每个人准确地尽了自己的职责，就可能形成整体的合力。一旦有人越权、擅权、弄权，言行上不尽职或超越职权，那势必造成班子整体运行的不顺畅、不得力、不和谐。所以，班子成员都要树立职责界限的意识，不给组织运行制造麻烦。

（二）正确协调党政领导班子的关系

一个领导集体有没有自我控制、自我调整、自我完善的功能和机制，必然反映在能否处理好党政两个班子的关系方面。因此，要明确两个班子的职能，找准各自的位置，加强各自班子建设，提高与整合党政领导班子的协作力量。

1. 党政主要领导者必须坚持以事业为重

这是整个领导集体建设状况、两个班子关系状况、各自班子成员作用发挥状况的关键性与决定性的要素。主要领导能够识大体、顾大局，求同存异，就是同心协力、团结一致，在总体上建设好领导班子的根本

保证，有了这个前提，即使产生了一些工作上的分歧也容易调整和消除，反之，必然带来整个领导班子的软、懒、散，甚至是整个单位的矛盾重重。

2. 党政两个班子必须明确和实施各自的职责

这是各自履行好职责，避免误会与隔阂，产生强有力领导合力的基本要素。两个班子的大目标是一致的，但为实现目标而发挥作用的方式是不同的，因此，党政领导班子及其成员必须明确职责、找准位置、认真履职，发挥出应有的功效。党组织的领导是核心，发挥政治领导、思想领导和组织领导的职能，发挥把握方向和为实现行政目标实施监督保障的作用。行政领导班子是业务工作的决策、指挥、组织、协调、监督、教育的中心。党政领导班子及其成员要相互尊重和维护对方工作职责的权威性，切忌越权。

3. 党政两个班子及其成员必须既有分工又有合作

强调党政领导班子各负其责，并不是要各自为政。要发挥整个领导集体的功能，两个班子必须既有分工又有合作。形式上看两个班子具体的职责和任务大不相同、互不相干，实质上两个班子的目标一致，工作分工上互相依赖、互为前提、联系紧密。因此，党政班子及其成员都要有讲大局的观念、保中心工作的意识、相互理解的姿态、合作共事的愿望。

思考题

1. 谈一谈如何理解习总书记关于“好干部”的二十字标准。
2. 谈一谈做好新时期选人用人工作必须坚持的基本原则。
3. 谈一谈全面从严治党背景下做好领导班子建设的思路。

参考书目

1. 龚建桥．选人用人制度设计与测评技术研究［M］．深圳：海天出版社，2016.

2. 晋化．领导干部如何识人选人用人管人［M］．北京：研究出版社，2013.

3. 中共甘肃省委组织部．选人用人科学化研究［M］．兰州：甘肃人民出版社，2012.

第七章
政府领导的协调艺术

协调是一门古老而年轻充满着无穷魅力的永恒课题，政府领导协调是领导学与管理学领域的一个重要课题。党和政府历届领导都非常重视领导协调问题。从党的十八大的召开，到“四个全面”与“五大发展理念”的提出，我国正处于多重转型快速发展的关键期，同时也是一个矛盾凸显期，仍然存在着许多不平衡、不协调，不可持续的现象。如何顺利渡过这段历史的关键期，渡过这场变革中出现的矛盾的震荡带，这要求领导者既要有总揽全局，协调各方的宏观的协调能力；又要有正确认识和处理各种社会矛盾与各种关系，善于协调不同利益关系和克服各种困难，应对复杂局面的微观协调能力。目前，不敢协调、不愿协调、协调不好的现象还比较严重，不仅影响了领导干部个人的形象，也影响了党和国家在人民群众心目中的地位。因此，协调能力成为时下最迫切需要的领导能力与执政能力。

第一节　领导协调的内容

不同时代，不同时期，不同层级，不同部门，政府领导协调内容的侧重点不同。在这多种转型快速发展而又矛盾叠起的关键期，领导者工作纷繁复杂、千头万绪，厘清思路，抓住主要问题主要矛盾进行协调显得尤为重要。目前，公共冲突的协调、府际关系的协调、政策冲突的协调、班子内部的协调与人际关系协调应是政府领导者必须演好的重头戏。

一、公共冲突的协调

公共冲突是那些事关公共利益的冲突。它既包括直接围绕公共事项产生的冲突，也包括围绕私人事项产生，但发展影响到公共利益的冲突。[①]有现实性的冲突、结构性的冲突、经济性的冲突与破坏性的冲突等。目前，我国正面临经济结构的深度调整与发展方式的快速转变，人民群众的维权意识不断增强，利益诉求更加频繁。冲突涉及的对象、问题、环境等

① 常健，许尧．论公共冲突管理的五大机制建设［J］．中国行政管理，2010（9）：63.

都在不断的变化，冲突内容更加广泛，可能涉及经济问题、环境问题、民主参与问题等。冲突更加频发，且具有多样性、突发性、传播快与复杂性等特点，协调的难度更大，对领导者的协调能力要求更高。协调不好，易于失控，易于导致社会不稳。在行政化的等级体制中，冲突管理更多依赖权力级差，通过各种压制手段，强制解决问题。但在分权化的社会结构中，权利的平等保护成为法治的基本原则，强制解决的合法范围被大幅度限制，其实际效力也受到更多的条件约束。① 当前，我国服务型政府已深入人心，权力结构趋于更加科学合理。党的十八大报告与习近平同志系列讲话高度重视协商民主理论，重视协调问题；党的十八届五中全会提出创新、协调、绿色、开放、共享五大发展理念，将协调问题放到历史的制高点。因此，化解公共冲突，协调各方利益已是政府领导者无法回避的问题，也是考验其能力，检验其执政水平的一个重要途径。政府领导者必须改变协调理念，树立正确的协调观，运用恰当的协调方法，不断增强自身协调各方的能力。

二、府际关系的协调

府际关系即政府之间的关系，它包括中央政府与地方政府之间、地方政府之间、政府部门之间、地区政府之间的关系。府际关系的特性有动态性、人际性、协商性等。由于利益的驱动以及地区之间的差距和发展的不平衡性，地方政府之间、地区政府之间以及政府部门之间的横向联系蓬勃展开，彼此之间的协商和合作正不断加强。② 但横向政府往往在政治层面过度追捧政策倾斜和特殊待遇及不断演绎政绩考核怪圈；在市场层面大力推行地方保护主义和严重忽略经济外部性问题；在制度层面大搞“税费让利”行为和破坏法律规章的“软约束”。③ 这势必加强横向府际间的矛盾与

① 常健，许尧. 论公共冲突管理的五大机制建设［J］. 中国行政管理，2010（9）：63.

② 谢庆奎. 中国政府的府际关系研究［J］. 北京大学学报（哲学社会科学版），2000（1）：26.

③ 宋林霖，彭丰民. 横向府际间公共政策执行博弈的困境——以集体行动的逻辑为视角［J］. 国家行政学院学报，2011（4）：60.

冲突。当然，府际关系的利益矛盾不仅仅存在横向政府之间，同样也存在纵向政府之间。府际关系的协调涉及制度架构、行政体制、协作机制等，是个复杂相关的问题。领导的府际关系的协调，主要是从领导者的个体角度谈的，协调的对象既涉及上级政府，又涉及下级政府，还涉及兄弟部门、平行政府、平行地区，协调内容更是错综复杂。尤其是在横向政府之间，有时往往要面对无制度、无权力、无利益去约束，这更增加领导者的协调难度。府际关系的协调是政府领导协调中的最重要内容，也是最复杂，难度最大的。因此，领导者必须不断增强自身影响力，不断提高自己统筹全局、协调各方的能力。

三、政策冲突的协调

公共政策是政府解决公共问题、实施公共管理、增进公共福利、实现国家长远发展和长治久安的重要工具。① 政策冲突的协调指不同政策之间、新老政策之间冲突的协调，以及执行政策引发的冲突的协调。目前我国政策的宏观管理系统与执行机制还不成熟、不完善，政出多门、多头管理、执行变异等现象依然存在，时常引发政策冲突。领导者面对冲突的政策，有时无从下手，不知所措，往往谁的主管部门权力大听谁的，谁执行催逼的力度大就听谁的。这样不仅会引发执行上的冲突，更易于引发长期的隐患。政策冲突更多的是指由政策引发的冲突。政策是对全社会的价值做权威性的分配。② 由于这种利益属性的客观存在，政策执行时，由中央政府向地方政府，由政府部门到目标群体，政策被层层细化强制落实。无论是地方政府还是目标群体都可能处于损益状态，他们为挽救自身受损利益，彼此之间就易于产生矛盾与对抗。因此，政策执行时，纵向政府组织之间、横向地方政府组织之间、政府的职能部门之间、政府组织与目标群体之间，常常为自身利益最大化而发生冲突和博弈。所以，政策的冲突也是领导需要协调的重要内容之一。

---

① 徐敏宁. 博弈视角下我国公共政策执行失灵研究［D］. 中共黑龙江省委党校，2008（7）：1.

② D. Easton，The Political System. New York：Kropf，1953，p129.

四、班子内部的协调

班子内部的协调是指领导班子的内部协调，包括班子的正副职之间、副职与副职之间、副职与其他班子成员之间以及班子其他成员之间的协调。协调好内部关系能提高班子整体效能，树立良好形象。相反矛盾丛生、相互拆台、相互掣肘，甚至造成内讧，群众望而生畏，弃而远之，领导形象一落千丈。各级领导班子是由不同经历、不同知识结构、不同性格、不同年龄的领导个体组成，他们之间有共同点，也有差异；工作中有分工，更有合作；思想认识上有一致，也有矛盾；感情上有交流的需要，也有疏远的可能。[①] 尤其是分工不同、职责不同，工作范围与工作方式不同，易于产生本位主义与行为差异，往往会导致有些人强调自我，忽视他人，注重本人分管的工作，忽视别人负责的领域，只讲分工，不讲合作。有些本位主义严重的人，甚至遇到责任互相推诿，遇到权利互相争夺，扯不完的皮。[②] 转型期，新矛盾新问题不断出现，班子内部不稳定不和谐因素增多，班子内部矛盾似乎无法避免。因此，领导干部必须不断提高自身的思想意识，树立正确的价值观、权力观，摆正自己的位置，团结一致、密切配合、和衷共济、群策群力、发挥团队精神。

五、人际关系的协调

人际关系的协调是领导协调活动中最基础、最重要的部分，好的人际关系能助领导者上下自如、左右逢源、八面玲珑，顺利地展开工作；人际关系不畅，则可能左右碰壁、上下受气、四面楚歌、举步维艰，难以展开工作。领导者的人际协调主要有上行、平行、下行协调。一个单位或组织一般处于某一层级之间，有它的上级机关、下级机关与平行部门。一个领导者要想顺利地完成任务，必然要协调好他的上级、下级与平行部门的关系，从而得到上级的了解和支持，取得下级的信任和拥护，平行部门的协

---

① 陈晓峰. 论正确处理领导班子内部关系 [J]. 理论与改革，1999 (5)：89.

② 邓小平文选（第二卷）[M]. 北京：人民出版社，1994：328.

作与配合。这样上下齐心协力，左右默契配合，才能更顺利地完成任务，实现组织的目标。

当然，政府领导的协调绝不是庸俗学、成功学、厚黑学等讲的那一套。领导者注重各种协调方法与技巧，本无可厚非，但政府领导协调不仅仅是方法与技巧问题。政府领导协调是指领导者为实现组织目标和领导目标，运用法律赋予的权力，以及自身的人格、知识、胆识、能力等因素形成的影响力，运用科学合理的方法与技巧来化解与处理各种矛盾的行为。因此，在强调领导人际关系协调时，一定要与庸俗的人际关系区分开来。2014 年 1 月 14 日，习近平同志在十八届中央纪委三次全会上的讲话中谈道，“党内决不能搞封建依附那一套，决不能搞小山头、小圈子、小团伙那一套，决不能搞门客、门宦、门附那一套，搞这种东西总有一天会出事！有的案件一查处就是一串人，拔出萝卜带出泥，其中一个重要原因就是形成了事实上的人身依附关系”。[①] 2014 年 12 月 29 日，习近平同志在中央政治局会议上指出，“把党的纪律建设摆在更加突出的位置，强化纪律刚性约束，严明政治纪律和政治规矩，党内决不容忍搞团团伙伙、结党营私、拉帮结派”。2015 年 10 月 21 日，《中国共产党纪律处分条例》明确指出，“在党内搞团团伙伙、结党营私、拉帮结派、培植私人势力或者通过搞利益交换、为自己营造声势等活动捞取政治资本的，给予严重警告或者撤销党内职务处分；情节严重的，给予留党察看或者开除党籍处分。”

第二节 领导协调的原则

协调过程是错综复杂的，领导者往往陷入困境，难以突破。只有把握原则，高屋建瓴，才能拨云去雾、击中要害，迅速化干戈为玉帛。

一、执政为民的协调原则

执政为民是协调的首要原则。执政为民，实现人民的愿望、满足人民

① 习近平．在第十八届中央纪律检查委员会第三次全体会议上的讲话［EB/OL］．人民网/强国论坛，2014 - 1 - 15.

的需要、维护人民的利益，是党和政府一切工作的根本出发点和落脚点，也是领导干部协调问题的根本出发点与落脚点。目前，许多矛盾与冲突，尤其是公共冲突，究其原因，很大程度是领导者没有把人民的根本利益放在第一位，没有把群众的工作做好、做细、做实。协调这种矛盾的时候，一定要站到民众角度，深入群众，了解民众疾苦、心理、想法、需求，把民众的利益放到第一，真正地把人民群众的根本利益实现好、维护好、发展好。正如毛泽东同志所说，我们的每句话、每个行动、每项政策，都要符合人民的利益，这就叫向人民负责。只有将人民群众的利益放到首位，体现执政为民的理念，才能取得人民的信任与支持，才能去解决一些棘手的矛盾与问题。

其实这一原则不仅适用于公共冲突的协调，领导者的其他矛盾协调，一样适用。作为政府领导干部，不管是向上协调，还是向下协调，不管是对个人协调，还是对组织协调，说到底都是为了干好工作，为了服务人民。当领导者站到这一高度的时候，真正将执政为民的理念和实践相统一时，就能更好地树立正确的权力观、价值观，就能开阔视野与眼界，增强自身的影响力与感染力。自身正，不令而行。领导者自身做到了，再对矛盾各方晓之以理，动之以情，辅之适当的协调方法，矛盾与问题自然会如烈日下的冰块，不会长久的。

二、统筹兼顾的协调原则

统筹兼顾是科学发展观的重要思想，是党和国家妥善解决政治、经济、文化等重大问题的一条重要原则，也是领导者协调整体与局部、重点与非重点、眼前和长远、集体与个人等关系时必须遵守的一条原则。毛泽东同志在《党委会的工作方法》一文中要求各级领导干部要学会弹钢琴。弹钢琴就是讲统筹协调，十指统筹协调好，才能奏出华美的乐章；邓小平同志指出，两手抓，两手都要硬，讲的也是统筹协调；江泽民同志指出，开发大西北，缩小东西部和贫富之间的差距，也是统筹协调的内在要求；胡锦涛同志明确提出五个统筹的要求；习近平总书记在中央党校春季学期开学典礼上强调各级领导干部要努力提高六个方面的能力，将统筹兼顾的能力放到首位，党的十八届五中全会提出五大发展理念，将协调问题放到历史的制高点。

统筹兼顾原则要求领导协调必须从整体效益出发，正确处理整体与局部、宏观与微观、局部与局部的关系；要求领导者抓住重点，统筹处理重点与非重点的关系；还要求领导者把当前和长远事务协调起来，正确处理当前与长远事务的关系。在实践中，利益冲突协调是领导者最经常遇到的也是最棘手的一种协调。如果只顾眼前利益，不顾长远利益，只顾局部利益，不顾整体利益，势必造成人员之间、组织与组织之间、上下级之间、群众与组织之间出现分裂和冲突。统筹兼顾原则要求领导处理好各种利益关系，最大限度地调动各方面积极性。使用这一原则时，一定要找准各方面的融合点，要从实际情况出发，把协调各方面利益的差异性、特殊性、共同性和普遍性等统一起来。要考虑到各个环节、各个侧面，对可能出现的脱节、干扰、摩擦，要随时解决，才能保证领导系统的协调运转。[①] 从某种程度上讲，领导协调的本质就是统筹兼顾各方面利益，使各方面合作有序地实现领导目标的行为过程。因此，必须加强领导干部统筹兼顾的素质建设，增强领导干部一盘棋的思维能力，切忌凭经验办事，断章取义，一叶障目，不见泰山。

三、高位驱动的协调原则

高位驱动的协调原则是指领导者借助上级组织，或上级领导，或权威性的非政府组织，或有影响力的社会名流等力量化解一些重大问题或棘手矛盾的原则。高位驱动的协调原则借助上级力量或有影响力的社会力量，能给冲突各方带来政策优惠、财力援助、智力支持、潜在资源、心理慰藉等好处，在行政实践中，常常被采用，而且是比较行之有效的一种协调原则。高位驱动的协调原则是中国公共政策执行中的一个成功典范的协调原则。在一些重大政策执行中，或重大矛盾，或重大危机的化解中，从中央到地方往往成立相应的协调机构，或专门的协调小组，组长往往是一些有

---

① 陈建坤．论领导协调原则［J］．领导科学，1990（2）：11.

实质权力、有影响力的领导担任，组员往往涉及多部门的领导或专业的技术人员。这样的协调小组整合了多方资源，有很强的合力与凝聚力，便于在矛盾解决时沟通多部门，寻求多部门的帮助与支持。在关键问题上，又有主要领导的支持，便于领导者能抓住机遇随时拍板定论，取得矛盾化解的实质性进展。

成立专门的协调小组是一种比较行之有效的方法，但往往要耗费大量的人力、物力与财力，一方面，易于造成一些负面的影响，另一方面，也受到人财物的现实条件的制约。在更多的情况下，高位驱动的协调原则不是借助专门的协调小组，而是借助个别领导力量或社会力量。一是客观分析矛盾方的性格、心理、需求。针对不同的对象，借助不同的高位力量。对于政府部门的内部矛盾冲突，可借助上级领导或部门；对于一些社会矛盾方，可借助社会力量进行化解。二是不要给对方形成以上压人的心理。一定要做好心理疏导工作，在时机成熟时，再借助外力。否则，可能引起对方逆反心理，导致矛盾激化，适得其反。

四、利益共赢的协调原则

利益共赢的协调原则是指领导者在协调矛盾时，充分尊重各方利益需求，力争让各方利益最大化的一种协调原则。利益的差别与利益的矛盾是普遍的。目前，我国处在社会转型升级期，各种矛盾更加凸显。很显然，领导者要化解矛盾，协调好矛盾，必须充分尊重各方的利益，力争各方利益最大化，才可能得到各方理解与支持；如果不正视各方利益，空谈道理与协调技巧，说得再好，也只能是纸上谈兵，很难最终奏效的。

利益共赢的协调原则的要求如下。一是不能侵犯群众的合法权。在协调官民矛盾时，群众往往是弱势群体，不能以利益共赢为借口，去侵害人民群众的合法利益。这是条底线，不能突破，否则，可能会酿成更大的矛盾。二是要建立健全科学有效的利益沟通渠道和协调机制、以利益调整为核心的社会整合机制、规范的对话和协商机制，把代表最广大人民的根本利益的要求具体化，引导各利益群体以理性、合法的形式表达利益诉求，妥善处理各种社会利益关系。三是要做好各方妥协退让工作。要达成利益的最大与共赢状态，有些既得利益者在现有政策面前必须要做出退让，领导者必须充分宣传政策，晓之以理，动之以情，做好思想工作，寻求根本利益的一致性，辅之法纪手段，才能取得突破性进展。一句话，领导者要善于把握各方利益，善于统筹各方利益，善于调节各方利益，善于实现各方利益，才能实现共赢原则。

五、求同存异的协调原则

求同存异的协调原则是指坚持整体上求大同，局部存小异，以大同疏导小异，最终促进协调发展的原则。求同原则是最重要的协调原则之一。许多矛盾与冲突，都是相对而言的，都有相一致的地方。正是这种“同”，它们才凝聚起来，才相互合作、支持和联系，才有统一协调的整体。但因为协调的对象、内容、地点、条件等不同，“同”中必然存异。“同”是分层次的，这是因为行政组织是分层次的，各级行政组织表现了层次性。这就要求行政领导者在保持党和国家政策的严肃性和保持组织目标一致性的前提下，允许下级和群众在贯彻执行上的灵活性和创造性。[①] 存异是求同的前提，没有存异也就无所谓求同。行政领导协调中的求同原则，是要存小异求大同。工作中的不一致、不协调、不平衡，包括矛盾与冲突，都是“异”的表现形式。领导者要探寻“异”的根源，寻找协调它们的重要节点，然后找出不协调各方的一致性，保存差异性，再进行引导协调，这就是求同存异。求同也不等于同上，不能仅用领导者个人的志趣、偏好、感情作为判断协调正确与否的标准。应从实际出发，根据党的方针政策，以人民大众的根本利益为标准进行有效协调。因此，求同存异的协调原则要求领导者必须要有求同本领，要善于探索协调对象的共同点、共同思想基础、共同利益点等，让各方面深刻认识、理解并发自内心地认同与合作，最后才能达成一致。

---

① 孙龙．略论行政领导协调的原理和原则［J］．科学·经济·社会，1996（1）：50.

第三节 领导协调的难度

造成政府领导者不愿协调、不敢协调与协调不好的现象，既与领导者的观念、责任心、能力水平等主观因素休戚相关，又与现行组织结构、协调机制、利益成本等客观因素密不可分。只有准确把握难点、找出症结，才能药到病除。

一、协调观念陈腐

协调是一门古老而年轻充满着无穷魅力的永恒课题，领导协调也是领导学与管理学领域的一个重要课题。在这多重转型和快速发展的矛盾凸显期，社会民众、问题性质、环境因素和政府理念都在急剧变化，领导者面对协调的对象、内容、工具都随之巨变，领导者的协调理念也应随之快速变化。统筹兼顾，协调各方的能力已是领导者的最重要能力之一。然而，官本位、情大于法的思想在一些领导干部心中根深蒂固，部门领导者的协调理念陈腐，难以转变。往往将上行人际协调误等同于走后门、拉关系，误等同于庸俗的人际活动；将上行组织协调误等同于跑政策、要政策，误等同于拉拢上行组织关系，寻求上级组织的保护伞。下行协调时，官本位思想十足，行政手段使用泛滥。平行协调时，更是官官相卫，互相庇护，正义感不足，集体荣誉感不强，大局意识薄弱。官民矛盾协调时，官本位思想往往不由自主地恣意横行，执政为民的理念单薄无力，人民利益往往被束之高阁。这些干部的协调理念与思想无法跟上时代的浪潮。正因如此，目前出现了一些不想协调、不敢协调与协调不好的领导干部。

二、协调目标不明

政治学家 A. 兰尼认为，冲突（一种不协调状态）是人类为达到不同的目标和满足相对的利益所形成的某种形式的斗争。他讲出了不协调的两个原因，即目标的不一致和利益的不一致。西蒙在分析组织冲突的原因时，提出了三点。一是因组织分工形成不同的功能单位，各单位都想扩充职权，增加经费和人员，强调各自工作的重要。在这种情况下，各单位的努力，就偏离了组织的整体目标，容易产生分歧和冲突。二是由于组织成员的背景不同，在发生互动行为时，常因价值观念以及对事物看法的角度不同发生分歧和冲突。特别是在保守者与先进者之间，行政人员与技术人员之间，领导者与被领导者之间，这种分歧和冲突尤为常见。他们的利益，价值观的分歧，最终也体现在各自所追求的目标的分歧上。三是不同的团体意识，常使同一组织中不同部门把自己的目标看得更为重要，都想“以我为核心”。这样，各部门之间就经常出现工作目标的不协调。现行的一些基层组织，工作目标不明确、不具体，无法量化。协调问题时，往往无清晰目标，更不用说与管理的目标一致了。由于目标迷失或模糊，主观臆断、随意拍板、只顾眼前等现象，矛盾与冲突自然无法避免。因此，往往是一个问题解决了，另一个问题随之而起，甚至孕育更大隐患。

三、协调责任不清

法约尔把协调列为管理的五大职能之一。他认为，协调就是指企业的一切工作都要和谐地配合，以便于企业经营的顺利进行，并且有利于企业取得成功……总之，协调就是让事情和行动都有合适的比例，就是方法适应于目的。巴纳德对法约尔的定义做出补充，他认为，协调依赖于两个互相关联的过程：组织与外部环境的适应过程；组织对人际关系的满足过程。以后的管理学者一般不再把协调视为一项单独的管理职能，认为协调寓于计划、组织、领导、控制等各项管理职能之中，是管理的本质。综合言之，协调是为了实现组织目标，对组织内外各单位和个人的工作活动和人际关系进行调节，化解矛盾，使之相互配合、相互适应的管理活动。做好协调工作，管理者要花费大量精力和时间。可见，协调是领导者的一项重要工作，干好协调工作是领导者的重要责任。然而，现行制度不完善，协调理念陈腐，目标不明，协调的责任自然模糊不清。许多事涉及的面广，错综复杂，难以界定该由谁去协调，难以对协调结果进行考核，难以对协调者进行最终的问责。因此，遇到重大矛盾冲突时，许多领导者互相推诿、扯皮，不敢协调，不愿去协调。

四、协调机构掣肘

法约尔认为管理的职能化和集中统一是有矛盾的，职能分工容易使集中统一的目标遭到破坏。为此，法约尔在企业组织学说中提出的参谋机构和参谋人员有很强的协调职能。同时代的泰罗在他的职能组织理论中，提出了由计划部负责协调各职能部门的工作。我国政府在机构设置中，为解决一些民间问题，或一些突发事件，或执行重大政策，往往成立专门的协调小组，专门负责协调工作。这种协调小组有两种类型：一是固定的协调机构；二是临时性的协调机构。一般的协调工作，很少清晰地去界定该由哪个机构去负责。因为，很多矛盾是错综复杂的，涉及范围广，部门多，人员复杂。现行的行政体制是条块分割，在处理一些复杂矛盾问题时，难以界定由谁负责。即使界定了负责方，处理协调时，一些部门和机构也会出于部门主义或地方保护主义等对负责方进行干扰和制约。

五、协调方式单一

协调方式或方法是领导者化解矛盾，协调各方的重要手段。协调方法多种多样，有刚性协调方法、柔性协调方法、静态协调方法、动态协调方法、事前协调方法、事中与事后协调方法等。方法的采用，必须根据环境与协调对象的性格、心理、需求等来确定。方法得当，往往事半功倍，方法不当，往往事倍功半，甚或南辕北辙。一些领导者理论基础薄弱，不能很好掌握一些管理学的方法与方式；一些领导者虽有丰厚的管理学知识，但由于受官本位思想、经验主义或习惯性思维等影响，协调矛盾时，也更多地采用一些强制型立竿见影的行政方法、法纪方法，或一些简单的经济奖惩，千篇一律，生搬硬套。不能根据新常态，新问题，采取新方法、新手段，其结果不言而喻。

六、协调成本昂贵

协调成本是指领导者协调的时间成本、因为协调精力分散带来的损失、协调所动用的各种资源。时间成本是指整个协调过程中所耗时间；因为协调精力分散带来的损失往往是一些无形的成本，精力分散易于使领导者敏感度降低，在统观全局上失误，易于出现一些盲点，易于使领导不能集中精力办理要事难事；协调所动用的资源，是指在协调过程中动用的一切人力、物力与财力。当前我国转型发展期风险共生现象的深层成因主要是体制转型过程的结构断裂和制度缺陷，利益分化加剧和利益诉求强化过程中的利益失衡，市场化转型中资本逻辑的强势和公共权力的经济化倾向，社会信任下降和社会焦虑上升，以及深度融入全球化的历史条件下各种国外因素的冲击和挤压。[①] 有许多矛盾与冲突涉及面广、持续时间长、利益补偿需求大，具有很强的复杂性、动态性。协调时不仅要付出巨大的时间成本，而且要付出巨大的经济成本。时间成本是领导者主观问题的事，一些客观经济条件的制约，往往使一些领导者陷入僵局，举步维艰。

第四节　领导协调的过程

不同内容、不同主体、不同情境，协调的过程不同。本节主要从方法、技巧与策略三个维度，探索政府领导协调的共性规律。

一、领导协调的方法

领导协调能力的强弱很大程度上取决于是否掌握好的协调方法。方法的采用，必须根据环境与协调对象的性格、心理、需求等灵活使用，不能生搬硬套、千篇一律。方法得当，往往事半功倍，方法不当，往往事倍功

① 何小勇．我国转型发展期风险共生现象的深层成因探析［J］．复印报刊资料（公共行政），2011（10）：71．

半，甚至南辕北辙。该部分从系统论视角，构建了全新的分析框架，提出刚性化协调、柔性化协调两大方法，每种大方法又细化为四种具体的小方法。刚性化协调方法有行政协调方法、法纪协调方法、经济协调方法与目标协调方法；柔性化协调方法有激励协调法、愿景协调法、爱抚协调法与影响吸引法。

（一）刚性化协调方法

刚性化协调方法是与刚性化管理理论一脉相承。它依赖于官僚组织理论，立足于差等正义与等级服从的价值理念，崇尚科学的精准、制度的强制性，忽视协调对象的心理特点、情感需求等是自上而下的一种控制式的协调方法，是伴随资本主义大生产，韦伯的官僚组织理论产生而产生的。它易于取得立竿见影的效果，易于短时间控制矛盾，但不易根治问题，甚至激化矛盾，孕育更大隐患。它适用于处理重大破坏性的冲突，或带有政治图谋的冲突。

1. 行政协调法

行政协调法是借助行政手段进行协调的方法，领导者往往借助行政机构，采取带强制性的行政命令、指示、规定等措施进行协调。如税务的查税，工商局的检查，政府的命令，等等。该方法的优点：能保证行政管理系统的集中统一，便于行政组织充分管理，有利于政府直接领导、协调和控制关系国计民生的重大事业的发展。局限：不利于发挥下级的主动性、积极性和创造性；易于形成权力过分集中于上级、下级有职无权，养成对上级的过分依赖，形成被动应付局面；信息传递较慢，失真率高。因此，行政协调方法，不易简单使用；应从实际出发，要正确命令指示，防止主观主义与简单的强迫命令。

2. 法纪协调法

法纪协调法主要是突出借助法律与纪律制度进行协调的一种方法。这种方法强制性更强，尤其法律手段。它的使用范围较小，前提是矛盾冲突方必须是违法、涉法或违纪的行为。领导者在处理协调一些违法违纪的矛盾方，不应该手软，要严格按照法律和制度要求，绝不能姑息养奸。但领导者在处理一些官民矛盾冲突时，对一些合理合法诉求利益的民众，不能以莫须有的罪名，擅自使用暴力强制手段。例如，对一些合理诉求利益的信访者和一些无礼信访者，应区别对待。

3. 经济协调法

经济协调方法是指借助金融和财政等经济手段进行协调的一种方法，它包括价格、信贷、税收、工资、补偿、奖惩等。从宏观上讲，这种协调方法有利于对国民经济进行宏观调控，维护市场秩序；从微观上讲，能激发组织内部的活力与竞争力。这种方法经常被采用，最易取得效果。但单一采用这种协调方法，不仅成本大，而且易于诱发拜金主义现象。

4. 目标协调法

目标协调法是以共同目标为导向进行协调的一种方法。目标具有先进性和超前性，是人们共同向往和追求的思想境界。领导者用宏伟的目标来统一人们的思想和行为，是协调人际关系的根本方法。巴纳德认为，共同目标是组织存在的基本要素。没有目标，就没有工作任务，更谈不上工作程序。没有共同目标，就无从谈起组织共同的协作愿望。所以，领导协调行为必须以组织目标的确定为前提。只有协调目标明确，才能自觉、有秩序地开展协调工作，使协调行为成为整个领导活动的一个有机组成部分。

目标协调法要求如下。一是组织目标要明确，要合法与可行，要被组织成员理解和接受。它包括对不协调各方情况、原因、意见的掌握和了解，解决不协调对领导目标的影响等。只有建立在对协调对象各种情况正确认识基础上的协调目标，并被各方认识与理解的目标，才是可行的目标。二是要经常协调组织目标和个人目标。组织成员具有组织人格和个人人格的双重特性。前者指个人为了实现组织的共同目标而采取的合理行动；后者指为了满足个人目标和个人动机而采取的合理行动。组织目标对个人来说是外部的、非个人的、客观的，个人目标是内向的、个人的、主观的。[①] 组织目标和个人目标之间没有直接联系，时有矛盾，所以要经常协调两者之间的关系。

---

① 周立公. 西方企业管理中的协调技巧［J］. 外国经济与管理，1991（1）：28.

（二）柔性化协调方法

柔性化协调方法与柔性化管理一脉相承。这种协调方法意在突破官僚框架，往往依托于一些新兴组织，倡导平等、尊重、关爱的价值理念，关注矛盾各方的心理、性格、需求，注重亲和、沟通、激励与领导者自身的魅力的作用。它是一种顺应时代潮流、合乎民意的协调方法，更能得到民众的认可与支持，能比较彻底的化解矛盾，激发的力量更是巨大而弥久的。但是这种方法协调平息的速度慢，时间成本大，要求领导者自身必须有好的素质，要真正以人为本、执政为民，要有很强的耐性和持久力。

1. *激励协调法*

激励协调法是通过激励手段调动矛盾各方，向组织总体目标努力的积极性，克服彼此摩擦、扯皮甚或冲突行为的一种协调方法。哈佛大学维廉·詹姆斯通过研究发现，采取激励措施，能够有效激发员工的工作能力。在没有激励措施下，员工一般仅能发挥工作能力的 20%～30%，采取有效激励措施，工作能力可以提升到 80%～90%。詹姆斯提出激励的两个经典公式：工作绩效＝F·（能力×激励）；激发力量＝目标价值×期望概率。激励理论有双因素理论、强化理论、马斯洛需求理论等，其形式更是多种多样。

运用激励协调法的关键是针对矛盾各方的心理需求，因时因地动态激励。针对愿意保持一致的心理，可通过自身良好的行为和形象，激励下属自觉自愿地完成上级所交给的任务；针对希望得到承认的心理，领导者应及时表扬成绩，及时帮助下属解决困难，或积极创造条件解决下属困难；针对追求平等的心理，领导者要公平处事，平等待人；针对渴望获得理解和信任的心理，领导者要运用各种方式，向下属传递自己充分信赖的信号；针对愿意参与领导过程的心理，领导者在工作中要充分依靠下属，相信下属，要让他们有真正地参与权、知情权、监督权，要采纳合理建议。

2. *愿景协调法*

没有共同愿景的社会是很难和谐的，正如美国乔伊纳博士在其所著的

《第四代管理》中所说，一个公司应视为一个系统，这一点已成共识。要打破部门之间的障碍，公司必须有一个共同的目标。美国管理学大师彼得·圣吉曾在《第五项修炼》中也提到了这个问题，形象地用斯巴达克斯领导一群奴隶起义的历史事例来论证。愿景协调法，协调成本低廉，协调效果持久，但也是最难运用的一种方法。巴纳德认为，协作愿望是依赖他人对个人行为的支配，是个人行为的非个人化。有了协作愿望个人就能抑制自己，甚至牺牲自己，为实现组织目标贡献自己的力量。反之，个人一旦丧失了协作愿望，心中就失去组织目标，就不可能协调一致地工作。愿景协调法要求如下。愿景要被协调各方接受与认可。领导者自身对愿景必须有深刻的认识与把握；应把愿景内化为每位成员的内在目标。要时时提及愿景，时时用愿景激励下属，让愿景成为组织成员的共同的价值观，不断增强组织成员的方向感、使命感。

3. 爱抚协调法

爱抚协调法是指领导者通过情感交流、关心爱护等爱抚手段来化解矛盾的一种协调方法。领导者要善于关心、体恤下属，察觉他羞于启齿的困难，主动给予安慰和帮助，使下属体会到组织的温暖，对领导者抱有依赖和亲切感，自然会减少矛盾与冲突。在你的工作当中稍微地关心一下你的下属，注视到他的存在，多与他们进行目标、情感、思想、信息上的沟通，可以个别谈心、关怀激励，就会更大地调动下属的积极性和主动性，使他为组织尽心尽力地工作。特别是那种在工作中埋头苦干的人，他更需要体味到组织当中人与人的温暖、关心。

4. 影响协调法

影响协调法是指领导者依靠自己的影响力、凝聚力而进行人际协调的一种方法。这是一种很有效的人际协调方法。领导者的影响力、凝聚力强，就会在群众中产生崇高的威望，从而影响和吸引群众按照自己的计划方案达到化解矛盾的目的。这种方法的关键是如何增强领导者的影响力。我们说在现代管理中，领导者是凭借着权力，还是非权力性影响力建立起来的领导秩序有很大差异，国外的管理学界提出一个领导者的人际太阳系，来测量领导者是否有协调能力。它根据下属和领导关系的远近，来描绘一个以领导者为太阳系恒星的一个图示，我们把它称为引力艺术。这种引力艺术是存在于领导者和被领导者之间无形的力量，它的远近决定了领导者对下属的吸引力大小，但这种引力，除了来自领导者的权力、地位之外，更主要是来自领导者的非权力性影响力。① 领导者应该根据这种规律，不断提高自身的影响力，把下属紧紧地吸引在自己的周围，来调动他们的积极性，发挥他们的才干。

二、领导协调的技巧

良好的协调，不仅要求领导者把握协调原则，运用适当的协调方法，还必须要注意一些协调技巧，才能顺利化解矛盾，达到协调目的。

（一）语言技巧

沟通是协调的手段，协调是沟通的目的。沟通是领导协调的前提与基础，语言是沟通的重要载体。语言技巧在沟通协调中起着至关重要的作用。领导协调的语言要求如下。

（1）使用共同语言。言语能够完成意义传递的功能的前提条件是，沟通双方所使用的言语符号具有逻辑上的一致性。

（2）得体的言语风格。不同的群体有不同的语言风格与语言特点，因此，领导者应该有良好的语言修养，亦庄亦谐，以求与不同沟通对象的良好交流。在协调工作中，必须准确地定位好协调对象的特点，采取相应的风格，才能取得更好的效果。

（3）学会真诚。真诚是一种人际行为的美德，真诚原则是公共关系的一个重要准则，坚持真诚原则能打开矛盾双方的心扉。当然，真诚不是简单的求真，更应求善，要在追求真的过程中求善，要注意表达的技巧与方法。

（二）倾听技巧

心理医生为什么仅靠微笑、点头就能挣大钱，就是因为他们知道在什

---

① 胡冶岩．领导协调艺术（下）[J]．当代贵州，2005（10）：51.

么时候微笑、点头！——一位美国记者的夸张描述。有效的倾听技巧既能表达对协调各方的接纳与尊重，又能给各方表达问题的机会，有助于引导当事人说出真正的问题，协调者还可借此机会整理思绪，把握问题的本质，可起到一箭三雕的功用！真正的倾听应该包括以下几个要素：脑中要复述对方的话；心中要演练对方的推论过程；设身处地体验其情感；用多种手段促进对方畅所欲言；向对方反馈自己的感受和所理解的对方的感受。有效聆听的十项因素：少讲多听，集中精神，多保持沉默，不要打断对方讲话；设法使交谈轻松，使讲话人感到舒适，消除拘谨不良情绪；表示对谈话有兴趣，不要漫不经心，冷漠，可适当提问，让对方觉得你非常有兴趣；尽可能排除干扰；站在对方立场考虑问题，表现出对对方的同情；要有耐心，不要随便插话；控制情绪，保持冷静；不要与对方争论或妄加批评；提出问题已显示您在充分注意和求得了解；做记录（以示重视）。

（三）心理技巧

一般说来，人际协调主要是心理上的协调。领导者如果抓住心理问题的症结，运用适当的方法与技巧，使矛盾各方树立顾全大局的思想，不计较个人得失，心理问题得到解决，那么许多矛盾自然会不攻自破。运用同理心能有效化解心理症结。同理心（empathy）是 EQ 理论的专有名词，是指正确了解他人的感受和情绪，进而做到相互理解、关怀和情感上的融洽。运用同理心能感受对方之感受、信念和态度，并有效地将这些感受传递给对方，对方会感到理解和尊重，产生温暖感和舒畅的满足感。这种感受可以诱发出充满体谅和关心爱护的沟通氛围。同理心不等于了解，不等于认同和赞同对方的行为和看法，不等于同情。同理对方是一种沟通立场和能力，不是天生的，是可以培养的。同理心训练：站在对方的角度，专心听对方说话，让对方觉得被尊重；正确辨识对方情绪，正确解读对方说话的含义。

（四）把握主动权的技巧

协调要取得成功，把握时机，把握主动权是非常重要的。把握好时机，要注意三点。一是提前，但不能过早。提前准备，能充分考虑各方，能留有余地。但过早，条件、环境、事项与人员等不确定，易于导致低效劳动与重复劳动。二是果断，但不能仓促。协调时机，稍纵即逝。时机成熟，应立刻协调，不要徘徊犹豫，优柔寡断。但不能仓促协调，不能强人所难。三是稳妥，但不能拖拉。协调是一项复杂的任务，有的难度很大，一定要慎重，甚至有的协调要持续协调，反复协调，不能消极等待，要积极创造条件，努力缩短协调周期。如拖拖拉拉，就能错过最佳时机，增加协调难度，甚至前功尽弃。① 把握好主动权，要注意两点。一是充分运用政策工具。要对政策进行充分的宣传，让协调对象充分了解政策，是协调的基础。二是不能让协调对象无止境地提出要求。领导者要把想要的结果放进选择项，要敢于制止对方无礼纠缠，要把握主动权，积极运用心理攻势，牢牢掌握谈判主动权，让对象一步一步地向目标靠拢。这要求领导者不仅要熟悉掌握法律、法规知识，还要有高超的语言技巧与良好的心理素质。②

三、领导协调的策略

领导协调的策略是从领导协调的方法里提炼出来的本质认识，是对领导协调方法本质内容的抽象概括。领导协调的策略是基于矛盾冲突各方的心理因素分析基础上形成的，在此以矛盾冲突各方满足他人所好的愿望与满足自己的愿望分别为横坐标与纵坐标轴，建构起领导协调的回避、迁就、妥协、竞争与合作五种策略。③

（一）回避策略

回避协调策略也可称为拖延策略，是针对矛盾冲突各方不能正视各方所关注的利益，各方收回或忽略自己利益要求时而展开的。行为特点是不合作、不武断，忽略问题，否认这是个问题。例如，一个人意识到了冲突

---

① 孙龙．略论行政领导协调的原理和原则［J］．科学·经济·社会，1996（1）：49－50.

② 李桂兰．浅谈征地拆迁工作中的协调技巧问题［J］．广东技术师范学院学报，2007（4）：65.

③ 该协调策略借鉴许尧课件（《当代中国公共冲突化解的机制与方法》）里的公共冲突的应对策略。

的存在，但希望逃避它或抑制它；既不合作，也不维护自身的利益，一躲了之。采用的理由是分歧太大，难以解决。适用情境：问题不重要，或还有更重要的问题需解决；解决方案的潜在弊端可能大于收益；收集信息影响果断决定；他力能更有效地解决冲突。领导者运用回避策略时，一方面能让矛盾各方充分冷静下来，另一方面便于自己统筹好时间，充分收集相关信息，探寻更有效的协调方法，待时机成熟后再作协调。甚至，有的矛盾可能自行淡化消失。当然，回避策略不是无原则的一直回避，待时机成熟应及时协调。

（二）迁就策略

迁就协调策略是针对矛盾各方的合作意愿较高的情境展开的，是为了维持相互关系，一方愿意自我牺牲，屈从于他人观点，甚至牺牲个人利益，实质上是一种退让策略。适用情境：关系比获胜更重要；对对方的依赖性很大；支持对方的要求是可行的，且成本不高；竞争会产生更大的负面效应；想建立长期信誉；在积累期，需要尽量减少损失；和谐稳定更重要。例如，平行部门之间、地区之间、同事之间的冲突。同事之间的晋升冲突，自己条件虽硬，但软实力不行，应清楚地位，如果硬争下去，可能两败俱伤，造成更大的危害，不如选择配合与支持对方，谋求自己以后的机会。有时退让是一种最明智的选择，但要适当、适时运用，不能让对方有软弱无能之感。

（三）妥协策略

妥协协调策略是针对矛盾各方处在势均力敌情况下，兼顾彼此利益与愿望的情境下展开的。矛盾各方各有退让，各有得失。运用情境：各方都放弃局部利益有益于整体利益；各方目标都重要，不可能同时满足各方要求；问题紧急而复杂，需快速处理和决策；目标虽重要，但难以保证有足够的时间和精力采取合作的方式，如全力争夺会有更大的负面效应；保持关系比争夺短期利益更有价值；各退一步是解决僵局的最佳方案；双方实力相当，并对对方的目标都有所承诺。领导协调方法更多采用的是妥协策略，更多的方案适合妥协策略。否则，许多矛盾冲突一味地竞争下去，往往是零和博弈或负和博弈，是两败俱伤。当然，原则性的问题，或违法乱纪的行为是不能妥协的。

（四）竞争策略

竞争协调策略实质是一种强硬策略，是针对行为特点为对抗与挑衅的冲突，冲突各方自我偏好强烈，都想用全力来获胜，以牺牲对方为代价来达到自己的目的。结果是胜败定论，你死我活。适用情境：当结果是生死攸关，且不容任何妥协时；当需迅速、果断决策或采取行动时，如紧急状态；当安全是首要考虑时；正确做事比保持与对方的良好关系更重要；需要采取不受欢迎的措施，如降低工资、裁员、执行规定等；地位、权威或权利受到严峻挑战时。协调方法可采用法纪手段、行政手段、经济手段等硬性协调手段。缺点：难以触及冲突的根本原因，不能令对方心悦诚服。

（五）合作策略

合作协调策略是矛盾各方能兼顾彼此利益与意愿，同一条件对各方都很重要，无法妥协时展开的一种合作共赢策略。各方共同寻求解决问题办法，互惠互利，而不是迁就不同观点，或妥协让步，是一种共赢策略，通常受欢迎。行为特点是各方需要都是合理的和重要的，相互支持高度尊重，合作解决问题。适用情境：各方利益都非常重要，无法妥协；能够接受第三方意见；各方能在所关心的利益上达成一致。

思考题

1. 四个全面战略布局下对政府领导的协调能力有哪些新要求？
2. 五大发展理念对政府领导的协调能力有哪些新要求？
3. 政府领导的协调与庸俗的人际关系本质区别在哪里？

参考书目

1. 赖建明．领导关系协调艺术［M］．长沙：国防科技大学出版社，2007.

2. 李晓燕，姚钦英．女性领导艺术 公关协调与人际沟通［M］．武汉：华中师范大学出版社，2010.

3. 荣仕星．领导干部协调艺术论［M］．北京：人民出版社，2009.

第八章

政府领导的群众工作

人民群众是历史的创造者，是推动历史进步和社会变革的决定力量。群众工作是政府部门和领导干部服务群众、宣传群众、教育群众和组织带领群众一道前进的工作，是政府领导工作中最大量、最经常，也是最根本、最核心的工作。各级政府领导必须认真研究把握群众工作特点与规律，创新群众工作机制方法，在新形势下推进群众工作科学发展。

第一节 新形势下的群众工作

进入 21 世纪以来，各级政府部门和领导干部立足新的历史起点，顺应人民群众新期待，把加强和改进群众工作作为深入贯彻落实科学发展观的必然要求，注重解决人民最关心、最直接、最现实的利益问题，群众工作取得明显成效。同时也要清醒看到，随着改革开放和社会主义市场经济的深入发展，群众工作也遇到不少新情况，面临不少新挑战，出现一些新问题。这就要求各级政府领导把做好群众工作摆在更加突出的位置，认真研究群众工作面临的形势和任务，准确把握群众工作的时代特征，不断增强群众工作的针对性和有效性。党的十八大以来，习近平总书记多次强调指出，群众路线是我们党的优良传统和政治优势。要认真贯彻执行已有的行之有效的群众工作制度，大力弘扬深入群众、深入基层、深入调查研究的优良传统，拿出更多时间和精力到基层去、到一线去、到条件较差和情况复杂的地方去，察实情、办实事、求实效，做到谋划发展思路向人民群众问计，查找发展中的问题听人民群众意见，改进发展措施向人民群众请教，落实发展任务依靠人民群众努力，衡量发展成效由人民群众评判。

一、新形势下群众工作呈现新特点

随着经济体制深刻变革、社会结构深刻变动、利益格局深刻调整、思想观念深刻变化，党执政的社会环境发生了深刻的变迁。新形势下的群众工作也随之呈现出一系列不同以往的新特点和新要求。面对新形势新任务，各级领导干部要善于研究和把握群众工作的特点和规律，创新工作方法，把群众工作做深、做细、做实，增强群众工作的亲和力和感染力，提高群众工作的针对性和实效性。

（一）群众工作对象趋于多元

在由计划经济体制向社会主义市场经济体制转变的过程中，由于管理体制、经济成分、经营方式的变化和发展，人民群众的主体构成也向多元化趋势变迁。与过去相对单纯的单位人、农民、企业职工情况不同，现在已经广泛出现了个体户、私营企业主、自由职业者等不少新的社会阶层，以及流动人群、新经济组织和新社会组织等新的社会群体，均成为群众工作的新对象。群众主体的多元化直接带来了群众利益需求的多元化。不同的群众主体，具有不同的价值偏好和利益追求。随着经济社会的快速发展和生活水平的不断提升，不同群众主体的利益需求结构也发生深刻变迁，正在从单一化趋向多样化、从普遍化趋向差异化。人民群众不再单纯满足物质利益的需求，而是向物质、精神、民主等多样需求转变。群众主体多元化以及群众利益需求多元化同时带来了价值观念多元化。不同的群众主体基于不同的利益需求对同一价值现象产生不同的价值理解，从而形成多元的价值选择和价值追求。由此带来各种社会思潮互相激荡，思想信仰、文化取向、道德伦理、生活方式、价值准则等日益呈现出多元化甚至去主流化趋势，给社会共识形成带来困难。在群众主体、利益需求、价值观念日益多元化的背景下，如何整合社会阶层、协调利益关系、凝聚社会共识，成为新形势下政府领导的群众工作面临的一项重要任务和突出问题。

（二）群众工作内容日益多样

在过去传统体制下，人们的需求简单、思想简单、行为简单，相互关系也简单，一切都被“计划”安排好了，因而群众工作内容比较单纯，各级党委政府的群众工作也具有极强的同质性。现在的社会环境中，由于人们原有的利益格局被打破，群众工作内容日益多样化、复杂化。如有土地征用、房屋拆迁、环境保护、企业改制、涉法涉诉、社会保障等问题；也有安全生产、干部作风、分配不公、民族宗教、历史遗留等多个方面、多个层次、多个领域的问题。同时，随着基层民主政治进程的推进，在基层管理中引发的矛盾增多，非正常死亡事件也成为诱发群体性事件新热点。这些问题又往往是历史问题与现实问题相互交织，经济诉求与政治诉求相互交织，合理意见与不合法方式相互交织，多数人的合理要求与极少数人的无理取闹相互交织，群众的自发行为与敌对势力的人为操纵相互交织，复杂程度不断增加，处置难度日益加大。因此，在新的历史条件下，群众工作内容的多样化、复杂化，大大增强了群众工作的难度，对政府群众工作的理念、方法和能力提出了新的更高要求。

（三）群众工作环境更加复杂

进入21世纪以来，国际局势和国内社会发生深刻变化，群众工作环境比以往任何时候都更为复杂。经济体制改革在增强我国经济实力和综合国力的同时，也带来了社会分配不公、贫富差距扩大等一系列社会问题，成为引发各种社会矛盾的总根源；民主政治的发展，使人们的主体意识不断增强，群众依法维权、争取利益的意识越来越强烈；各种意识形态和社会思潮相互激荡，无时无刻不对群众的思想观念造成冲击和影响，而科技的迅猛发展则为它的传播包括落后、腐朽甚至反动思想文化的传播提供了前所未有的便利条件；现阶段腐败现象多发高发，不仅引起人民群众强烈不满，降低了党和政府的公信力，严重影响着干群关系，而且严重削弱了群众工作绩效，使群众工作难以得到人民群众的支持和认可。互联网技术的普及性应用，以及各种新媒体的兴起，使社会舆论环境发生了重大而深刻的变化，特别是由于QQ、博客、微博、微信等新信息通信方式的兴起，给群众工作带来了巨大挑战。在此背景下，政府如何实现对人民群众的有效领导，如何加强对社会的管理，如何与日渐商业化的媒体进行协调，以实现对信息资源控制和干预的良性循环，在群众工作中显得越来越重要。

二、新形势下群众工作面临新挑战和新问题

新形势下群众工作的一系列新变化，客观上对群众工作提出新的更高要求。但是，在如何做好新时期群众工作方面，许多政府部门和领导干部表现出理念滞后、方法陈旧、机制不健全等诸多问题。

(一) 群众工作理念相对滞后

辩证唯物主义认为，物质决定意识，意识是对物质的反映。理念作为一种意识形态，是在人们头脑中形成的公式化想法或系统而确切的思想或观念，势必随着经济社会发展而产生变化。原来群众工作所倡导的“无私奉献”“集体主义”等建立在单纯公有制基础上的价值理念，在市场经济为主导的新形势下开始动摇。实行市场经济体制后，“等价交换”等原则渗入到社会生活的各个领域，权利与资本在利益博弈中的强势，弱势群体在社会经济生活中被边缘化，贫富差距日益扩大，特别是一大批下岗工人、失地农民中的一部分沦为贫民，而且困难群体呈扩大趋势时，群众会对党的政策、理论以及宣传的价值理念产生怀疑。在形形色色的观念冲击下，部分群众产生了思想困惑和疑虑，理想信念、政治观念淡漠。新形势下，群众工作如果还沿用计划经济的思维模式，对群众进行“自上而下”的教育与管理，就难以获得群众认同，难以凝聚人心。而且，随着改革开放的不断深入和民主政治的不断发展，广大人民群众的思想观念发生很大变化，知识水平在不断提高，民主意识、参与意识、自主意识、维权意识在不断增强，群众已不满足于听命于组织和领导人的安排，而是有自己的主张和意愿，过去那种管理群众、替民做主、注重人治的传统群众工作思维模式越来越不合时宜。

(二) 群众工作方式方法落后

当前，群众工作存在的一个突出问题是，一些政府领导未能根据群众工作呈现出的新变化新特点及时转变和调整群众工作的方式方法，以致难以适应时代发展需要。如在宣传教育群众上，方式简单、手段落后，不能适应群众思想多元化的需要，不善于用一些群众喜闻乐见的方法去影响群众，仍然习惯于过去“我说你听”的传统说教，群众思想工作缺乏灵活性、针对性和互动性；在服务群众上，有的认为现在群众是自己干自己的事，无须领导干部再去深入群众，把服务群众简单理解为一年一度的访贫问暖，送米送面，解决一时困难，不知想方设法帮助群众解决各种难点和热点问题，不知为群众出谋划策，促其长远发展等；在处理群众之间和党群干群矛盾上，特别是在处理群体性突发性事件中，少数基层干部缺乏洞察民意的敏锐性，平时不善于或不注重了解社情民意，不善于把握矛盾运动的规律，不能正确判断矛盾的主次方面，往往使小矛盾衍化成大矛盾，习惯于用简单粗暴的态度，强迫命令的方式去压制群众、动不动就出动武警、干警，使党群、干群矛盾升级、恶化。

（三）群众工作机制不够健全

健全的机制是做好群众工作的关键和重要保证。然而，在现实中，群众工作机制还不够健全。一是群众利益表达机制不健全。当前群众利益矛盾日益增多，如果没有通畅的利益诉求表达渠道，很多矛盾就不能得到及时有效的协调和解决，群众就会感觉有理无处讲、有苦无处诉，由此就会带来社会关系的紧张。二是联系服务群众机制不健全。有些地方政府和部门没有建立起通畅的联系服务渠道，无法充分了解社情民意，无法有效服务群众；有些地方一些好的联系服务群众的方法没有制度化，不能很好坚持下来；横向到边、纵向到底的联系服务网络还没有完全形成，群众工作还存在一些盲区。三是矛盾排查化解机制不健全。在矛盾纠纷预警方面，信息渠道不畅，许多矛盾纠纷在苗头和萌芽状态不能被及时发现；在矛盾纠纷排查方面，对矛盾纠纷排查重视不够，超前排查意识不强，预防工作滞后。在矛盾纠纷化解方面，矛盾化解主体多元格局有待完善，化解方法手段有待改进。四是考核评价机制不健全。现行干部考核评价机制对群众工作的内容不够重视，还没有把群众工作纳入干部考核评价体系。现有的群众工作评价标准、评价方法和评价手段等还不科学规范，尤其是没有将群众纳入考核评价的主体范围，往往只注重上级评价、同级评价和自我评价，使得群众工作重施政演说、轻实际操作，重数字报表、轻基础性工作，重显性政绩、轻隐性政绩，导致群众工作的盲目化和形式化。

三、新形势下群众工作的工作理念

确立“民生优先、群众第一、基层重要”的工作理念。理念是行动的先导，有什么样的理念就会有什么样的行动。群众工作理念就是群众工作的观念、思路，是群众工作的核心和灵魂，渗透于群众工作的整个过程。适应经济社会的全面转型，新形势下的群众工作必须树立“民生优先、群众第一、基层重要”的工作理念。

民生问题是涉及人民群众最直接、最现实利益的问题。民生问题关系社会和谐稳定、国家长治久安，决定人心向背、执政党地位的巩固。我国古代就有“民为邦本，本固邦宁”“为政之道，以顺民心为本，以厚民生为本”“本治则国固，本乱则国危”的重要思想。改革开放以来特别是近年来，党和政府始终把保障和改善民生作为一切工作的出发点和落脚点，在民生工作方面做出了很大努力，取得明显成效。但群众反映强烈的住房难、看病难、出行难、入学难、就业难等问题依然突出，一些问题，如食品安全、安全生产、收入分配、土地征用、城市拆迁、环境保护等，成为引发社会矛盾的根源。因此，关注民生、重视民生、保障民生、改善民生，既是党以人为本、执政为民理念的升华和具体体现，也是最现实、最紧要、最根本的群众工作。习近平同志指出，“紧抓民生之本、解决民生之急、排除民生之忧，这是密切党群关系的治本之策，也是最根本的群众工作。”①

做好新形势下群众工作，树立“民生优先”的工作理念，就要把保障和改善民生作为头等大事来抓，努力解决就业、教育、住房、医疗等各种民生难题，通过改善民生实现好、维护好、发展好，最广大人民群众的根本利益；要切实树立“群众利益无小事，民生问题大于天”的思想观念，坚持不懈地为民办实事、做好事、解难事，切实解决好人民群众最关心、最直接、最现实的利益问题；要把保障和改善民生贯穿于改革、发展和稳定的全过程，坚持重大决策依靠群众智慧，重大工作依靠群众力量，重大改革依靠群众推动，最大限度地调动广大人民群众的积极性和创造性。

“群众第一”是马克思主义唯物史观的一个基本思想。过去的一切历史都是统治阶级剥削和压迫人民群众的历史。马克思、恩格斯破天荒确立了人民群众在历史上的主体地位，指出人民群众是历史的创造者，是推动社会发展的决定力量。“群众第一”是中国共产党一贯坚持的根本立场。在革命战

---

① 习近平．群众工作是社会管理基础性经常性根本性工作［N］．人民日报，2011-2-24.

争时期，毛泽东同志用比喻来说明人民群众在革命中的主体地位和重要作用，他在不同场合把群众比喻为“活菩萨”“上帝”“可敬爱的先生”“真正的英雄”“诸葛亮”等。在社会主义建设新时期，邓小平同志提出，要把人民“拥护不拥护”“赞成不赞成”“高兴不高兴”“答应不答应”，作为检验一切工作的根本标准。胡锦涛同志在党的十八大报告中指出：“必须强化宗旨意识，相信群众、依靠群众，始终能够把人民放在心中最高位置。”①

各级领导干部要带头发扬劳模精神，出实策、鼓实劲、办实事，不图虚名，不务虚功，坚决反对干部群众反映强烈的形式主义、官僚主义、享乐主义和奢靡之风“四风”，以身作则带领群众把各项工作落到实处。中国共产党成立90多年来，始终坚持“群众第一”的根本立场，相信群众、依靠群众、为了群众，在不断满足人民群众需要中成就党的事业，人民群众也为党和国家事业发展提供不竭动力。当前，世情、国情、党情、社情、民情、舆情都发生了深刻变化，群众工作面临严峻挑战，做好新形势下的群众工作，必须强化“群众第一”的理念。在任何时候、任何情况下，始终把人民利益放在第一位，把人民放在心中最高位置。坚持谋划发展思路向人民群众问询，查找发展问题听人民群众意见，改进发展措施向人民群众请教，落实发展任务靠人民群众努力，衡量发展成效由人民群众评判，充分调动人民群众的积极性、主动性和创造性。坚持问政于民、问需于民、问计于民，真诚倾听群众呼声，真实反映群众愿望，真情关心群众疾苦，依法保障人民群众经济、政治、文化、社会等各项权益。真正做到权为民所用、情为民所系、利为民所谋。

所谓基层，就是各种组织中最基础的一层。基层之重，重如泰山。一个国家、一个民族的繁荣发展稳定，与它的基层建设和稳定是密不可分的。基层群众数量最多，所涉及的事务面最广，是一个国家的根基，根基不牢，事业就不会稳定。中国有五千多年历史和众多朝代，发生朝代更替的主要原因就是根基不稳。在历史上，越是末代政权，因为远离基层，脱离人民群众生产生活实际久远，制定、推行的政策难以符合人民群众的根本利益，就容易遭到人民群众最强烈的反对。中国共产党是无产阶级的政

---

① 胡锦涛．在中国共产党第十八次全国代表大会上的报告［N］．人民日报，2012-11-18.

党，党的事业发源于农村，起源于基层，党的事业之所以能够发展壮大，是因为党的路线、方针、政策符合最广大人民群众的根本利益，党的事业植根于基层的“深厚土壤”，具有牢固的根基。当前，中国正处在各种矛盾凸显阶段，特别是基层的矛盾更加突出，很多问题都与基层群众的利益紧密相关，这就对基层政权的稳定带来了严峻挑战。树立“基层重要”的理念，要进一步提高对基层工作重要性的认识，把维护基层和谐稳定作为第一任务、第一责任，按照情况在基层掌握、问题在基层解决、矛盾在基层化解、工作在基层推动、感情在基层融洽的要求，做好群众工作。要把基层一线作为群众工作的主战场，不断推进工作重心下移，经常深入基层、深入实际、深入群众，做到知民情、解民忧、化民怨、暖民心，保持同群众的血肉联系。要突出重视基层的用人导向，通过多种方式使那些适合基层工作、作风好能力强的干部留在基层，让那些在基层工作有经验、有实绩的优秀干部得到更好的培养和使用。

第二节　改进群众工作方法

恰当适用的方法是做好工作的“船”和“桥”。面对新形势新任务，必须积极适应群众工作的新特点、新要求，在总结运用成功经验和有效做法上不断创新，综合运用多种方法开展群众工作，切实提高群众工作的针对性、实效性。

一、榜样示范与引导的方法

推行一项政策，倡导一种行为，激励一种精神，单纯依靠行政命令往往收效甚微，而通过树立先进典型，让群众身边的先进、感动来发挥引导和激励作用，以取得事半功倍的效果。

（一）注重发挥群众中先进典型作用

群众中的典型是群众身边的榜样，选取群众中的典型对群众进行教育影响，会增强群众工作的亲和力和感染力。选树群众先进典型，一要注意典型的真实性。先进典型，应当是实实在在的，而不是虚假的，否则不仅没有生命力，反而会起负面作用。这就需要总结典型经验时，必须实事求是地反映典型的本来面目，不能随意拔高，要经得起检验，要留有余地。二要注意典型的多样性，群众是划分为不同阶层和群体的，只有树立多方面的先进典型，才能对不同群众起到引导作用、对各项工作起到促进和推动作用。三要注意典型的时代性。先进典型是时代精神的引领者，是时代风尚的带头人。典型选树必须体现时代发展的要求，符合社会进步的潮流，代表时代前进的方向。

（二）领导干部要做到率先垂范

在群众心目中，政府领导不仅是一种管理的权力，更是一种示范和榜样，所以，充分发挥机关干部特别是领导干部的率先垂范作用特别重要。古人云："其身正，不令而行；其身不正，虽令不从。"各级干部要牢固树立群众观点，保持奋发有为的精神状态，发扬钉钉子的精神，把转变工作作风和解决群众反映强烈的突出问题结合起来，把群众工作做实、做深、做细，确保群众安居乐业，确保社会和谐稳定。因此，各级领导干部要牢记身教重于言教的道理，注重自身的形象塑造，做到事事严于律己，处处率先垂范，打造人格魅力，以自身的模范行动影响和带动群众。

（三）营造积极向上的良好环境

习近平总书记在新进中央委员会委员、候补委员学习贯彻党的十八大精神研讨班上指出："今天，衡量一名共产党员、一名领导干部是否具有共产主义远大理想，是有客观标准的，那就要看他能否坚持全心全意为人民服务的根本宗旨。"在新的历史条件下，人们思想的务实性明显增强，他们在现实生活中看到怎样做人、做事能带来实际利益和受到社会尊重，就会将其作为榜样来学习仿效。政府领导进行利益分配和处理与群众切身利益相关的问题时，让什么人受益，尊崇和重用什么人，提倡什么、反对什么，在客观上就是拿出榜样来让群众和下级干部看，对人们的思想和行为具有极强的示范作用。因此，政府领导在行使职权调解利益关系时，一定要坚持公道、公开、公平、公正，严格按原则办事，绝不能让服从纪律的，埋头苦干的老实人吃亏，让投机钻营、自私自利者占到便宜，营造积极向上、奋发有为的良好环境。

二、说服教育和服务的方法

所谓“说服教育”的方法，就是讲求以理服人，通过理性或理论的教育，帮助群众提高认识。政府领导要善于对群众进行说服教育，这是做群众工作的基础。对群众进行说服教育，要杜绝居高临下的单纯说教，开展平等平和的沟通交流，从心灵慰藉入手，关注心态情绪、关切心理诉求、关怀身心健康，化解群众心忧，打开群众心结，敞亮群众心灵，真正把教育疏导工作做到群众的心坎上。与此同时，要耐心倾听群众的意见和建议，把合理的成分及时梳理、吸纳到政府的决策之中，让群众的诉求得到积极回应。

所谓“提供服务”的方法，就是帮助群众解决各种实际困难，尽可能满足群众生活和工作方面的客观需要，解除他们的后顾之忧。“为人民服务是党的根本宗旨，以人为本、执政为民是检验党一切执政活动的最高标准。”①

各级政府领导必须切实树立服务理念，增强服务意识，经常深入到群众之中，悉心倾听群众呼声、真诚关心群众疾苦、准确把握群众需求，时刻把群众的安危冷暖挂在心上，做到想群众之所想、急群众之所急、供群众之所需，满腔热情地帮助群众解决具体问题。不是想当然地自己拿出一套“为民”措施，而群众并不认可，浪费了大量的人力物力。所以，为群众提供服务，政府领导不仅要有良好的愿望和自觉的行动，还要不断提高自身素质和各方面能力，不断增强为群众服务的真本领，使提供的服务能够真正满足群众的需要。

三、“面对面”做群众工作的方法

“面对面”做群众工作是我党一贯坚持的好传统。“面对面”做群众工

---

① 胡锦涛．在中国共产党第十八次全国代表大会上的报告［N］．人民日报，2012-11-18.

作就是政府部门和领导干部深入基层、深入一线、深入群众，与群众面对面交流、心贴心沟通、实打实服务，从而拉近与群众的距离、增进对群众的了解、加深与群众的感情、群众安危冷暖放在心上，雪中送炭，纾难解困，才能赢得群众的信任和拥护。现在党群干群关系出现一些不正常的现象：如交通通信工具发达了，干部与群众的接触反而减少了；干部文化层次提高了，做群众工作的能力反而降低了；群众生活富裕了，对干部的怨气反而增加了。这里的关键问题是领导干部与群众直接接触少了、与群众空间疏远了。所以，深入群众、贴近群众，面对面做好群众工作，从而赢得群众的信赖支持，密切党与群众的血肉联系在当前显得十分重要。

要面对面、心贴心、实打实做好群众工作，扎扎实实解决好群众最关心、最直接、最现实的利益问题以及最困难、最忧虑、最急迫的实际问题。

（一）沟通交流面对面

沟通交流面对面，即利用各种形式，直接与群众接触交流，切身感受群众的思想情绪，体恤群众的困难苦恼，与民同甘共苦、同享欢乐，防止官僚主义、形式主义。习近平总书记指出，我们要与人民心心相印、与人民同甘共苦、与人民团结奋斗。现在我们谈不上说一块苦，但一定要一块过、一块干，保持和发扬党的光荣传统和优良作风，保持同人民群众的血肉联系，切实把工作做好。为保证经常与群众面对面地沟通交流，应建立领导干部下访制度，确立相对固定的联系点，使领导干部经常出现在村头、田头、炕头，让群众感受到干部就在自己的身边，是自己的亲人。领导干部在深入走访中增进群众感情、拉近同群众之间的距离。

（二）制定政策面对面

科学民主决策是做好一切工作的前提。政策制定的过程也是充分践行党的群众路线的过程。各级政府领导要在制定决策前，通过深入实际，调查研究，掌握社情民意等第一手资料，确保各项政策符合客观。真正做到凡涉及与群众利益有关的重大事项，在出台政策时，务必听取群众意见，坚持走群众路线，以符合群众的根本利益。切实做到得不到大多数群众支持的政策不出台，没有兼顾各方面利益的政策不出台，与民争利的政策不出台，配套措施跟不上的政策不出台。

（三）化解矛盾面对面

领导干部要面对面地直接解决群众提出的问题和矛盾，变群众上访为干部下访。群众现实生活中碰到的住房、上学、就医、就业等热点问题，能解决的马上解决，一时不能解决的向群众解释清楚，或限期解决；对城镇房屋拆迁、农村土地征用、企事业转改制等涉及群众利益、可能引发群体性事件的难点问题，通过深入细致的工作，用真诚的态度实事求是地加以解决，把思想工作与解决实际问题结合起来，把依法办事和带着感情做事结合起来，主动工作，善于转化，以实际行动取信于民。化解矛盾必须要通过行之有效的方法来保障。习近平总书记指出，当前群众通过信访渠道反映出来的信访突出问题，既有新动向，也有老难题，但都事关群众切身利益，事关社会和谐稳定。各地各部门要高度重视，强化责任担当，综合运用法律、政策、经济、行政等手段和教育、调解、疏导等办法，把群众合理合法的利益诉求解决好。

（四）接受监督面对面

政府领导在接受党内监督、法律监督和舆论监督的基础上，更应自觉接受群众监督。群众是政府服务的对象，政府工作效果如何，干部孰能孰庸，群众心中自有一杆秤。所以，政府各级领导干部要善于从群众的怨气和牢骚中发现自身工作的瑕疵，在怨气和牢骚中审视政府所做工作的价值，不断通过来自这方面的监督改进自己的工作。同时，要经常听取群众的意见，得到直接反馈的信息，了解群众满意与不满意的看法，使决策和政策的实施更能体现政府和群众的一致性。

四、“对上”与“对下”负责一致的方法

所谓“对上负责”，就是对上级领导机关负责；所谓“对下负责”，就是对人民群众负责。“对上负责”与“对下负责”从本质上说是统一的，二者高度统一于立党为公、执政为民的执政理念。只要坚持实事求是的思

想路线，“对上负责”与“对下负责”就会在地方政府的工作实践中得以高度统一。

（一）坚持党的利益与群众利益的一致性

群众的利益就是党的利益。凡对群众有利的事情，就是对党有利的事情，每个领导干部都要尽力去做；凡对群众不利的事情，就是对党不利的事情，每个领导干部都应该反对和避免。“准备替党说话，还是替老百姓说话”① 的诘问，全然忘记了党的根本宗旨，忘记了党的利益与群众利益的一致性。如果发现上级的工作部署和要求不符合当地当时的实际情况，就要以对人民负责的精神，向上级提出改正建议，使上级的要求与群众的利益更合拍。我们既不能借口照顾群众的利益，而对上级的正确政策和指示拒不执行；也不能因为要执行上级领导机关的政策指示，而不管这种政策指示是否符合实际，是否符合群众的利益和要求；更不能只是为了一味迎合上级领导机关某些人的口味，把真相隐瞒起来，不如实反映，照搬照套。

（二）始终坚持并认真贯彻群众路线

政府的一切工作都是为了群众，工作过程必须依靠群众。在决策前，要深入基层进行调查研究，倾听群众呼声，坚持把政府的政策原原本本交给群众，把发展前景清清楚楚讲给群众，切不可自恃高明，堵塞言路，进而导致决策失误或失效。在具体决策时，要采取开听证会、设意见箱、发征求意见表等形式，倾听民声、反映民意、集中民智，推进决策的科学化、民主化。一切为了群众、一切依靠群众、从群众中来、到群众中去的群众路线，是我们的事业不断取得胜利的重要法宝，也是中国共产党始终保持生机与活力的重要源泉，各级政府必须始终坚持，须臾不可忘记。

（三）坚持为民办实事、做好事、解难事

为民办实事，重在实效，贵在长效。这就要求各级政府在履行职能的

---

① 杨健．“替谁说话”与“为谁执政”［N］．人民日报，2009-6-19.

过程中，要摒弃私心杂念，在坚持对上与对下负责一致的方法中，应确立凡涉及人民群众利益的事，都是大事，都要认真仔细地去做，都要努力做好的认识。各级政府领导要时刻把群众的安危冷暖放在心上，深怀爱民之心，恪守为民之责，善谋富民之策，多办利民之事，关心群众疾苦，多为群众办实事、做好事、解难事。对群众疾苦置若罔闻，对自身利益却趋之若鹜等现象必须杜绝。对此，在干部政绩评价指标设计上要加大群众评价的权重，使政府工作对上负责与对下负责更好地结合起来。

五、“自我领导”与管理的方法

所谓自我领导，就是自己领导自己，是指个体对自己的目标、思想、心理和行为等表现进行的管理，即把自己组织起来，约束自己、激励自己，努力实现自我的人生目标。运用“自我领导”与管理方法做群众工作，就是政府通过培育提高群众自我管理的能力，引导群众自己解决问题，并在这个过程中让群众进一步得以锻炼与提高，以实现自我价值。

（一）依靠群众自身力量做好工作

随着经济社会的蓬勃发展以及基层民主政治建设和依法治国方略的不断推进，群众民主意识日益增强，对国家政治生活、社会管理、村（居）财务等越来越关心。在这种情况下，各级政府要因势利导，满足人民群众的民主需要，敢于和善于运用民主手段做好群众工作。一要拓展民主渠道，让群众有地方说话，有更多的发言权，能够充分表达自己的意愿。近年来发展起来的民主论坛、民主听证会、民主对话会等都是值得推广的形式。二要增加工作透明度。群众有权了解的政策和事情，都应向群众公开，通过“打开天窗说亮话”的形式，激发群众的民主参与意识，密切干群关系。三要完善群众自治制度。善于运用民主的手段，组织群众积极参与社会管理，积极参与民主选举、民主决策、民主管理、民主监督，充分调动广大人民群众的积极性和主动性。

（二）发挥自治组织的影响和带动作用

群众自治组织是建立在利益一致基础上的群众自愿结成的群体。政府通过群众自治组织，可以最广泛、最普遍地联系方方面面的群众，最有效地激励和调动群众的积极性、主动性、创造性，实现群众的意志、利益、愿望和要求，真正体现人民群众当家做主。政府要积极培育专业协会、群众文化团队、志愿者组织等各类群众性自治组织，并要加强领导，组织他们学习党的路线、方针、政策，定期听取汇报，帮助解决工作中遇到的困难和问题；要积极支持群众自治组织独立开展适合群众特点的各项有益活动，放手让他们独立负责地开展工作，以各种方式联系各自领域内的群众，尊重自治组织的独立性。

（三）充分发挥群众领袖的积极引导作用

群众领袖指网络“意见领袖”“五老”人士、名人、专家人士等在群众中有较高威望的人。他们来自群众，了解群众，与群众有广泛的共鸣，利用他们在群众中的威望来做群众工作，会更加入耳、入脑、入心，取得良好效果。政府领导要经常关心、爱护他们，帮助解决工作生活中的实际困难；要通过走访、座谈等形式保持经常性的联系和沟通，获得相互理解与支持；要加强引导和培养，增强他们对社会主义核心价值的认同感，正确发挥作用；要为群众领袖发挥作用搭建平台，想方设法调动他们做群众工作的积极性和创造性。

第三节 健全群众工作机制

制度机制建设是根本性建设。做好新形势下的群众工作，必须建立健全制度，认真执行制度，提高群众工作规范化、制度化水平。

一、建立利益诉求表达机制

随着我国经济社会的迅速发展，人民群众的主体意识和权力意识不断增强，政治表达和政治参与的要求逐步提高。不同的社会阶层、社会利益群体、社会成员，都有各不相同的利益和利益诉求。建立利益诉求表达机制，引导社会以理性、合法的形式表达利益诉求，可以有效预防和及时化解社会矛盾，维护社会和谐稳定。

（一）拓宽社情民意表达渠道

一要完善传统表达渠道。如加强信访接待平台建设，使群众能够通过“绿色邮政”“网上信访”“专线电话”“视频接访”“信访代理”等各种途径充分地表达利益诉求；坚持并不断完善一些地方开通的“民情热线”“市长热线”等，探索开辟“党代表热线”“人大代表热线”“政协委员热线”等。二要建设网络表达渠道。充分发挥互联网时效快、容量大的特点，开辟“网络论坛”“民情邮箱”等，为群众提供便捷的表达渠道。三要重视新闻媒体的作用，引导新闻媒体坚持“三贴近”，把群众的真知灼见集中起来，及时反映合理诉求。

（二）把群众利益诉求纳入规范化、法制化轨道

面对社会利益结构多元化、复杂化的时代特点，要加强促进社会公平正义的制度建设，充分保障人民群众在政治、经济、文化、社会等方面的权利和利益，引导公民依法行使权利、履行义务。为此，政府需要推进社会管理创新，拓宽社情民意的诉求渠道，从各个层次扩大公民有序的政治参与，保障人民群众依法管理国家事务、管理经济文化事业、管理社会事务；推进决策科学化、民主化，深化政务公开，依法保障公民的知情权、参与权、表达权、监督权；扩大基层民主，完善厂务公开、村务公开等办事公开制度，完善基层民主管理制度，发挥社会自治功能，保证人民依法直接行使民主权利；坚持公民在法律面前一律平等，尊重和保障人权，依法保证公民权利和自由。

二、健全联系服务群众机制

我们要坚持党的群众路线，始终保持党同人民群众的血肉联系，始终接受人民群众批评和监督，心中常思百姓疾苦，脑中常谋富民之策，使我们党永远赢得人民群众的信任和拥护，使我们的事业始终拥有不竭的力量

源泉。为此，各级政府要充分认识新形势下联系服务群众工作的极端重要性，切实建立健全联系服务群众制度机制。

（一）拓宽联系服务渠道

要建立“三访”工作制度。一是“走访”。政府部门和领导干部要采取平日走访和定期走访，普遍走访和重点走访相结合，经常走访联系身边群众，了解社情民意，加深群众感情。二是“下访”。领导干部要定期下访基层，联系群众，每个干部相对固定联系一个社区、一家企业、一个学校等，以点带面，保持与人民群众的经常性联系。三是“接访”。认真贯彻落实群众来访接待制度，主要领导要亲自批阅重要来信、接待重要来访，不断提高信访接待的工作成效，切实解决好群众反映的信访问题。同时，各级政府还可以通过公开设置意见箱、热线电话、政务论坛和政务博客，利用党建网、电子政务网等信息网络手段，方便群众反映情况和诉求，发表建议和意见。

（二）创新联系服务方法

进入21世纪以来，各地创造了一些联系群众的有效做法，如上海市杨浦区的“一线工作法”、浙江省杭州市的“开放式决策”、舟山市的“网格化管理、组团式服务”、河南省邓州市的“4＋2”工作法、四川省成都市武侯区的“民情专递”以及“三会一代理”（即决策听证会、矛盾协调会、民主评议会、代理群众事务）等，都很有创造性，颇具实效性。各级政府要在学习借鉴这些有效方法的基础上，结合各地实际进行探索创新，形成各具特色的联系服务群众工作方法，不断开创群众工作新局面。

（三）实行联系服务责任制

“为民”“务实”“清廉”既是群众路线内在的要求，又是需要解决的突出问题。建立政府机关干部与帮助对象长期稳定的联系关系，联系人经常向联系对象了解情况，体察困难并帮助解决实际问题。联系人要真正沉下心去，深入群众，掌握基层真实情况，定期或不定期地向有关组织汇报联系情况，将联系事项落到实处，克服走马观花和官僚主义作风，切实解决联系服务群众“最后一公里”的问题，切实筑牢各级党组织与人民群众联系的根基。同时，还要把群众路线贯彻到干部培养选拔标准之中，努力造就政治上靠得住、工作上有本事、作风上过得硬、人民群众信得过的干部队伍。

三、完善矛盾排查化解机制

当前，我国正处于社会矛盾特别是利益矛盾凸显期，各方面的矛盾积累不断增多。建立完善矛盾纠纷排查化解机制，切实做好矛盾纠纷排查化解工作，努力把矛盾纠纷化解在基层、把隐患消除在萌芽状态，对于建设和谐社会至关重要。一是建立矛盾纠纷预警机制。通过相关的机制建设及时掌握苗头动态，全面、准确搜集民意和不稳定因素，尽可能将矛盾解决在酝酿期或形成期。同时，进一步建立和完善部门报送信息机制，形成广泛的预防系统，动员各社会力量参与矛盾纠纷预告工作，以便尽早认知与排查。二是健全矛盾纠纷排查机制。明确排查重点，做到“四个突出”，即突出排查由社会“热点”“难点”问题引发的矛盾纠纷；突出排查久调不决的矛盾纠纷；突出排查群体性矛盾纠纷；突出排查困扰政府的矛盾纠纷。采取日常排查、定期排查、专项排查和特别防护期排查等多种方式，不断提高社会矛盾纠纷排查的针对性。各企事业单位负责排查本单位内的矛盾纠纷和苗头隐患；各职能部门负责组织排查本部门系统的矛盾纠纷和苗头隐患；各社区、乡（镇）、村、居委会，负责排查本区域的矛盾纠纷和隐患，形成以块为主、条块结合，全覆盖、无疏漏的大排查网络，确保排查不留死角。三是完善矛盾纠纷化解机制。把人民群众的呼声作为第一信号，及时引导化解排查中发现的重大矛盾纠纷和不稳定隐患。矛盾纠纷调查化解要落实责任单位、责任领导和措施，依法妥善处理，及时消除隐患。特别要建立健全多元矛盾化解机制，充分发挥人民调解组织、审判机关、行政复议机构与仲裁机构的作用，综合运用法律手段、经济手段、行政手段和教育、协商、听证、调解、仲裁、判决等方法，把矛盾纠纷调解纳入有序轨道。

四、建立群众工作评价机制

习近平总书记指出，贯彻群众路线没有休止符。提倡干部要练好密切联系群众这个基本功，这是新时期加强党的干部队伍建设的立足点。建立健全群众工作绩效评价机制，可以客观公正地评价干部的群众工作实绩、调动他们的积极性和创造性。一是明确评价导向。把群众工作纳入各级政府部门和领导干部绩效考核指标体系，与部门评价和干部奖惩任用挂钩，形成鼓励干部做群众工作的良好导向。二是制定评价标准。从宏观上，要把群众满意、党群关系密切、社会和谐等作为群众工作基本标准。针对具体工作，应根据特定工作的目标、任务、特点等情况制定具体标准。三是创新评价方法。紧密结合我国群众工作现状，运用对象群体评定法、专家评价法、自评法等，科学设计评价指标体系，实现创新性、可操作性和有效性的有机统一，定性分析和定量分析的有机统一。同时，还要充分利用互联网、大众媒体等技术手段，不断开辟群众工作的评价空间。四是扩大评价主体。上级部门和领导对下级部门或干部的评价固然十分重要，但这种系统内部的自我评价有很大的局限性和主观随意性，有必要扩大评估主体，使评估主体多元化。其中，最重要的是把群众纳入评估主体范畴，把群众工作效果交由人民群众自己评价，这样的评价才能体现其客观性与真实性，才能对群众工作起促进作用。

五、建立维护基层稳定机制

“治政之要在于安民，安民之道在于察其疾苦。”古人议政的这句话，对于处在社会转型时期的我们有深刻的借鉴意义。基层稳定是社会稳定的基础，建立健全维护基层稳定机制，有利于化解社会矛盾，促进社会和谐。一是建立维护稳定工作责任制。按照“属地管理”和“谁主管谁负责”的原则，明确维护稳定的领导责任和部门单位的工作责任。理顺维护稳定工作管理体制，狠抓源头责任落实，形成党委领导、政府主管、部门负责、齐抓共管的工作格局。真正把维护稳定工作任务分解落实到每个责任人头上，并将其成效作为领导干部政绩考核的重要内容。二是构建“大维稳”“大防范”工作格局。建立信访、传媒、热线电话等方面的快速沟通和联动机制，对群众反映的紧急重大问题，第一时间做出反应，第一时间开展调查核实，第一时间采取有力措施予以妥善处理，防止小问题酿成大事件。三是形成多元化矛盾“大调解”工作体系。主要依靠各级党政组织、社会组织形成各方面齐抓共管、人民群众广泛参与的工作格局。着力构建以人民调解为基础、以行政调解和司法调解为重要内容、三种调解手段相互衔接配合的“大调解”工作体系，有效化解社会矛盾纠纷，切实维护社会和谐稳定。四是发挥基层组织化解矛盾的功能。始终把加强基层基础建设作为促进和谐稳定的战略性、根本性的任务来抓。要强化机构建设，配齐配强工作人员，建立健全运行机制，对矛盾纠纷实行统一受理、集中梳理、归口管理、限期办理、巩固治理，使每项工作和每个环节都有人抓、有人管、有人负责到底。要大力加强基层基础工作，努力形成心往基层想、人往基层走、事为基层办、钱为基层花的导向，真正让基层工作有活力。让干部感觉到在基层有干头、有奔头，乐于在基层、扎根在基层，努力实现矛盾纠纷在基层就地得到有效化解。

思考题

1. 谈一谈我党践行群众路线的历史经验与时代要求。
2. 谈一谈互联网时代背景下如何走好“网上群众路线”。
3. 谈一谈如何与时俱进地改进和创新群众工作的方法。

参考书目

1. 任仲文．人民日报重要文章选：深入学习习近平同志关于党的群众路线重要论述［M］．北京：人民日报出版社，2014.

2. 张荣臣．群众路线是党的生命线：新形势下的群众工作怎么做［M］．北京：中共中央党校出版社，2014.

3. 中共中央文献研究室．论群众路线：重要论述摘编［M］．北京：中央文献出版社，2013.

第九章

政府领导的作风建设

政府领导的作风是各级政府行政机关中的领导干部在思想上、政治上、组织上、工作上以及生活上等诸多方面表现出来的相对稳定的态度和行为，是领导干部的世界观、人生观和价值观在实践中的集中体现，其在内容上包括思想作风、学风、工作作风、领导作风和生活作风。政府领导的作风具有很强的直观性，它直接关系到政府的形象，关系到人心向背，甚至关系到执政党、政府和国家的前途和命运。正如习近平总书记在十八届中央纪委二次全会上强调的那样，作风上的问题绝对不是小事，如果不坚决纠正不良风气，任其发展下去，就会像一座无形的墙把我们党和人民群众隔开，我们党就会失去根基、失去血脉、失去力量。有鉴于此，有必要将各级政府领导干部作为作风建设的重点对象，促使他们始终牢记和努力践行政府领导的优良作风，杜绝政府领导的不良作风，自觉强化“八种优良的作风”意识。

第一节 弘扬政府领导的优良作风

高度重视领导干部的作风建设是中国共产党的一个优良传统。在中国革命、建设和改革的伟大征程中，我们党和政府一以贯之地加强作风建设，形成了求真务实、艰苦奋斗、联系群众等政府领导的优良作风。

一、求真务实的作风

求真务实是我们党各级领导干部的优良传统和作风。早在延安时期，毛泽东同志就告诫广大党员“要讲真话，不偷、不装、不吹……偷，就是偷东西，装，就是装样子，吹，就是吹牛皮”。江泽民同志指出：“中央三令五申，所有领导干部都要求真务实，少说空话，不做表面文章，不搞花架子，不搞形式主义”。胡锦涛同志指出，全党要以求真务实作风推进各项工作，多干“打基础、利长远”的事，把求真务实贯彻到治党治国各个方面各个环节，真正做到真抓实干、开拓创新。[①] 习近平同志在《调研工

---

① 中共中央关于加强和改进新形势下党的建设若干重大问题的决定［N］．人民日报，2009－9－28.

作务求“深、实、细、准、效”》一文中要求：“各级领导干部在调研工作中，一定要保持求真务实的作风，努力在求深、求实、求细、求准、求效上下功夫。”

真与实是一切事物存在的基础和前提，也是对人们认识世界、改造世界和规范自身行为的基本要求。所谓“不受虚名，不听浮术，不采华名，不兴伪事”，正是人们待人处事应当遵守的基本原则。对各级政府领导干部来说，求真务实就是想问题、办事情都要从实际出发，掌握和遵循客观规律，讲实话、出实招、办实事、重实干、求实效。求真务实要求各级领导干部要牢固树立“办实事、务实效、求实情”的政绩观，正确看待政绩，科学衡量政绩。①

政绩观甚至影响决定着领导干部的工作作风。有的领导干部为了所谓“政绩”，该做的工作不扎实做，该落实的制度不认真落实，大搞一些劳民伤财的“形象工程”“政绩工程”，严重损害国家和人民群众的公共利益。在各级政府领导干部中大兴求真务实之风，关键是要做到四“求”四“务”，即求我国社会主义初级阶段基本国情之真，务坚持长期艰苦奋斗之实；求社会主义建设规律和人类社会发展规律之真，务抓好发展这个党执政兴国的第一要务之实；求人民群众的历史地位和作用之真，务发展最广大人民根本利益之实；求共产党执政规律之真，务全面加强和改进党的建设之实。弘扬求真务实的优良作风，要求各级政府领导干部将是否有利于本地区本部门的发展、是否有利于维护好发展好人民群众的切身利益作为衡量和检验自身工作的根本标准，始终坚持立足本地区本部门的实际，认认真真而不是装模作样地进行调查研究，充分了解和切实解决群众亟须解决的问题，坚决反对各种形式主义和官僚主义作风。

二、艰苦奋斗的作风

艰苦奋斗是中国共产党在长期的革命、建设过程中形成的优良传统和作风，是我们党的传家宝。我们党之所以能从一个弱小的党逐渐发展壮

---

① 刘存亮. 大兴求真务实之风 推进领导干部作风建设［N］. 西藏日报，2009-10-31.

大，最终带领广大人民推翻三座大山，建立新中国，一个重要法宝就是在革命斗争中培育并发扬了艰苦奋斗的作风。新中国成立前夕，毛泽东同志就预见到革命胜利和取得政权后可能出现的挑战，要求“务必使同志们继续地保持艰苦奋斗的作风”①。新中国成立后，毛泽东同志多次号召要“继续地保持艰苦奋斗的作风”。进入改革开放的新时期，邓小平同志强调：“中国搞四个现代化，要老老实实地艰苦创业”。② 江泽民同志指出：“广大党员和干部无论在什么情况下都要发扬艰苦奋斗精神，永不停步地前进”。胡锦涛同志一再号召全党要牢记毛泽东同志当年倡导的“两个务必”“永远保持艰苦奋斗的作风”，始终与人民群众同甘共苦、为人民利益不懈奋斗。③ 习近平同志反复强调，抓改进工作作风，各项工作都很重要，但最根本的是要坚持和发扬艰苦奋斗精神，能不能坚守艰苦奋斗精神，是关系党和人民事业兴衰成败的大事。古人有训：“历览前贤国与家，成由节俭败由奢。”我们必须清醒地认识到，越是在经济发展水平大幅提高、整个国力迅速增强、物质生活较为富裕的情况下，越是要大力发扬艰苦奋斗的作风，坚决抵制各种诱惑，防止不良作风滋生蔓延。然而，艰苦奋斗的作风在部分政府领导干部身上已经丢失殆尽。有的政府领导干部大肆铺张浪费，凡事讲排场，比阔气，随意慷国家之慨；有的政府领导干部忘记了使命，丢弃了宗旨，褪去了本色，贪图享受，腐化堕落，最终锒铛入狱。当前，各级政府领导干部都需要认识到肩负任务的艰巨和复杂，面临挑战的巨大和严峻，继续保持艰苦奋斗作风，永葆艰苦奋斗本色。一要牢固确立艰苦奋斗的思想观念，正确对待苦与乐，始终保持昂扬的斗志、蓬勃的朝气、浩然的正气。二要尽快建立健全各项规章制度。近年来，从中央到地方都先后出台了一些反对形式主义、官僚主义、享乐主义、奢侈之风和加强廉政建设的法律、法规、规章和规定，这为保持和发扬艰苦奋斗的作风提供了有力保障。各级政府领导干部要认真对照，排查和纠正自身与艰苦奋斗作风相悖的观念和行为。三要逐步建立健全各类监督机制，尤其是充分发挥人民群众的监督作用，让违法违纪行为无处遁形。

---

① 毛泽东文集（第8卷）[M]．北京：人民出版社，1999：1439.

② 邓小平文选（第三卷）[M]．北京：人民出版社，1993：306.

③ 中共中央关于加强和改进新形势下党的建设若干重大问题的决定 [N]．人民日报，2009-9-28.

三、联系群众的作风

人民群众是各项事业的力量源泉和胜利之本。毛泽东同志结合中国革命的实践，做出了“人民，只有人民，才是创造世界历史的动力”这一科学论断，将群众观点、群众路线确立为我们的根本观点和根本路线。邓小平同志进一步强调了群众观点和群众路线，要求把“人民拥护不拥护”“人民赞成不赞成”“人民高兴不高兴”“人民答应不答应”作为制定各项方针政策的出发点和落脚点。以江泽民同志为核心的第三代领导集体要求把“始终代表最广大人民的根本利益”作为制定和执行党的路线方针政策及各项工作的出发点和归宿，认为“一切为了群众，一切相信群众，一切依靠群众，我们党就能获得取之不尽的力量源泉”。[①]胡锦涛同志指出，要“大兴密切联系群众之风……认真贯彻党的群众路线，坚定不移依靠群众，适应群众工作新特点新要求，深入做好组织群众、宣传群众、教育群众工作，虚心向群众学习，热心为群众服务，诚心受群众监督。”[②] 习近平同志强调：“我们要与人民心心相印、与人民同甘共苦、与人民团结奋斗。现在我们谈不上说一块苦，但一定要一块过、一块干，保持和发扬党的光荣传统和优良作风，保持同人民群众的血肉联系，切实把工作做好。”

为了继续保持和弘扬联系群众的作风，需要从多方面努力。一是要经常开展坚持群众路线的再教育，在各级政府领导干部中筑牢弘扬联系群众作风的思想基础。二是要善谋富民良策。制定和执行政策要把人民利益标准作为根本依据，把群众的利益作为判断和衡量政策正确与否的根本标准和尺度。三是要进一步畅通和拓宽各级政府领导干部联系群众的渠道。不断完善人民代表大会制度、多党合作和政治协商制度，更好地发挥人大代表、各民主党派以及各族各界人士的作用；充分发挥工会、共青团、妇联和其他群众团体在加强政府领导与群众联系中的桥梁、纽带作用；努力开辟和创造联系群众的新渠道、新形式，以便更加广泛、深入、及时地听取

---

① 中国共产党第十五次全国代表大会文件选编［M］．北京：人民出版社，1997：50.

② 中共中央关于加强和改进新形势下党的建设若干重大问题的决定［N］．人民日报，2009-9-28.

群众的意见。① 四要充分认识到，“勤政为民，真抓实干，是密切联系群众的根本要求”，② 进一步增强各级政府领导干部的事业心和责任感，充分了解民情，广泛体现民意，及时高效负责地解决人民群众生产生活中遇到的困难，用实际行动践行联系群众之风。

第二节 杜绝政府领导的不良作风

近年来，政府领导的作风建设取得了一定成效，但形式主义、官僚主义、享乐主义、奢靡之风、主观主义、教条主义等不良作风在某些政府领导干部身上仍然不同程度地有所表现，需要想方设法加以杜绝。

一、纠正形式主义

形式主义是片面注重形式而不顾实质的一种工作作风和思想作风。它的一个重要特点就是脱离实际，脱离群众，工作不落实，不扎实，不切实。③ 这一不良作风历来为我们党所坚决反对。早在延安整风时期，毛泽东同志就严肃批评了党内存在的形式主义作风。邓小平同志在我国改革开放初期就认为形式主义已经到了无法容忍的地步。江泽民同志指出，要从我们党生存的高度来认识克服形式主义的问题。胡锦涛同志强调：“下大力气解决形式主义、官僚主义、个人主义、享乐主义等突出问题。”④ 习近平同志在中共中央政治局会议上明确要求，中央政治局全体同志要改进调查研究，切忌走过场、搞形式主义。在深入开展群众路线教育实践活动过程中，习近平同志强调，要在改进作风上讲认真，做到善始善终、善作善成，不能用形式主义反对形式主义。

虽然形式主义一直是我们要坚决摒弃的不正之风，但其目前在政府领

① 王杰．作风建设：马克思主义政党建设的永恒主题——学习胡锦涛“七·一”重要讲话的一点体会［J］．军事历史研究，2011（4）：22.

② 中共中央关于加强和改进党的作风建设的决定［N］．人民日报，2001-9-2.

③ 潘丽娜．对领导干部加强作风建设的几点思考［J］．经济师，2010（11）：290.

④ 中共中央关于加强和改进新形势下党的建设若干重大问题的决定［N］．人民日报，2009-9-28.

导干部的工作中还是时常会出现。例如，抓落实习惯于发文、开会、组成工作组下去检查，但问题是，文件发了，会议开了，检查组走了一拨又一拨，没落实的问题还是没有落实。再如，深入基层搞调查研究本来是密切联系群众的一种重要工作方法，但有的政府领导干部深入基层却前呼后拥，“兵马未动，粮草先行”；调研过程中隔着轿车玻璃瞅瞅，走马观花式地随便看看，或不顾基层实际，乱下指示，“钦差大臣满天飞”。更为严重的是，有的领导甚至认为“看不见”的实事就不是政绩，专门热衷于搞领导看得见的政绩工程。《新华每日电讯》2007 年 5 月 26 日头版曾报道了这样一件真实的事情：呼和浩特乌拉特前旗为破解山旱区因取水过度、地下水位下降和干旱少雨造成的“缺水症”，在山旱区实施节水灌溉工程。然而，此项“民心工程”却未得到上级领导认可，甚至还挨了批评。该市有一位领导说，节水工程好是好，只是都埋在了地底下，上面领导来参观，也只能口头汇报汇报，不可能把管道挖出来看。[①] 概言之，这些形式重于内容的做法，不仅助长了形式主义歪风，而且严重破坏了社会风气，影响了政府的形象，要坚决加以纠正。

要纠正形式主义，必须从源头抓起。形式主义归根结底是官僚主义和错误的政绩观在作祟。因此，纠正形式主义首先要加强教育，引导各级政府领导干部自觉地改造主观世界，牢固树立马克思主义的世界观、人生观和价值观，正确树立实事求是的思想路线。实事求是与形式主义是格格不入的。我们要将解放思想与实事求是统一起来，做到讲实话、做实事、鼓实劲、求实效，自觉维护党和人民的利益，真正做到情为民所系，权为民所用，利为民所谋。这样，形式主义也就没有了藏身之地。其次，纠正形式主义必须充分发扬民主，坚持走群众路线。“形式主义的一个特征是眼睛向上。他们做样子是给上级看的，心中根本没有群众。”[②] 因此，反对形式主义，离不开群众的监督和评判。只有将各级政府领导干部的工作置于群众监督之下，让群众来评判，广泛听取群众意见，充分尊重群众意愿，让获得群众公认、社会公论的政府领导干部获得荣誉，得到重用，让那些搞形式主义的人非但不被重用，而且受到批评，严重时还要追究党纪政纪

---

① 张宏省. 改进作风关键要反对形式主义［N］. 陕西日报，2007-6-14.

② 中共中央组织部研究室. 坚决反对形式主义［J］. 领导科学，2000（5）：4.

甚至法律责任，由此形成正确的用人导向，从而对形式主义构成致命打击。再次，纠正形式主义离不开狠抓工作落实。一方面，要把握抓的重点，不能眉毛胡子一把抓，否则就容易贪多尽失，什么都抓不住，什么都抓不好，或是“捡了芝麻，丢了西瓜”；另一方面，要掌握抓的方法，即围绕特定的目标，根据业已形成的正确思路和决策，坚持一抓到底，使出不抓出成效誓不罢休的狠劲。最后，纠正形式主义必须进一步加大监督检查力度，坚决查处搞“假、大、空”和误民、伤民、害民的政绩工程等错误做法，让热衷于搞形式主义的人没有任何生存空间。[①]。

二、抛弃官僚主义

官僚主义是一种脱离群众、脱离实际的高高在上当官做老爷的作风，也是“领导机关最容易犯的一种政治病症”[②]。

我们党历来对官僚主义深恶痛绝。早在1933年，毛泽东同志就号召“要把官僚主义方式这个极坏的家伙抛到粪缸里去”[③]。1950年5月1日，中共中央发出《关于在全党全军开展整风运动的指示》，其中明确要求要“克服官僚主义……改善党和人民的关系”[④]。1957年4月27日，中共中央向全党发出的《关于整风运动的指示》中，也强调将反对官僚主义作为一个中心内容。改革开放以后，反官僚主义仍然是我们党的一项重要工作。邓小平同志指出：“官僚主义现象是我们党和国家政治生活中广泛存在的一个大问题”[⑤]，官僚主义“会引起群众的强烈不满，损害党的威信，如不坚决改正，势必使我们的干部队伍发生腐化”[⑥]。江泽民同志领导全党制定了“八个坚持，八个反对”，其中，第五条要求“坚持密切联系群众，反对形式主义、官僚主义”[⑦]。胡锦涛同志指出，少数党员干部作风不正，

---

① 中共江苏省委党校课题组. 党内脱离群众的“四风”及其矫治策略［J］. 党政研究，2013（5）：11.

② 周恩来选集（下卷）［M］. 北京：人民出版社，1984：418.

③ 毛泽东文集（第1卷）［M］. 北京：人民出版社，1993：124.

④ 毛泽东文集（第4卷）［M］. 北京：人民出版社，1991：72.

⑤ 邓小平文选（第二卷）［M］. 北京：人民出版社，1994：327.

⑥ 邓小平文选（第二卷）［M］. 北京：人民出版社，1994：332.

⑦ 周文彰. 抛弃官僚主义［J］. 中国行政管理，2011（5）：105.

形式主义、官僚主义问题比较突出……我们要高度重视这些问题，认真加以解决。习近平同志强调，千万不要既想当官又想发财，官商结合必然导致官僚主义，领导干部要从点滴入手、从具体事做起，力戒官僚主义。

官僚主义作风在部分政府领导干部身上还或多或少地存在。例如，一些政府机关仍然存在“门难进，脸难看，人难找，事难办”的问题；一些政府领导干部高高在上，不接触群众，不深入实际，时常乱指示，瞎指挥；一些政府领导干部做决策时仍然习惯于“拍脑袋”，向上级保证时仍然习惯于“拍胸脯”，等造成损失或出了问题时仍然习惯于“拍屁股”；一些政府领导干部工作作风简单粗暴，对待下属吆来喝去，对待百姓不屑一顾，对待上级谄媚奉承；等等。其实，早在延安时期，毛泽东同志就对官僚主义作风做了形象的比喻，认为其如同泥塑的神像，一声不响，二目无光，三餐不食，四肢无力，五官不正，六亲无靠，七窍不通，八面威风，久坐不动，十分无用。邓小平同志也对官僚主义作风的表现和危害做了深刻总结，即“高高在上，滥用权力，脱离实际，脱离群众，好摆门面，好说空话，思想僵化，墨守成规，机构臃肿，人浮于事，办事拖拉，不讲效率，不负责任，不守信用，公文旅行，互相推诿，以致官气十足，动辄训人，打击报复，压制民主，欺上瞒下，专横跋扈，徇私行贿，贪赃枉法，等等”①。

为了克服官僚主义，一要加强权力监督，强化政务公开。官僚主义作为权力运行中的一大顽症，对其加以治理必须从对权力的监督制约入手。通过监督，既有助于促使政府领导干部努力提高自身素质，增强对官僚主义的免疫力，又便于及时发现和纠正官僚主义歪风。为了提高监督的针对性实效性，必须大力推行政务公开。阳光是最好的防腐剂，通过公开，让官僚主义作风没有生存的土壤。二要加强理论学习，提高各级政府领导干部的政治素养。如果各级政府领导干部都能有高尚的道德、无私的品质和全心全意为人民服务的观念，那么官僚主义就没有了市场。虽然说，要走到这一步相当不容易，还有很长的路要走，但我们不能因此而忽视了理论学习的重要作用，必须加强马列主义、毛泽东思想、邓小平理论和

① 张忍成，谭平. 反对官僚主义 切实改变作风［J］. 党风与廉政，2012（6）：4.

“三个代表”重要思想的学习，深入学习领会科学发展观的精神实质，不断提高自身理论修养，牢固树立科学的世界观、人生观和价值观，自觉形成正确的权力观、地位观和利益观。三要继续推进体制改革，进一步转变政府职能和下放权力。权力过分集中，政府职能过于宽泛，仍然是官僚主义产生的一个重要原因。党的十八大以来，新一届中央政府大力开展的深化行政审批制度改革、加快政府职能转变工作取得了显著成效，官僚主义现象也得到了一定的遏制。不过，随着社会主义市场经济的深入发展，政府职能需要进一步转变，行政权力需要进一步下放。权力集中过多，权力过大，在任何时候都容易造成官僚主义。体制改革中的一些更为具体的问题，还需要做深入研究和解决得更加科学。[①] 例如，如何有效监督一把手权力以防止一把手腐败问题，如何解决党员领导干部能上不能下问题，如何有效杜绝任人唯亲与“买官卖官”现象，如何切实保障民主集中制的“民主”在实际中不被忽视，如何推进党政关系的科学化、规范化、制度化问题等。[②] 这些问题解决得好，就有利于铲除滋生官僚主义的土壤。

三、反对享乐主义

享乐主义是领导干部中存在的脱离群众、贪图安逸、贪图享受的一种不良作风。享乐主义与享乐不是一回事。享乐不能片面地理解为贬义词。享乐其实就是享受快乐，享受幸福。人生不能没有快乐，中国共产党人奋斗的一个重要目标就是要让人民过得更加幸福。我们党不反对享乐，但坚决反对享乐主义。早在七届二中全会上，毛泽东同志就提出“两个务必”的著名论断，提醒全党同志预防享乐主义思想的滋生。江泽民同志在纪念中国共产党成立七十八周年座谈会上强调，中国共产党人必须讲正气，要

---

① 中共江苏省委党校课题组. 党内脱离群众的“四风”及其矫治策略［J］. 党政研究，2013（5）：12.

② 2015年7月19日起施行的《推进领导干部能上能下若干规定（试行）》（以下简称《规定》）按照全面从严治党、从严管理干部要求，对解决干部能上不能下问题做出具体规定，规范了工作程序，建立了工作责任制，是做好新时期干部工作的重要遵循。《规定》的颁布实施，对于完善从严管理干部队伍制度体系，着力解决为官不正、为官不为、为官乱为等问题，推动形成能者上、庸者下、劣者汰的用人导向和从政环境，建设高素质干部队伍，具有十分重要的意义。

“坚持廉洁奉公，艰苦奋斗，在拜金主义、享乐主义、个人主义和‘酒绿灯红’的侵蚀影响面前，一尘不染，正气凛然”。胡锦涛同志指出：“各级领导干部要牢记‘两个务必’，带头发扬艰苦奋斗、勤俭节约的精神，带头反对铺张浪费和大手大脚，带头抵制拜金主义、享乐主义和奢靡之风。”习近平同志强调：改进作风，最根本的是要坚持和发扬艰苦奋斗精神……如果大手大脚、铺张浪费，讲排场比阔气，奉行享乐主义，老百姓怎能不反感，困难群众怎会不寒心？

随着经济社会的迅猛发展和物质条件的逐步改善，艰苦奋斗、勤俭节约的优良传统和作风逐渐被某些政府领导干部所淡忘，不思进取、贪图享受、奢侈浪费、淫靡腐化的问题日益突出。在某些地方和部门，吃喝之风盛行，玩乐之风盛行，攀比之风盛行。足寒伤身，民怨伤国。部分政府领导干部中存在的享乐主义问题已经严重影响了党和政府的形象。严重影响了党群干群关系。千万不要以为贪污受贿才是腐败，挥霍浪费就不是腐败。毛泽东同志曾一针见血地指出：“贪污和浪费，是极大的犯罪。”为了有效抵制享乐主义歪风的滋生蔓延，我们至少应从以下几方面努力。一要加大对奢侈浪费案件的查处力度，加大惩罚程度。能治未病者为上医。对奢侈浪费等腐败现象要力求做到防患于未然，防治于初犯。奢侈浪费既是淫靡腐化的表现，也是腐败问题产生和蔓延的温床。在反腐败工作中，要出台专门的针对奢侈浪费的相关法律法规，并下大力气依法查处奢侈浪费方面的案件，对查处出的相关政府领导干部要严厉惩罚，并根据具体案情决定是否追究其刑事责任。二要建立健全制度，铲除享乐主义滋生蔓延的土壤。当前一些政府领导干部之所以能够肆无忌惮地挥霍和享受，就是凭借其手中的权力。对他们的种种劣迹，往往是“看得见的管不着，管得着的看不见”。要解决这些问题，最关键的是要建立健全一套相对完备的制度和体制，形成对政府领导干部的有效监督制约机制。通过完善民主监督制度，使“看得见”政府领导干部所作所为的人民群众能够依靠一定的制度和程序“管得着”他们。通过健全民主选举制度和依法罢免制度，使那些清正廉洁、艰苦奋斗、作风正派的优秀干部能脱颖而出，使那些贪图享受、不务正业的干部被及时淘汰。通过建立严格、可操作、易控制的财政制度，强化预算管理和审计监督，切断铺张浪费、奢侈享受的资金来源。[①] 三要解决好政府领导干部的“三观”问题。对于政府领导干部来说，要树立正确的世界观、人生观和价值观，需要抓好学习这个关键环节。“信仰坚定缘于理论成熟，而理论成熟离不开系统的学习。”[②] 一方面，要向书本学习，努力改造主观世界；另一方面，要向实践学习，多深入群众中去，多交几个群众朋友，多看看我们的普通百姓在干什么、想什么和缺什么，多体尝一下老百姓的酸甜苦辣。这样，就容易明白自己的生活应该如何避免坠入腐化堕落的深渊。

四、克服奢靡之风

所谓奢靡，一般是指花费大量钱财和社会资源追求过分享受。即古人说的“暴殄天物”“害虐烝民”。奢靡同正常消费和享受的区别在于：一是大大超越当时普通社会成员的生活水平；二是无度地挥霍社会财物而不能物尽其用。奢靡之风是挥霍浪费钱财、过分追求享受的一种不良作风。“奢靡之始，危亡之渐”，反腐必须戒奢，这是一个经过实践检验的真理。历史上因奢靡而亡国丧身或被赶下台的统治者不胜枚举。秦始皇有统一之功，但也是腐败的集大成者。看出土的兵马俑的阵势，就知道他身前身后的腐化堕落。汉代经过文景之治到武帝一朝，是汉代最强盛的时代，也是最奢靡的朝代。晋武帝统一全国后，大臣们把奢侈当作体面的事。隋炀帝的荒淫糜烂更是世人皆知。后来造福于中国的一条大运河，当年却是隋炀帝腐化堕落、荒淫糜烂的见证。唐玄宗创“开元盛世”，很为后人称赞，但造成唐朝走下坡路的“安史之乱”正是他在“盛世”之下奢靡荒淫的结果。宋朝的腐败也是很出名的。通观历史上的奢靡现象可得出两个带有规律性的现象：一是搞奢靡的人多是有权势的人，或政治上权柄在握，或经济上富可敌国，或两者兼而有之，“既贵且富”；二是盛世更容易出现奢靡之风。

厉行节约、艰苦奋斗是党的优良传统，是我们立党立国的根基。毛泽

---

① 中共江苏省委党校课题组．党内脱离群众的“四风”及其矫治策略［J］．党政研究，2013（5）：13.

② 王瑞生．领导干部要带头反对享乐主义［J］．求是，1999（3）：39.

东在中国革命初期、抗日战争时期、解放战争时期和革命取得胜利后都论述过节俭的重要性。改革开放后，邓小平同志强调："我们的国家越发展，越要抓艰苦创业。提倡艰苦创业精神，也有助于克服腐败现象。"江泽民同志指出，在我们这样一个人口众多的社会主义发展中国家，生产力水平还那么低，人均国民生产总值就那么一点，还有八千多万人的温饱问题没有解决，没有任何条件可以搞高消费、高享受，只能搞适度消费。即使以后我们国家富强起来了，仍然不能丢掉艰苦奋斗的好传统。胡锦涛同志为巩固党的执政地位所做出的重大决策并指出："要牢记全心全意为人民服务的根本宗旨，牢记'两个务必'""坚持谦虚谨慎，艰苦奋斗，坚决反对骄傲自满，铺张浪费。"习近平同志强调，要有腐必反、有贪必肃；同时要加强对权力运行的制约和监督，把权力关进制度的笼子里；并要以踏石留印、抓铁有痕的劲头抓工作作风。要坚持勤俭办一切事业，坚决反对讲排场比阔气，坚决抵制享乐主义和奢靡之风。要大力弘扬中华民族勤俭节约的优秀传统，大力宣传节约光荣、浪费可耻的思想观念，努力使厉行节约、反对浪费在全社会蔚然成风。

奢靡浪费之风盛行，危害不可小觑。被奢靡之风侵蚀之后，人无理想、无道德、无精神、无文化。一是会弱化党和政府自身的凝聚力，弱化党和政府对人民群众的号召力，弱化整个民族的"精气神"。二是会进一步凸显贫富差距之悬殊，加剧社会情绪不满和对立。大量的中低收入者在为基本的生存而奔波。"富人一席饭、穷人一年粮"，如此强烈的反差难道不值得思虑吗？三是会助长浮躁之风。热钱涌动、投资短视、学术造假、选秀风行，踏踏实实做事的人少了，梦想一夜暴富、一夜成名的人多了。整个社会缺乏一种厚重的文化、稳健的气质、埋头苦干的精神。奢靡之风的产生，有体制和社会心理上的原因。一是源于"向上看齐"的冲动。在等级制下，官大了各种享受待遇都高。二是源于不受约束的政府领导的权力。每位主政领导在自己地盘上的权力几乎不受约束。上级需要下级支持才能运转，上级依赖下级，对下级的奢靡难免睁一眼闭一眼。向上级看齐的心理冲动与不受约束的权力结合在一起，就会造成强劲的奢靡之风。三是源于攀比心理。同环境同级别的人，有互相攀比心理在总体上是无法避免的，有的政府领导并不考虑自己贡献如何，首先考虑到的是同级官员谁条件最好，谁最会享乐，就想法向他看齐。四是源于从众心理。如果整个社会变得“人非才举，政由贿出”，即使正直的人为了生存、为了免祸，也难免违心地去送礼，去奉迎。

各级政府领导干部一定要牢记这些历史教训，搞好政府作风建设，防止奢靡之风的出现。为了把奢侈之风关进制度的笼子里，必须从以下几方面做起。一要抓好新形势下的艰苦奋斗的教育。胡锦涛同志指出：“历史和现实都表明，一个没有艰苦奋斗精神作支撑的民族，是难以自立自强的；一个没有艰苦奋斗精神作支撑的国家，是难以发展进步的；一个没有艰苦奋斗精神作支撑的政党，是难以兴旺发达的。”习近平同志强调：“全党同志一定要不忘初心、继续前进，永远保持谦虚、谨慎、不骄、不躁的作风，永远保持艰苦奋斗的作风，勇于变革、勇于创新，永不僵化、永不停滞，继续在这场历史性考试中经受考验，努力向历史、向人民交出新的更加优异的答卷!”① 可见，我们一定要牢记“两个务必”，搞好新形势下艰苦奋斗的教育和实践。二是领导机关和领导干部要以身作则。上有所好，下有所效。领导机关和领导干部带头践行良好作风，会对社会风气产生重要的引导示范作用。三要在艰苦奋斗与“促进消费，拉动内需”之间建立一种辩证的平衡关系。国家建设有赖于国民的消费能力或“内需”程度。但这种消费能力必须是从国家的发展水平出发的，是随着国家经济的发展而不断相应提高的。要引导广大群众牢固树立可持续发展的观念。我国资源有限，必须为子孙后代着想，绝不能让有限的资源在我们这几代人手中透支、耗尽。四是要健全法律规章制度。用制度强化对政府领导权力使用的监督制约，加强审批制度和加大审计力度，堵住超标报账、购物、违规建设等渠道。② 要健全法律制度，以促使先富起来的人正当消费，文明消费，增强社会责任感和社会美德。

五、抛弃主观主义

主观主义是人们非常熟知的一个词语，并在党政机关作风建设中时常

---

① 习近平．全党同志一定要不忘初心、继续前进［EB/OL］．央视网，2016-7-1.

② 中共江苏省委党校课题组．党内脱离群众的“四风”及其矫治策略［J］．党政研究，2013（5）：14.

被作为需要克服的不良作风。1941 年 5 月 19 日，毛泽东同志在《改造我们的学习》一文中指出，主观主义是党性不纯的表现，并明确要求必须反对主观主义，树立理论联系实际的马克思主义学风。1942 年，中国共产党开展了延安整风运动，其中心内容是“反对主观主义以整顿学风，反对宗派主义以整顿党风，反对党八股以整顿文风”。1957 年 4 月 27 日，中共中央向全党发出了《关于整风运动的指示》，决定在 1957 年进行一次普遍深入的整风运动，其中一项重要内容就是反对主观主义。

时至今日，整风运动已经过去六七十年，作为作风建设的重点对象，主观主义也成为各级政府领导干部的大忌，没有人愿意被戴上主观主义的帽子。然而，这种貌似一致性地反对主观主义的态度是否说明我们各级政府领导干部已经彻底摆脱了主观主义呢？事实上，主观主义虽然未必形成了普遍蔓延之势，但其在不少政府领导干部身上仍然或多或少地有所表现。例如，领导说的永远是对的，只要是领导签了字的或做出明确指示的，即使有违原则或脱离实际也照办不误。这种只“唯上”不“唯实”的态度显然无法与主观主义完全脱离干系。再如，自认为工作经验丰富，一味凭经验办事，看不起年轻同志，听不进不同意见，见不得任何批评，这种“九斤老太”式的僵化保守与刚愎自用当然更是与主观主义密不可分。可见，虽然说主观主义已经被我们反复批驳，但其仍然在不少政府领导干部的肌体内作怪。之所以会出现这样的情况，其原因在于“我们的同志对主观主义的认识还不深刻，而这种肤浅更多地表现在对主观主义只停留在书本理论的层面，而没有把主观主义和自己的实际工作挂起钩来进行检讨……这种只在认识上的对主观主义的口诛笔伐，即使再怎么强烈、怎样的义愤填膺，也只能是一种缺乏理性思考沉淀的，出于感性本能的形式而已”①。因此，克服主观主义必须有针对性地采取新的举措。

调查研究是克服主观主义的有力武器。为了避免主观主义，需要大兴调查研究之风。早在 1930 年，毛泽东同志就强调，没有调查就没有发言权，没有正确的调查同样没有发言权。1977 年，万里同志出任安徽省委书记。他上任伊始，就深入农村进行调研。有一次，他在一个农户家里看到一

---

① 李晓梅，刘青. 论反对主观主义［J］. 广东交通职业技术学院学报，2004（1）：126.

位老人和两位姑娘蹲在锅灶口取暖，他主动热情地和他们打招呼："老大爷!"老人没有动。他再喊，老人还是没动。当随行人员告诉老人这是新来的省委书记时，老人缓缓地站了起来。这时，万里同志惊呆了，老人竟没穿裤子。两位姑娘也因为同样的原因而没有挪动半步。万里同志的泪水夺眶而出，他感慨万千："我们革命这么多年，老百姓还穷得连裤子都穿不上!"正是通过这次调查，他对安徽农村的实际情况有了准确了解，并带领安徽省在全国率先推出了为农民减负的6条措施，不仅充分调动了农民的积极性，而且在一定程度上为后来农民自发搞包产到户起到了壮胆作用。

为了加强正确的调查研究工作，一方面要做到有的放矢。"调查研究的过程，就是寻找问题、分析问题、研究对策的过程。"[①] 为了使调查研究取得实效，必须明确调查研究的内容、对象、方法和需要解决的问题，始终围绕问题展开调查和寻找对策，从而提高针对性。另一方面，调查研究要做到深入群众。"知政失者在草野，知屋漏者在宇下。"开展调查研究，必须坚持面向群众，从群众中来，到群众中去，带着感情和责任，抱着虚心学习而不是指导工作的态度来倾听基层的意见和建议。

六、避免教条主义

教条主义是一种夸大理论的作用并简单地照搬照抄理论的不良作风。一方面，教条主义片面地迷信理论，认为凡是本本上讲过的东西都是真理，否则，就是谬误。"山沟里没有马克思主义"，讨论问题往往以本本为依据，从本本中的相关论述出发来评判实践。这就实际上"否定了实践是检验真理的唯一标准，把主观的东西——本本，当作检验真理的标准"。[②] 另一方面，教条主义把理论当作包治百病的妙方，既不根据具体情况来具体应用，也不根据实践的发展而发展，从而使理论成为脱离实践的僵死教条。

教条主义是我们党坚决反对的一种不良作风。在我们党的历史上，从1930年开始明确提出反对教条主义的问题。1930年5月，毛泽东同志首先提出反对本本主义。反对本本主义就是反对教条主义。后来，他在党的

① 蔡宝清. 干部队伍作风建设要大兴四种风气［J］. 中共山西省委党校学报，2010（6）：39.

② 杨春贵. 论反对主观主义［J］. 毛泽东思想研究，1985（3）：42.

八大、延安整风运动等不同时期又多次强调要反对教条主义。邓小平同志在作为党的第一代领导集体的重要成员时，就强烈反对教条主义。他强调："我们不要脱离国家的现实。什么叫教条主义呢？教条主义就是脱离自己的现实。"① "文化大革命"结束后不久，他就对"两个凡是"进行了否定。他指出，"两个凡是"与马克思主义并不相符，是犯了教条主义的错误，必须完整准确地理解毛泽东思想，"不能够只从个别词句来理解毛泽东思想，而必须从毛泽东思想的整个体系去获得正确的理解"。② 江泽民同志指出要一切从实际出发，自觉地把思想认识从对马克思主义的错误的和教条式的理解中解放出来。他强调："不能搞教条主义，不能拘泥于一些具体的论述。马克思主义的生命力，就是在于它在实践中能够不断创新。"③

教条主义的亏我们并没有少吃。例如，王明等人简单地照搬马列主义理论来指导中国革命，这种"唯书"的教条主义错误差点断送了革命。然而，在实际工作中，部分政府领导干部仍然没有彻底摆脱"唯书""唯上""不唯实"的教条主义作风。有的政府领导干部"只重上级指示，不重下级情况异同，只重照抄、照搬、照转文件中的字、词、句，不重对党的文件精神实质的理解"。④ 这种只对上负责不对下负责的行为容易导致理论脱离实际，这种对文件的表面化理解而不是结合实际进行深入领会的做法也容易造成简单套用而不是活学活用。当然，我们反对"唯书""唯上"，并不是否认学习理论的重要性，更不是否定理论对实际工作的指导价值。我们反对的是脱离实际地空谈理论和对理论的盲从，我们提倡各级政府领导干部切实提高理论素质，并在工作中真正做到理论与实际有机结合。

避免教条主义，一方面，需要我们培养反对教条主义的自觉意识。思想是行动的先导。只有在思想上时刻不忘避免教条主义，才能在具体行动中自觉地去防止犯教条主义错误。培养反教条主义意识，离不开马克思主义认识论、实践论的良好素养，这就要求我们要深入学习马克思主义的辩证唯物主义和历史唯物主义，尤其是要深刻领会马克思主义一脉相承的反

---

① 邓小平文选（第二卷）[M]．北京：人民出版社，1994：267.

② 邓小平文选（第二卷）[M]．北京：人民出版社，1994：43.

③ 江泽民．论三个代表 [M]．北京：中央文献出版社，2001：75.

④ 李晓梅，刘青．论反对主观主义 [J]．广东交通职业技术学院学报，2004（1）：127.

对教条主义的思想。反教条主义意识的培养还需要我们从实践的经验教训中加以学习。对经验教训的汲取具有更为直观和更富震撼力的效果。正如恩格斯所言，“伟大的阶级，正如伟大的民族一样，无论从哪方面学习都不如从自己所犯错误的后果中学习来得快”。因此，我们必须深入挖掘革命和建设实践中反对教条主义的正反两方面经验教训，认真进行总结和牢记。另一方面，为了避免教条主义，还必须进一步解放思想，“不唯书”“不唯上”“只唯实”“不能拿本本去框实践，而是要用实践去发展本本”。实践是本源，既有的理论要在实践中加以检验，新理论也必须在扎根实践的基础上逐步形成。任何理论，如果脱离实践，都只能是空中楼阁，哪怕其内在逻辑再严谨，其语言再华美，其体系再完整，都只能是空洞无用的教条，至多只具有审美的价值。

第三节　增强政府领导的作风意识

政府领导作风建设既是一项长期而艰巨的任务，又是一项紧迫而复杂的工作。全面加强政府领导干部作风建设，应增强政治意识，做立场坚定的干部；增强大局意识，做服务大局的干部；增强核心意识，做忠诚可靠的干部；增强看齐意识，做令行禁止的干部；增强责任意识，做敢于担当的干部；增强诚信意识，做诚实守信的干部；增强服务意识，做为民谋利的干部；增强廉政意识，做清正廉洁的干部。

一、增强政治意识

政治意识是指党员干部尤其是领导干部在政治信仰、政治方向、政治立场、政治观点上表现出的对党的正确认知，是发自内心地对党员身份的高度认同和在行动上的自觉维护，其实质就是党的意识在思想行为上的反映。① 对于党员干部来说，政治思想、政治观点、政治立场无处不在，体现在工作生活的方方面面。增强政治意识，就是不论任何时候，特别是在

① 赵朝峰. 强化政治意识，要抓住哪几个关键点［EB/OL］. 人民网，2016-12-6.

复杂多变的形势下，始终保持清醒头脑，具有敏锐的观察力、鉴别力、判断力和政治定力，坚持坚定正确的政治方向。[①] 习近平同志强调指出："全党同志要强化党的意识，始终把党放在心中最高位置，牢记自己的第一身份是共产党员，第一职责是为党工作，做到忠诚于组织，任何时候都与党同心同德。全党同志要强化组织意识，时刻想到自己是党的人，是组织的一员，时刻不忘自己应尽的义务和责任，相信组织、依靠组织、服从组织，自觉接受组织安排和纪律约束，自觉维护党的团结统一。"这是对党员干部特别是领导干部政治意识的基本要求。

理想和信念是政治意识的核心问题。政治意识不是空洞概念，而是与中国特色社会主义伟大事业紧密联系在一起的。中国特色社会主义道路、理论、制度，对不对、好不好、行不行，赞成不赞成、支持不支持、贯彻不贯彻，这是每个党员干部必须面对和回答的问题，也是有没有理想信念的试金石。在这样的根本问题上，党员干部来不得半点含糊、虚假，必须坚定清醒、旗帜鲜明。经验表明，领导干部腐化堕落，一个重要原因就是理想信念的动摇，宗旨意识的丧失。不正之风和腐败问题只是"表"，党的观念淡漠、组织涣散、纪律松弛才是"里"。从怀疑党的理论路线方针政策到背弃党的事业，是一个从量变到质变的过程。一个领导干部心中没有理想目标，结果往往是滑向贪恋荣华富贵；心中没有信仰信念，必然是不讲是非曲直，没有道德底线。从这个意义说，强调增强政治意识，应当是推进全面从严治党、深化党风廉政建设和反腐败斗争的题中应有之义。只有政治上坚定清醒，才能解决好"三观"这个"总开关"的问题，回答好"为了谁、依靠谁、我是谁"这个根本问题，才能避免政治上变质、经济上贪婪、道德上堕落、生活上腐化。[②]

守纪律、讲规矩是政治意识的重要体现。对领导干部来说就是，做事有原则，说话有分寸，行止有遵循。[③] 习近平同志多次告诫广大干部要"严明政治纪律和政治规矩""把守纪律、讲规矩摆在更加重要的位置"。由此可见，守纪律、讲规矩是政治意识的必然要求。

增强政治意识，是党性教育和锻炼的必修课。不能认为自己是领导干部，就不存在政治意识淡薄问题；不能认为自己快退出岗位了，就用不着

---

①②③ 本报特约评论员．增强"四个意识"之一 以清醒的"政治意识"保持坚定正确方向［N］．中国纪检监察报，2016-2-25.

在政治上严格要求自己；不能认为业务工作忙忙碌碌，就不再重视政治方面的锤炼。要像习近平同志要求的那样做政治上的明白人：对党绝对忠诚，始终同党中央在思想上、政治上、行动上保持高度一致，坚定理想信念，坚守共产党人的精神家园，自觉践行社会主义核心价值观，自觉执行党的纪律和规矩，真正做到头脑始终清醒、立场始终坚定。[①] 这些是对党员干部的起码要求，必须一以贯之地保持和坚守。

二、增强大局意识

大局是事物的整体或事物发展变化的基本规律，是宏观的整体局面和全局形势。大局意识强调的是，各级政府领导干部要有顾全大局的观念，正确认识和把握大局，主动服务和维护大局。“不谋全局者不足谋一域，不谋万世者不足以谋一时”。习近平同志强调：“必须牢固树立高度自觉的大局意识，自觉从大局看问题，把工作放到大局中去思考、定位、摆布，做到正确认识大局、自觉服从大局、坚决维护大局。”[②] 强化大局意识既是做好一切工作的前提和基础，又是各级政府领导干部应有的政治觉悟、政治责任和工作作风。只有各项工作都坚持围绕中心，服务大局，以大局为重，才能使政府组织具有强大的凝聚力和持久的战斗力，才能不折不扣地完成工作任务。

从我国的现实来看，在部分政府领导干部中还不同程度地存在着不顾全大局的情况。例如，有的政府领导干部只是被动地贯彻落实上级指示和命令，导致完成工作的标准不高、层级较低。再如，有的政府领导干部视野狭窄，只考虑自己分管的工作，不注意与其他部门或单位的协调配合，导致工作难以整体推进。又如，有的政府领导干部采取“上有政策，下有对策”的做法，用功利的态度看是否对本单位、本部门或本人有利，有利的就执行，没利的就采取搞变通和打折扣的办法进行应付。

值得注意的是，有的地方政府领导干部将大局意识仅仅理解为对中央

---

① 特约评论员．增强“四个意识”之一 以清醒的“政治意识”保持坚定正确方向［N］．中国纪检监察报，2016-2-25.

② 候方威．牢固树立高度自觉的大局意识［EB/OL］．人民网，2014-10-28.

的决策、指示和部署的自觉贯彻落实，而忽视了维护最广大人民的根本利益同样是坚持大局。从我国的现实来看，有的地方政府领导干部把人民群众的合理的利益诉求视为不稳定因素，把牺牲和打压民众的利益表达和诉求当作维护稳定的思路，结果激化了矛盾，从而在一些地方引发了大规模的群体事件，既危害了社会稳定，又损害了人民群众的根本利益，损害了党和政府的形象和威信。新形势下，各级政府领导干部要牢固树立发展为了人民、发展依靠人民的思想，在改革和发展中不断加强党同人民群众的血肉联系，夯实和巩固党的执政基础。①

要从正确的大局观出发，科学把握“稳定压倒一切”的准确内涵，清醒地认识到稳定的局面不是靠“打”和“压”来实现的，而是靠在发展中维护最广大人民的根本利益来达成的。

树立大局意识是党中央国务院对领导干部的根本要求。在思想上，各级政府领导干部必须时刻保持清醒头脑，在举什么旗、走什么路等重大问题上永远与党中央保持高度一致。在行动上，各级政府领导干部要牢固树立全国一盘棋的思想，正确处理好局部与整体的关系，自觉做到小局服从大局，局部服从整体。在维护上级领导上，政府领导干部不能有丝毫含糊，必须有坚决的态度，不能阳奉阴违，表面一套背后一套，特别是要坚决维护以习近平同志为核心的党中央的权威，在思想上、政治上与党中央保持高度一致，一切行动都以党中央的号令为基本准则。② 在遵守政治纪律上，要自觉做到“四个服从”，即党员个人服从党的组织，少数服从多数，下级组织服从上级组织，全党各级组织和全体党员服从党的全国代表大会和中央委员会。党的政治纪律是党的生命线，也是“高压线”。任何党员，不论职位高低，都应自觉遵守党的政治纪律，不能搞“你有政策我有对策”，或以种种借口脱离大局。③ 在个人与组织的关系上，政府领导干部要成为个人服从组织的表率。在工作上有个人的见解和创新性举措是没有错的，但对组织决定的事必须坚决执行，不能以个人意愿代替组织意图，更不应和组织讨价还价。在对待本职工作上，政府领导干部必须把分

---

① 刘熙武．增强大局意识 维护党的权威［J］．党建，2010（6）：25.

② 侯方威．牢固树立高度自觉的大局意识［EB/OL］．人民网，2014-10-28.

③ 陈乃举．共产党人要有大局意识［N］．辽宁日报，2014-7-29.

管或负责的工作扎扎实实做好，这是维护大局的最重要体现。在完成本职工作的过程中，各级政府领导干部既要立足本职，认真履行好自己的职责，又要着眼大局，主动将自己分管或负责的工作融入大局之中，使之成为大局的一部分，认认真真抓出实效，使局部工作不拖大局的后腿。

三、增强核心意识

"核心意识"作为政治用语的表达，经历了一个循序渐进的发展过程并具有密切相关的双重含义：中国共产党是中国特色社会主义事业的领导核心；中共中央总书记是中央领导集体的核心。[①]

增强"核心意识"要求全体党员干部尤其是各级政府领导干部自觉在思想上、政治上、行动上与党中央保持高度一致，并始终坚定不移地把"中国共产党是中国特色社会主义事业的领导核心"与党的执政使命相结合，推进中国特色社会主义事业不断前进。

早在 1954 年 9 月召开的第一届全国人民代表大会第一次会议上，毛泽东同志在开幕词中郑重指出："领导我们事业的核心力量是中国共产党。"这是含有"核心"一词的正式用语，鲜明定位了中国共产党在领导中国社会主义事业发展中的关键性角色。党的八大通过的《中国共产党章程》中规定："党是阶级的最高组织，它必须努力在国家生活的各个方面发挥它的正确的领导作用和核心作用，反对任何降低党的作用和削弱党的统一的分散主义倾向。"这一规定明确了党在国家生活各个方面中的重要作用，即党既要发挥领导作用，又要发挥核心作用。1957 年 5 月，毛泽东同志在接见中国新民主主义青年团第三次全国代表大会代表时指出："中国共产党是全中国人民的领导核心。没有这样一个核心，社会主义事业就不能胜利。"可以看出，毛泽东同志将领导作用与核心作用做了合并，使用了"领导核心"这一用语，并强调党是全中国人民的领导核心。自此，"领导核心"一词被正式提出来。党的九大通过的《中国共产党章程》中就用了"领导核心"的提法，明确强调"以毛泽东同志为领袖的中国共产

---

① 周义程．"核心意识"的历史根据［N］．中国社会科学报，2016 - 10 - 27.

党，是伟大的、光荣的、正确的党，是中国人民的领导核心”。党的十二大通过的《中国共产党章程》则将“中国共产党是中国人民的领导核心”表述调整为“中国共产党是中国工人阶级的先锋队，是中国各族人民利益的忠实代表，是中国社会主义事业的领导核心”。自此，“中国共产党是中国社会主义事业的领导核心”这一表述正式提出并沿用至今，只是后来把“中国社会主义事业”修改为“中国特色社会主义事业”。党的十六大通过的《关于〈中国共产党章程（修正案）〉的决议》（以下简称《决议》）中规定：“中国共产党是中国工人阶级的先锋队，同时是中国人民和中华民族的先锋队，是中国特色社会主义事业的领导核心。”党的十八大通过的《中国共产党章程》中，继续沿用了《决议》中的相同表述。

回顾党的文献史，增强“核心意识”就是要求全体党员干部特别是各级政府领导干部自觉在思想上、政治上、行动上与党中央保持高度一致，并始终坚定不移地把“中国共产党是中国特色社会主义事业的领导核心”与党的执政使命相结合，推进中国特色社会主义事业不断前进。从制度层面看，中国共产党是中国特色社会主义事业的领导核心的政治定位，不仅写入《中国共产党章程》在党内具有权威性依据，而且对中国共产党领导体制形成了有效的体制性保障。从实践层面看，中国共产党带领全国人民建设中国特色社会主义事业所取得的巨大成就，尤其是社会主义市场经济的快速发展和人民物质文化生活水平的不断提高，为党的领导核心地位的巩固提供了强有力的实践支持；党的十八大以来，以习近平同志为核心的党中央坚定不移推进全面从严治党，尤其是坚持以零容忍的态度惩治腐败，为巩固中国共产党领导中国特色社会主义事业的核心地位，提供了强大的政治保障。①

增强核心意识还要求自觉维护总书记这一中央领导集体的核心。最早强调要维护总书记这个核心的是邓小平同志。1989 年，邓小平同志在与杨尚昆、万里、江泽民、李鹏、乔石、姚依林、宋平、李瑞环等中央领导集体谈话时指出：“任何一个领导集体都要有一个核心，没有核心的领导是靠不住的。第一代领导集体的核心是毛主席。因为有毛主席作领导核

---

① 周义程. “核心意识”的历史根据［N］. 中国社会科学报，2016－10－27.

心，‘文化大革命’就没有把共产党打倒。第二代实际上我是核心。因为有这个核心，即使发生了两个领导人的变动，都没有影响我们党的领导，党的领导始终是稳定的。”邓小平同志还强调：“我们中国共产党现在要建立起第三代的领导集体。在历史上，遵义会议以前，我们的党没有形成过一个成熟的党中央。从陈独秀、瞿秋白、向忠发、李立三到王明，都没有形成过有能力的中央。我们党的领导集体，是从遵义会议开始逐步形成的。”

对于中国共产党而言，一个成熟的中央领导集体是十分重要的，而这个领导集体要坚强有力、稳定可靠，就需要有一个核心的领导，而这个核心就是党的总书记。从理论层面看，邓小平同志关于中央领导集体的核心的表述已作了既具体明确又切中肯綮的回答；从实践层面看，在中央领导集体中确立并维护一个核心，既是我们党的优良传统，又是形成成熟稳定的中央领导集体的必然要求。办好中国的事，关键在党，关键在人。在全面从严治党的伟大征程中，增强“核心意识”必然包含：中国共产党全体党员尤其是各级政府领导干部要自觉维护好党的总书记这一中央领导集体的核心，同以习近平同志为核心的党中央保持高度一致。①

总而言之，一个国家、一个政党，领导核心至关重要。今天，行进在新长征路上的中国，面临着经济利益的多元化、社会生活的多样化、组织形式的多态化，我们这样的大国、大党，要凝聚全党、团结人民、战胜挑战、破浪前进，每一名党员尤其是各级政府领导干部要牢固树立“核心意识”。服从谁、围绕谁、拥护谁，检验着每一名党员的“核心意识”。懂规矩、守纪律、讲服从，才能走好路、扛好旗、打胜仗。②

四、增强看齐意识

何谓看齐意识？根据中央办公厅在关于开展“两学一做”学习教育方案中的提法，看齐意识包括“两个看齐”：做一名合格的共产党员必须坚定自觉地在思想上、政治上、行动上同以习近平同志为核心的党中央保持

---

① 周义程．“核心意识”的历史根据［N］．中国社会科学报，2016－10－27.

② 宗国．每一名党员都要牢固树立“核心意识”［EB/OL］．人民网，2016－10－28.

高度一致，经常主动向党中央看齐，向党的理论和路线方针政策看齐，做政治上的明白人。向党中央看齐，向党的理论和路线方针政策看齐是基本要求和普遍原则，任何时期都适用。①

形势越是严峻复杂，越是要增强看齐意识。1945年，毛泽东同志在党的七大预备会议上说："要知道，一个队伍经常是不大整齐的，所以就要常常喊看齐，向左看齐，向右看齐，向中间看齐，我们要向中央基准看齐，向大会基准看齐。看齐是原则，有偏差是实际生活，有了偏差，就喊看齐。"我们党之所以从小到大、从弱到强、不断从胜利走向胜利，重要的一条就是全党上下有着很强的看齐意识，有了偏差就喊看齐、就自觉看齐。② 毋庸置疑，与过去相比，我们今天所处的国际国内形势更为复杂多变，党和政府面临的考验更加严峻危险，因而更加需要强化看齐意识。

从主体来看，党的各级组织、全体党员、党的干部尤其是领导干部，都要自觉遵循看齐意识。习近平同志在中央政治局会议上强调，中央政治局的同志必须有很强的看齐意识，经常、主动向党中央看齐，向党的理论和路线方针政策看齐。③当前，站在新的历史交汇点，面对严峻的执政考验和改革发展的全新任务，各级政府领导干部应在践行"四个自觉"中，切实增强贯彻落实看齐意识的自觉性和坚定性。

一是要确立看齐的思想自觉，坚定信仰信念。思想是本，行动是形，本正则形立。要把学习教育贯彻始终，不忘本忘祖，不忘记最初的价值信仰，认真学原文、读原著，深入学习领会习近平同志系列重要讲话精神，强化党性锻炼，切实把好"总开关"，坚定"三个自信"，真正做到在党言党、在党忧党、在党为党，切实把理想信念转化为行动的力量。二是要增强看齐的政治自觉，做政治明白人。各级政府领导干部要自觉维护中央权威，维护党的团结统一，把对党绝对忠诚作为根本政治要求和最重要的政治纪律。要坚持"高线"、守住"底线"，切实增强政治敏锐性和政治鉴别力，坚持用党性原则和纪律规矩来约束规范言行，始终做到心中有党、心中有民、心中有责、心中有戒，确保在大是大非和利益诱惑面前立场坚

---

①③ 习近平总书记多次强调"看齐意识"的深意［EB/OL］. 人民网，2016-11-3.

② 国平. 强化看齐意识 当好严实表率［EB/OL］. 人民网，2015-12-31.

定，永葆政治本色。三是要落实看齐的行动自觉，做到知行合一。看齐既是一个理论诉求，更是一种实践要求。各级政府领导干部只有躬身践行，才能以“知”促“行”，以“行”促“知”，知行合一，让看齐真正落实到具体行动上。谋事创业要遵照实际情况、符合客观规律，不唱高调，不搞花架子，真正做到脚踏实地、真抓实干。四是要践行看齐的责任自觉，勇于担当作为。要想真正树立看齐意识，强化责任担当是关键。要始终保持干事创业、开拓进取的精气神，在践行五大发展理念、决胜全面小康社会上奋发有为，在转方式调结构、战风险渡难关中主动有所作为。[①] 各级政府领导干部要切实践行群众利益无小事的理念，全心全意为群众排忧解难，一以贯之地坚持不忘初心，继续前进。

五、增强责任意识

责任意识就是清楚地知道什么是责任，自觉、认真地履行自己的职责和任务，并把责任转化到行动中去的心理特征。有责任意识，再危险的工作也能减少风险；没有责任意识，再安全的岗位也会出现险情。“对于政府领导干部来说，职业字典里‘责任’二字十分重要。责任是为官的根本，责任是从政的核心，离开了责任意识，再好的岗位也不能干好，再容易做的工作也会做砸。”[②] 一颗道钉足以倾覆一列火车，一个烟头足以毁掉一片森林。很多给人民群众生命财产造成重大损失的事故和灾难，本来可以避免，却因个别人的一时疏忽或玩忽职守，最终酿成了悲剧，造成了无可挽回的损失。

目前，责任意识淡薄问题在某些政府领导干部身上表现得还比较突出。有的政府领导干部把责任挂在嘴上，忘在行动上，对待工作做一天和尚撞一天钟，不求有功，但求无过，不求实效，但求应付；有的政府领导干部只当官不做事，只用权不尽责，尸位素餐；有的政府领导干部遇到问题绕道走，遇到矛盾避着走，对问题和矛盾唯恐躲之不及；有的政府领导干部对各种错误思想和不良行为不敢抓不敢管，在大是大非面前不敢坚持

---

① 倪明胜．牢固树立自觉践行“看齐意识”[N]．光明日报，2016-2-26.

② 罗时家．责任意识从何来[N]．解放军报，2012-4-24.

原则，放任自流；有的政府领导干部对影响社会治安的苗头性问题，听之任之，视而不见；有的政府领导干部所领导的地区、部门事故案件不断，但牌照打、酒照喝、舞照跳、桑拿照洗……稳坐钓鱼台。更有甚者，一旦出了问题，上面追究下来，往往拿出种种借口，推脱责任。[①] 在其位，不谋其政；掌其权，不履其责，归根结底还是没有解决好为谁掌权和为谁服务的问题。其本质是一切从自身利益出发，对党和国家不负责，对人民群众不负责，只对自己、亲属或小团体负责，这具有十足的危害性。

为了增强各级政府领导干部的责任意识，一是要从公务人员角度树立正确的政绩观。要脚踏实地、埋头苦干，而不能投机取巧、竭泽而渔；是为党和人民谋利益而不是为了谋取个人私利，是为了做好工作而不是为了做给上级看；必须实实在在地推动经济和社会事业的发展，而且要经得起群众、实践和历史的检验。二是要从普通社会人角度树立责任意识。党员干部有自己的岗位和职责，同时，又是一个社会普通人，就应如古人所云："天地生人，有一人当有一人之定；人生在世，生一日当尽一日之勤"，而不能坐享其成、虚度光阴。这样的人生才会充实而有意义。[②] 三是要从政府组织角度大力推行"政府问责制"，对不负责任的政府领导干部依法加以惩处，形成政府领导干部尽责的外在压力。权力只有始终与责任相伴随，才不容易出现权力的异化。只有形成指向明确、措施刚性、反应快速的政府问责制度体系，才能有效监督和约束各级政府领导干部手中的权力，确保政府领导真正做到权为民所用。

六、增强诚信意识

政府领导的诚信意识是各级政府领导干部在处理个人与他人、个人与社会的关系等一系列道德行为中所表现出来的比较稳定的特性或倾向。诚实守信既是一个人最基本的道德品格，也是对公务员职业道德的基本要求。胡锦涛同志在"八荣八耻"中要求，"以诚实守信为荣，以见利忘义为耻"，这既是我国每个公民应遵循的荣辱观，更是对各级政府领导干部

---

① 沈小平. 领导干部要有"责任意识"[J]. 前线，2001 (8)：57.

② 王俊生. 领导干部须强化责任意识 [N]. 石家庄日报，2005-12-11.

的底线性要求。“欲取他人之心，必先守其信”。政府领导干部丢弃了诚信，就意味着毁掉了政府的形象和公信力。

当前，政府领导干部中还存在不少不诚信行为。有的政府领导干部将任前承诺变成“空头支票”，上任前说得是一套，上任后做得却是另一套；有的政府领导干部办事拖拉，允诺给群众办理的事情，却一拖再拖，直到“不了了之”；有的政府领导干部“新官不理旧账”，上届政府领导未完成的工作，下届领导根本不予理睬。面对不能兑现的承诺，面对群众的质疑，有的政府领导干部并不觉得脸红，还冠冕堂皇地以“政策变了、形势变了、环境变了”的统一口径来搪塞群众，根本不对自己的承诺、对党委政府的形象、对群众的利益负责，这是一种很恶劣的“执政腐败”。

增强政府领导干部的诚信意识，一要树立言行相符的信念。这就要求各级政府领导干部必须始终牢记全心全意为人民服务的根本宗旨，始终坚持四项基本原则，始终坚持在立场、观点和政策上与党中央保持一致，始终自觉贯彻落实党的路线、方针、政策。增强政府领导的诚信意识。二要按照社会的道德标准进行自我锻炼和自我改造。这就要求各级政府领导干部无论是在生活中还是在工作中，都应严守诚信。作为掌握公共权力的人员，政府领导干部在个人信用方面的要求，理所当然地应该高于普通公民。政府领导干部必须在工作中保证诚实。在管理制度上应当强调，无论是任何情况、任何原因、任何方式，政府领导干部均不得欺骗组织，欺骗人民群众，违者严肃查处。[①] 增强政府领导干部的诚信意识。三要倡导诚实守信的精神。诚实守信的精神客观上要求各级政府领导干部必须在政治、行为上与党和人民保持高度一致；自觉维护党和政府的形象，自觉服从上级的领导；自觉维护党和政府的权威，坚决抵制与党和政府现行政策、观点不一致的言论，严禁在行政管理活动中阳奉阴违、表里不一。

七、增强服务意识

为人民服务，做人民公仆，这是我们党的光荣传统。让人民群众生活

① 王宏彬，王国鹏. 论领导干部诚信意识的培养［J］. 行政论坛，2003（3）：75.

得更加幸福，是我们党和政府全部工作的出发点和落脚点。围绕这个目标，就必然要求各级政府领导干部进一步增强服务意识，始终牢记和努力践行全心全意为人民服务的宗旨。服务意识是各级政府领导干部为人民服务的本质体现，是建设服务型政府的思想基础，是各项事业蓬勃兴旺发展的根本保证。

目前，在我们的某些政府领导干部中，服务意识淡薄的问题依然存在。有的政府领导干部不愿听、听不进、听不到人民群众的呼声，不愿意、不注意关心人民群众的疾苦，不能想人民群众之所想，忧人民群众之所忧，急人民群众之所急，不能尽心竭力满足人民群众的合理诉求和合法期待。有的政府领导干部将手中权力作为满足不断膨胀的私欲之手段，大肆滥用职权，当官"做老爷"作风严重。这些都与全心全意为人民服务的宗旨相背离，也是各级政府领导干部必须坚决加以摒弃的。

增强各级政府领导干部的服务意识，确立"人民利益至上"的观念是关键。领导就是服务。增强服务意识必须首先解决为谁服务的问题。各级政府领导干部要时刻牢记行使权力的唯一目的就是更好地为人民服务。各级政府领导干部从事一切工作的最终目标就是要不断实现好、维护好、发展好最广大人民的根本利益。在如何用好权这个问题上，各级政府领导干部除了坚持权为民所用，利为民所谋这两个原则，自觉地为人民谋福利之外，决不能有任何自己的特殊利益。各级政府领导干部只有"真正在思想上尊重群众，政治上代表群众，感情上贴近群众，行动上深入群众，工作上为了群众，才能赢得人民群众的信任，才能称得上合格的人民公仆"。[①]

增强各级政府领导干部的服务意识，正确使用人民赋予的权力是核心。各级政府领导干部无论在哪个岗位上，都掌握着一定的权力。检验这些政府领导干部是否有服务意识的一个重要标准就是看其能否真正做到"权为民所用、情为民所系、利为民所谋"。我们的政府领导干部必须明白一个基本的常识，那就是我们手中的一切权力都来自人民，人民才是权力的真正主体。我们只是受人民委托来行使权力，所以，我们只能将权力用来为人民提供服务。一切为了人民，一切依靠人民，一切归功于人民。除

① 本报评论员. 增强公仆意识 坚持权为民用［N］. 人民日报，2007-3-21.

了为人民提供服务，我们的政府领导干部没有任何权力。只有牢记这一点，我们才不会有“做老爷”的官僚主义心态，才不会有滥用权力的举动，才不会用人民的权力来祸害人民。

八、增强廉政意识

廉政意识就是在廉洁从政的先进思想道德观念及其指导影响下，形成正确的权力意识、公仆意识、自律意识、责任意识等各种要素的总和，廉政意识是与那些极端利己主义和拜金主义价值观为代表的腐败文化格格不入和完全对立的，它是社会主义精神文明的重要组成部分。[①]

各级政府领导干部的廉政意识建设应以邓小平理论、“三个代表”重要思想和科学发展观为指导，以科学的世界观、人生观和价值观为基础，以正确的权力观和群众观为准绳，最终形成克己奉公、廉洁为民的良好作风。

改革开放以来，随着我国经济社会的迅速发展，部分政府领导干部走上了以权谋私，假公济私，搞权钱、权色交易的违法犯罪道路，既彻底葬送了自己的前程甚至性命，又严重损害了广大人民群众的利益，还大大影响了党和政府的形象。实事求是地说，大多数腐化变质的政府领导干部刚踏上工作岗位时都具有良好的政治素质和正确的理想信念，也为党和人民做出过一些贡献。遗憾的是，随着职务的提升和权力的扩大，一些政府领导干部逐步丧失了廉洁从政的意识，并萌生了权欲、钱欲、色欲等一系列贪欲，最终坠入了腐化堕落、违纪违法的深渊。走上腐败之路的政府领导干部大多有一个共同的人生轨迹：苦难的童年、奋斗的青年、上升的中年、悲惨的晚年。为什么这些政府领导干部总是跳不出这个怪圈？廉政意识的丧失无疑是一个重要原因。孔子曾言：“饮食男女，人之大欲存焉”。可是，“欲”一旦毫无节制地任其发展，就会超过一定的限度并演变成贪欲，就会害人、害己、害社会。

当今社会，形形色色的诱惑日益增多，拒腐防变的压力日益加大，政

---

① 任建华. 关于廉政意识的哲学思考［J］. 品牌，2009（Z4）：71.

府领导干部节欲的考验日益严峻。如何才能做到时刻不忘廉洁自律，不为名所动，不为利所害，不为色所诱，坚持“干干净净干事、清清白白做人”，是每个政府领导干部必须解决好的重大问题。增强廉政意识，永远保持清正廉洁，最重要的是要做到“五慎”。一要慎微。在拒腐防变问题上，每一位政府领导干部都要时刻牢记“勿以恶小而为之”，时刻不忘重视小节，时刻不能放过小事。有这样一则寓言，有个偷针者和偷牛者一起被游街，偷针者感到委屈，发牢骚说：“我只偷了一根针，为什么和盗牛贼一起游街，太不公平了!”盗牛者对他说：“别说了，我走到这一步也是从偷针开始的”。其实，一个政府领导干部不可能在一夜之间成为腐败分子，其走向腐化堕落大多是从不注意小事小节开始的。二要慎独。“兰花生于幽谷，不因无人而不芳”。政府领导干部即使在自以为无人知晓的情况下，也不能放松对自己的要求，也要常怀律己之心，常思贪欲之害，自觉地坚持自省、自警、自励，做到抵得住诱惑，耐得住寂寞，守得住清贫。三要慎行。政府领导干部要时刻注意自己的行为，千万不要在灯红酒绿中流连忘返，在编织关系上乐此不疲，在追名逐利中忘乎所以。四要慎权。权力是一把双刃剑，权力能使人高尚，也能使人堕落，能成就一个人，也能毁掉一个人。凡是用权力经营起来的“花园别墅”，往往会成为埋葬自己的“坟墓”。因此，政府领导干部在用权问题上一定要慎之又慎，要始终保持一种如临深渊、如履薄冰之感。绝不能一朝权在手，随意去办事，肆意乱作为。五要慎欲。得陇望蜀，欲无止境。每个政府领导干部都要节制自己的不正当欲望。有的政府领导干部之所以在权、钱、色等的诱惑下坠马，其根源无不是为欲所困、为欲所害，官欲、权欲、钱欲、色欲、名欲等太盛。

思考题

1. 习近平同志指出：“当官就不要发财，发财就不要当官。清清爽爽、义无反顾地去当官。不要把当官作为一个满足无穷贪欲、获得无限私利的捷径，那样迟早要完蛋。”请问你是如何理解这句话的?

2. 周恩来同志指出：官僚主义是“领导机关最容易犯的一种政治病

症。”请问党政机关工作人员个体怎样才能抛弃官僚主义？

3. 有人认为，中共中央委员会特别是中央政治局和中央政治局常委会是对全党实行集中统一领导的核心，而在中央政治局常委会这个核心领导层要形成一个中央领导集体中的核心。请问你是如何理解这种观点的？

参考书目

1. 中共中央纪律检查委员会，中共中央文献研究室．习近平关于党风廉政建设和反腐败斗争论述摘编［M］．北京：中央文献出版社，中国方正出版社，2015.

2. 中共中央宣传部理论局．全面从严治党面对面［M］．北京：学习出版社，人民出版社，2017.

3. 本书编写组．制度治党：十八大以来全面从严治党新规定［M］．北京：红旗出版社，2017.

4. 郭广银．全面从严治党［M］．南京：江苏人民出版社，2015.

5. 王世谊，周义程．权力腐败与权力制约问题研究［M］．北京：中国社会科学出版社，2011.

第十章

政府领导的形象建设

政府领导干部形象是党和政府的重大政治资源，形象塑造过程也是领导者行为的过程。领导者形象是由一系列行为符号组成的复杂系统。这些符号在领导实践中构成了领导者的整体形象，也是人民群众识别领导者行为表达的路径。在新形势下，领导干部形象的优劣对于经济社会建设与发展有着极大的关系。有句古老的格言说得好："最有利证明自己的方法不在于你怎么说，而在于你怎么做!"一个领导干部要在群众中树立良好形象，不是靠其地位和权力炫耀出来的，而是靠其内在素质和实际行动塑造出来的。因此，领导干部要努力加强自身修养，要不断地内强素质，外塑形象。

第一节 自我管理

政府领导自我管理，指的是政府领导根据所处的外部环境和自我的内部状态不断自我更新，自我超越的动态过程。自我管理是影响领导干部持续健康发展的关键要素。

一、压力管理

压力是身体对外界需求的反应。压力出现时，人本能地调动身体的内部潜力来应付各种刺激因素，并伴随着一系列生理心理变化，进而影响个体的行为方式。

（一）政府领导的压力源

压力源，即压力的起因。政府领导的压力源来自工作生活各个方面，如工作压力、生活压力、组织压力和社会压力等。在此，主要从岗位职责、人际关系和知识能力提升三方面阐述政府领导的工作压力。

1. 岗位职责的压力

我国正处于全面建成小康社会的决胜阶段，我们党面临严峻考验，每位领导干部承受着极大的岗位职责压力。一是岗位职责的压力来源于任务之繁重。地区的经济要发展、社会要稳定、文化要繁荣、生态要保护，领导干部“五加二”“白加黑”地超负荷工作着，全面推进社会主义现代化建设的压力甚大。二是岗位职责的压力来源于责任之重大。责任是领导干部的职责所在，领导干部要敢于担当，善于决策。而领导决策时受到很多主客观因素的局限。同时，“领导责任问责制”“一票否决制”“绩效评比考核制”以及客观上存在的如火灾、洪水、地震和生产安全等“人命关天”突发事件的提防与忧虑等，使得领导干部工作压力骤增，内心承受极大的心理压力。

2. 人际关系的压力

中国人历来重视熟人关系的搭建，特殊的中国文化使得人际关系处理成为政府领导工作生活中相当重要的一部分。政府领导的人际关系比较复杂，既有同事的交往，又有朋友的交往；既有上级的交往，又有下级的交往，还有平级的交往；既有工作圈的交往，也有生活社交圈的交往。政府领导必须营造、平衡和妥善处理上下左右复杂的社会人际关系，有时不得不戴上职业的面具，掩藏真实的自我，长期处于心理疲劳状态之中，心理压力甚大。

3. 知识能力提升的压力

政府领导具有较高的成就动机和认可需求，具有较强的自我实现欲望，希望在工作实践中获得优异业绩，实现自我价值。而在社会转型时期，政府面临许多新挑战：思想难以统一，利益难以协调，矛盾难以化解，突发事件难以处置，领导干部如履薄冰，时常出现不同程度的“知识恐慌”“能力恐慌”。面对不断显现的新情况、新问题、新挑战，领导干部遇到了老知识不管用、新知识不够用的问题，感觉自己领导科学发展、维护社会稳定、解决民生问题的能力不足，心理压力增大。

（二）压力的积极与消极作用

压力是个中性词，既有消极的一面，也有积极的一面。人们往往给它赋予了太多贬义色彩，将它与绩效不佳、健康问题、工作满意度下降等一些消极行为相连，而忽略了适度压力的积极作用。压力是一把双刃剑。过大的压力使人精疲力竭，甚至引起身体疾病。适度的压力则可使人处于兴奋状态，集中注意力，提高忍受力，激发人的内在潜能。科学有效的压力管理将作用于政府领导的压力调节到适宜水平，最大化压力的正面效应。

1. 压力的积极作用

积极、适度的压力是驱动政府领导超越平凡的动力。“天将降大任于斯人也，必先苦其心志，劳其筋骨，饿其体肤，空乏其身。”①

通过设计有挑战性的目标、激发内在的成就动机等手段，形成适度的心理压力，促使政府领导在工作中全身心投入，激活内在潜能，增强机体活力，取得最佳绩效，获得满足感、成就感等高层自我价值实现感。

2. 压力的消极作用

政府领导心理压力过度，长期处于应激状态，就会导致生理方面的变化。同时，如果压力过大，政府领导最初的兴奋感逐渐消失，工作满意度下降，随之而来的是工作绩效的下降，并伴随诸如紧张、焦虑、易怒等心理症状，对个体心理健康产生消极影响。

（三）负面压力的舒缓对策

在工作生活中，政府领导会遇到形形色色的压力，这就需要弄清楚自己受困的压力源。只有找准压力源，才能做到对症下药，有的放矢。一般说来，负面压力的舒缓策略包含减压与放松两种类型。减压方法注重心态的调节，放松方法侧重身体的放松。

1. 减压方法

减压技术通过提升自我管理能力，增强信心，提高个体心理抗压力。在此，我们主要探讨合理的目标管理、科学的时间管理、有效的授权管理和宽广的支持网络四种方法。一是通过合理的目标管理缓解压力。根据当前各方面状况，领导干部将暂时达不到的目标分解为若干短期目标：第一阶段的目标是什么？第二阶段的目标是什么？最终的目标是什么？通过短期目标的制订，政府领导将注意力集中在完成当前的工作目标上，而不是

---

① 孟子·告子下.

担忧将来可能发生的不愉快事件。在短期计划中，政府领导获得小步子成功，达成实现最终目标过程中微小但明确的进步。虽然孤立地看每一小步成功都是微小的，但小步子成功累积起来就可帮助政府领导树立信心，降低压力感，并一步步接近最终目标。二是通过科学的时间管理缓解压力。政府领导经常遭遇需要完成的工作太多、时间太少而产生的压力，这就需要进行有效的时间管理以舒缓压力。在领导实践中，重要而紧急的工作是不得不做的、需要立即加以处理的工作，通常占据主导地位。但是，将所有时间用于这一类型的工作，并不一定能使问题真正得到解决，有可能只是“头疼医头、脚疼医脚”。政府领导应清楚区分什么是重要的，什么是紧急的，把时间用于重要而非紧急的事情上，建立使问题得到最终解决的体制，以减少遭遇突发紧急事件的可能性。三是通过有效的授权管理缓解压力。对于政府领导来说，事必躬亲不可取，学会授权才是缓解压力的法宝。政府领导集中精力，突出重点，抓住事关组织生存与发展、带有全局性问题的决策权、监督权等。而其他事项则因时、因事、因人、因地、因条件的不同，确定不同的授权方法及权限大小等。四是通过宽广的支持网络缓解压力。每位政府领导都会遇到困境与挫折，建立宽广的支持网络不可避免且十分必要。政府领导需要依赖于他人的合作与支持，需要搭建包括亲友、同学、同事、邻里等在内的支持网络，建立相互信任、尊重、关爱的友善关系，共同分享快乐与痛苦，从而减轻精神紧张，缓解心理压力。

2. 放松方法

放松通过音乐、阅读、运动、冥想、倾诉、旅游等行为减压方式，消除紧张，放松身心，改善机体免疫力，提高个体心理抗压力。在此，我们主要探讨音乐、阅读和运动这三种方法。一是通过音乐放松自我。领导干部挑选一首有特殊吸引力的音乐，坐在喜欢的椅子里，把音乐调节到喜欢的音量，沉浸于音乐之中荡涤人体内的消极力量，聆听内心深处真实的声音。值得一提的是“莫扎特效应”，莫扎特的乐曲优美动人，其高音频的乐声伴着和谐生动的旋律，在活化生命之余舒缓身心，弥合感情创伤，减轻精神压力。二是通过阅读放松自我。当处理完群众上访事件之后，在出席好重要会议与接待之后，领导干部打开书本，亲近书香，体会与尘嚣隔绝的宁静，体悟丰富有趣的大千世界，此时便是人生最快乐悠闲放松的时刻。忘却繁杂的工作，动荡的人世，政府领导在阅读中与那些伟大灵魂对话，体会历史的残缺与完美，感受世界的无奈与精彩，体悟生活的苦涩与醉人，让书籍圣洁的光芒照亮内在的灵魂，缓解压力，提升心性。三是通过慢运动放松自我。政府领导可通过慢运动，在深度的宁静状态中将身体安顿于一种舒适、平稳的姿态之中，聆听身心的窃窃私语，舒缓压力造成的负面作用。瑜伽、太极拳、散步、钓鱼、健身气功等都是很好的慢运动。在慢运动中，领导干部自控身心，外观世界，与万事万物相协调，抚慰疲惫的心灵，缓解心理的压力，感悟生命的意义和价值，达到身体、心灵与精神的和谐统一。政府领导通过压力管理把压力调节在一个合适的范围内，充分享受压力带来的益处，并把压力的损害降到最低，体现了积极主动的生活智慧，是政府领导获得人生全面和谐发展的有效途径。

二、情绪管理

情绪是人对客观事物的态度和体验。人类的情绪表现多种多样、千姿百态。根据情绪对人产生的影响效果来看，可以将之分为正面情绪和负面情绪两大类。爱、感激、希望等都是正面情绪，帮助我们克服人际冲突，以积极的状态坦然面对人生。恐惧、抑郁和愤怒等则是负面情绪，对工作与身心健康都有不利影响。

（一）情绪对领导活动的影响

在领导活动中，领导干部接触大量繁杂的人和事，必然表现出满意、愉快、兴奋、厌恶、忧伤、恐惧等各种情绪。情绪贯穿于整个领导工作之中，影响着政府领导的领导活动。一是情绪影响着政府领导的决策过程。在决策中，领导班子的利益和愿望并不完全一致，他们对不同群体有着不同的情绪与情感，内心深处的情绪情感以直觉的方式影响着他们对不同群体的想法，影响最终的决策。二是情绪影响着政府领导的用人过程。政府领导倾向于任用自己对其有肯定性情绪体验的人，而避免任用自己对其有否定性情绪体验的人。毫无疑问，政府领导与自己喜爱和欣赏的部属沟通更为顺畅，配合更为默契。三是情绪在政府领导人际关系中起着信号、表达和感染作用。下属乐于接近情绪积极的领导，而对于情绪消极多变的领导，下属则敬而远之。政府领导情绪的状态影响着个体的心态与行为，进而影响地方经济社会发展的具体实践。

（二）负面情绪的来源

政府领导私下里常有诸如“有想法实现不了”“没劲”“想应酬，又烦应酬”等抱怨，折射出我国政府领导存在较为严重的负面情绪。政府领导不良情绪问题的存在，不仅影响领导个体的政治进步和身体健康，也影响着政府系统的工作效能和政府在公众心目中的形象。政府领导负面情绪产生的原因较复杂，概括起来主要原因如下。一是源于心理不平衡的负面情绪。在改革开放进程中，绝大多数干部讲党性、顾大局、守纪律，也有少数干部心浮气躁，内心或多或少存有一些不平衡心理。与同事比，总觉得自己资历深，却升得慢；与上级比，总认为自己水平高，却屈居人下；与企业高管比，总觉得自己贡献比他们大，却远不如他们富裕。领导干部试图追求一种“新的平衡”，当难以达至时负面情绪油然而生。二是源于天花板效应的负面情绪。在中国延续几千年的“学而优则仕”思想和“官本位”价值取向影响下，政府领导把行政级别视作最重要的价值标准，将追求更高的职位和更大的行政权力作为人生的重要目标。干部人事结构呈金字塔模式，金字塔上方的领导只占据少量比例，大部分人沉淀于金字塔下端。干部选用过程中，一些地方和部门对干部任职年龄做出规定，任职年龄层层递减，导致在一定年龄段下出现了一大批“天花板”干部。有些干部自认为能力很强，应该被提拔重用，却因年龄原因在原地踏步，逐渐丧失工作兴趣和动力。三是源于难以满足公众需求的负面情绪。中国社会急速转型，在经济发展的同时，区域之间、城乡之间以及不同群体之间存在着不平衡现象，社会不确定性因素增加，危及和谐社会构建。公众对生活中的分配不公、高通胀、贪污腐败、信仰缺失等现象有所担忧和不满。面对公众的需求和期望，部分政府领导感觉非一日之功，更不是举一己之力就能彻底满足，心有余而力不足，内心滋生挫折感、失落感等负面情绪。

（三）积极乐观情绪的培养

大凡重要的领导人，无不具有高尚的情操和积极乐观的情绪。在此，主要从树立正确人生观的角度探讨政府领导积极乐观情绪的培养。所谓人生观，是指对人类生存目的、价值和意义的看法，其核心问题是如何认识和处理个人发展同社会进步的关系，即私与公的关系。培养积极乐观的情绪，关键在于是否树立了为人民服务的正确人生观。有些领导干部总感到不幸福、不快乐，究其原因是没有树立为人民、为社会、为他人谋利益的观念。沉浸于自我得失之间，怨气贪欲塞满心胸，就会处于消极情绪之中而不能自拔。而一旦领导干部跳出小我，正确对待个人的升降进退，正确处理个人与组织、眼前利益与长远利益的关系，树立全心全意为人民服务的人生观，把为人民谋利益作为人生的出发点和归宿，积极乐观的情绪就会油然而生。正如孔繁森所说，"一个人爱的最高境界是爱别人"。领导干部始终视自己为人民的勤务员、人民的公仆，对人民始终怀着关爱之心、关爱之情，从而转化为关爱之举、关爱之行。政府领导的关爱不因个人的好恶与情境的变化而变化，也不为他人的情绪所左右，而是持之以恒地体现于领导过程的各个环节之中。这种主动、普遍、无私的关爱来自对事业的充分认同，它使领导时时具有坚定的信念与充沛的精力，处处保持睿智的目光与冷静的头脑，敏锐地体察他人的情感变化，激励、唤醒和鼓舞着他人，从而能恰当处理各种事件，妥善解决领导实践中出现的任何难题。领导干部坚持人民利益高于一切，把为人民谋利益作为一切言论和行动的宗旨，急人民所急，想人民所想，进而情绪得以调和，灵魂得以升华。从这个角度来看，关爱是政府领导精神成长的沃土，是政府领导情绪管理的核心。在为人民服务、造福的同时，政府领导由衷地感受、分享着无限幸福。对于政府领导来说，保持良好情绪不仅是人格健全的重要标志，也是正确实施领导行为、成功履行领导职责、切实提高领导效能的基本前提。政府领导要注重自我的情绪管理，找寻适合的情绪管理方法，以塑造和培养积极乐观的情绪。

三、性格管理

性格是指表现在人对现实的态度及与之相适应的行为方式中比较稳定

的心理特征的总和。性格是一个人最鲜明、最重要、最核心的个性心理特征，反映着个人的胸襟、度量、意志、脾气和性情，影响着个人的精神状态，决定着个人的行为特征。

（一）性格与领导行为的关系

政府领导的性格差异造成不同的领导风格。一般来说，敢于冒险、勇于牺牲的领导干部，领导风格是勇猛型的。性格内向、深沉练达的领导干部，具有稳重型的领导风格。性格随和、刚柔相济、善于变通的领导干部，其领导风格是灵活型的。领导干部不同的性格特征，构成了不同的领导风格，领导效果也必然有所不同。此外，政府领导的性格无时不影响和感染着下属，影响着政府领导的人际关系。如果政府领导的性格好，下属与其相处就会产生一种融洽的交往心境，对下属的影响力、感召力也会大大提高。若性格不好，下属会因此产生压抑感，工作积极性受到影响。可见，政府领导的性格不仅具有一般意义上的个人属性，其社会属性上的作用和影响也是显而易见的。培养良好的性格特征，增强领导魅力，是政府领导不容忽视的重要领域。

（二）挖掘性格潜能的方法

任何一种性格都有其优点和缺点。如性格外向的领导对人热情，敢说敢做，但有可能会比较粗心大意；而性格内向的领导遇事沉稳、内敛，但有可能缺乏魄力和果断。面对纷繁复杂的现代社会，政府领导需要科学识别自身性格的优劣，不断完善自己的性格，以提升领导效能。优秀性格特征的养成，并非简单受客观外界因素的影响，而是主客观相互作用的结果。在挖掘性格潜能过程中，我们可从如下三方面加以关注。

1. 循序渐进，改善性格

改善性格不能操之过急，而要从最能反映或暴露你的性格弱点的小事做起。比如，若想改善性格急躁的不良习惯，可以把克服的过程分为几步。第一步，克制火气。在将要发火时，使自己先冷静下来，默数到十或是迅速离开现场。第二步，不但不发火，表情还要自然。第三步，不但能抑制火气，还能潇洒自如，用幽默来化解别人的火气。如此循序渐进，一点一滴改变，以求从量变完成质变，逐步改善性格。

2. 养成习惯，完善性格

俗话说，“积习难移”“习惯成自然”。在行为的支配中，习惯的力量比任何理论原则的力量都要更大。性格修养的关键，在于努力培养自己良好的生活习惯和工作习惯。比如，要培养“有序”的性格，平时就要将东西放置有序，生活规律，时时处处严格要求，最终培养严谨和有条理的习惯。针对性格的弱点，有意识地培养与之相反的行为习惯，通过新行为习惯的养成去克服原来的性格弱点，不断完善自我的性格。

3. 实践锻炼，磨炼性格

性格磨炼是一个考验自我、战胜自我的过程，是一个苦其心志、劳其筋骨的过程，具有一定的长期性、艰巨性和挑战性。世界上从来没有十全十美的性格，也从来没有天生的胜利性格和失败性格。领导干部坦然接受自身的性格优劣，制订一个发扬性格优点、克服性格弱点的长期计划，坚持在不同的环境中、不同的岗位上、不同的条件下加强实践锻炼，不断磨炼性格。

（三）完善性格与领导力开发

完善性格，是提升领导力的必由途径。一位优秀的政府领导应具备沉稳、果敢、坚强、宽容、诚信、担当等良好的性格特征。在此，主要从沉稳、果敢、宽容、担当几个角度探讨政府领导的性格优化。政府领导与下属的性格匹配与互补，直接影响员工主观能动性的发挥，影响着领导效能与组织绩效。政府领导需要清晰认知自己性格的优劣，不断磨炼，不断优化。

1. 沉稳

沉稳是政府领导性格成熟的外在表现。在领导实践中，有的领导上任伊始，情况还没摸清楚，就不加分析地提出自己的“新思路”“新口号”。有的领导偏好于不断创新，发展思路求“新”、求“奇”，上年确定的思路还未曾落实，来年又提出“新思路”，华而不实的“新思路”“新口号”一个接一个，组织成员无所适从疲于应付，造成人力、物力、财力的浪费，不利于组织发展。政府领导要步调稳健地深入事物深处，冷静专注地妥善对待任何人与事，从容面对生活中出现的任何危机，人生中经历的任何风雨，不以个人或一时的喜怒哀乐轻易做出决策，不以铺张造势、轻率更改为能事，不因一时不慎而招致不必要的麻烦，全力以赴地专注于自己的核心竞争优势领域，将之做深、做透、做专、做强。当今社会，各种矛盾错综复杂，一旦应对不当，极易激化社会矛盾，发生影响社会稳定的事件。时间是解决问题的良药，这正如英国作家悉尼所指出的，“在事情未明朗之前，不要有妄下判断的鲁莽行为。因为我发现，只是24小时之差，看法就是天壤之别”。待了解真相、情绪平稳之时，政府领导三思而后行，谋定而后动，审时度势，顺势而行，用自身的静气稳定人心，从容不迫地带领组织成员共同找寻解决问题的方法。

2. 担当

政府领导是我国改革发展大业的领导者、组织者和推动者，敢于担当、善于担当是职责所在，也是立身之本。只有敢于担当，不畏艰难困苦的挑战，不怕牺牲个人利益甚至宝贵的生命，才能真正做到权为民所用、情为民所系、利为民所谋，才能把生机勃勃的中国特色社会主义伟大事业不断推向前进。当前，我国正处于全面建成小康社会的决胜阶段，有许多难题需要破解，有许多未知领域需要探索。而少数领导干部遇事推卸责任，不敢触及矛盾，不敢面对冲突。在复杂的矛盾和局面面前，或回避，或转移，或不敢拍板，或不思进取，贻误了处理矛盾的最佳时机，使矛盾不断积累甚至激化，党和政府的形象受到了严重伤害。在改革开放和社会主义现代化建设的伟大进程中，机遇与挑战并存，困难与希望同在，领导干部要坚持勇于担当的品格，多一些付出，少一些休息，多一些吃苦，少一些享受。在错综复杂的矛盾中，当无法预见到事物发展的结果时，领导干部要敢于坚持正气，勇于坚持真理，不怨天尤人，不随波逐流，下功夫、作决策、求突破。在急难险重任务面前，领导干部要有敢为天下先的勇气和魄力，不回避、不推诿、不扯皮，主动靠前请命，勇挑重担，忠诚履责，尽心尽力，为民解难。

3. 宽容

宽容绝非不明是非，不讲原则，而是襟怀坦荡，与人为善，以大局为重的气度和美德。在领导实践中，有些领导遇到不顺心的事就训人骂人，听到不同意见和观点就怒形于色；有些领导听到群众表扬时心花怒放，听到群众批评就怒气冲天；还有些领导心胸狭窄，生怕别人功绩突出，影响自己进步。这些现象的出现，说到底是领导干部没有宽容之雅量。价值差异性、多样性是客观存在并且是无法避免的。承认世界的差异性、多样性，洞烛人性的复杂性和矛盾性是宽容的精神内涵之一。在纷繁复杂的工作中，每个人的知识、经验、能力不同，所处地位角度不同，难免对某些事情的评判产生差异，难免对处理事情的方法存在不同，如果领导不从积极向上的方面分析动因，就容易使他人产生恐惧心理，以致影响团结，贻误事业。相反，政府领导不以权力因素树威信，而以博大的胸襟宽以待人，充分发挥个体能动性，讲政治、讲大局、讲尊重、讲信任、让自己的领导意志变成下属自觉行动，共同挑起重担完成任务。

4. 诚信

诚信乃为政之枢要。改革开放以来，不仅体制机制发生了深刻变革，社会价值观念、道德伦理、个人心理和社会心理等方面也发生了巨大变化。中国正处在跨越式发展的关键阶段，领导干部的诚信经受着诸多考验。一些部门积弊丛生，却视而不见，一味“报喜不报忧”，说假话、办假事、造假数字、大吹大擂“数字注水”。少数领导干部口是心非、言行不一、弄虚作假、愚弄百姓，甚至以权谋私、贪污腐败，这些问题都损害着社会和谐的基础，造成党和政府的公信力流失，对社会风气产生严重误导。作为党的各项事业的组织者和领导者，领导干部要“明是非、辨真伪”“言必信、行必果”，堂堂正正做人，老老实实做事，带头做光明磊落、襟怀坦荡的人。只有在工作中切实做到以诚待人、以信取人，做诚信的表率，才能够赢得群众的支持和拥护，为我们党打下坚实的群众基础。

第二节 领导影响力

领导者的影响力是指在领导过程中，领导者以其特殊身份和个性魅力，有效影响和改变他人心理与行为的一种能力或力量。领导者如果不能有效影响或改变被领导者的心理或行为，就很难实现领导的功能，组织目标就无法实现。领导者对被领导者的影响力可分为：权力性影响力和非权力性影响力。领导者这两种影响力作用发挥的状况，决定着他对一个团体或一个组织的影响程度。在实际工作中，领导效能的高低，不仅受到权力性因素的影响，而且受到非权力性因素的影响，特别是民主开放的今天，领导者的非权力性影响力起着越来越重要的作用。

一、权力性影响力

领导者权力性影响力又称强制性影响力，此种影响力不是每个人都有的，是领导者特有的影响力，主要源于法律、职位、习惯等，它是由社会赋予个人的职务、地位和权力等形成的影响力，带有法定性、强制性和不可抗拒性。这种影响力的获得与职位和权力的获得是同步的，它通过外推力的方式发挥作用。

（一）权力性影响力的相关因素

一般来说，一个领导干部被任命担任某一职务，就具备了相应的权力性影响力。这种影响力具有强制性，在一定程度和范围内是有效的。权力性影响力使被领导者产生服从感、敬畏感、敬重感，是“权”的体现。它的核心是“权”，属于“硬”影响力。当然，这种权力性影响力不是领导者的现实行为造成的，是外界赋予的，它具有阶段性，对人的心理和行为的激励作用是有限的。与权力性影响力相关的影响因素有传统因素、职位因素和资历因素等。

1. 传统因素

传统因素是指领导者的权力性影响力受到历史和传统观念的沿袭。传统观念认为，领导者不同于普通人，是有权、有才、有能力和不同凡响的人，这在某种程度上增加了领导的影响力，自然获得了这种力量，使人们产生服从感。特别在中国这样一个封建社会漫长的国家，在老百姓的意识中，只知有官，怕“官”，不知有法的现象可谓比比皆是。这种观念逐步成为某种形式的社会“规范”，影响着被领导者对领导者的服从感，这种传统观念所产生的影响力普遍存在。

2. 职位因素

职位因素是指个人在组织中的职务与地位。职位因素造成的影响力是具有法定基础的，与领导者本人的素质条件没有直接关系，是由社会组织赋予领导者的一种力量。领导是一种特殊的职务，也标志着个人的地位，居于领导地位的人，组织授予他一定的权力，而权力使领导者具有强制下级的力量。领导者的职务直接决定着影响力，职务越高，权力越大，影响力也就越强。同样一句话，出自不同职务领导者之口，影响力就大不一样，这就是一种职务效应。居于领导地位的人，由于组织赋予他（她）一定的职权，可以发布命令，施行奖惩手段，在一定程度上可以左右下级的行为，这种权力性影响力是以合理、合法的权力为基础的，是社会组织赋予领导者的一种力量，凭借权力可以左右被领导者的行为、处境、前途以致命运，使被领导者产生敬畏感。

3. 资历因素

资格、阅历和经历是领导发挥影响力的资本，是个人历史性的因素。一个老领导和一个年轻领导在被领导者心中的分量就可能会有差异。资历因素也能产生领导的影响力，使下属产生敬重感。

（二）权力性影响力的正确使用

在新的历史时期，对于拥有权力的领导者来说，既是一个大展身手的舞台，也是一个人生观、世界观、权力观的考场。在这个舞台和考场上，要有很强的影响力、号召力和凝聚力，在群众中有较高威信，能任人唯贤、知人善用，团结同志，眼界超前，精于激励，敢于授权，善于协调和勇于实践。

1. 正确认识权力

正确行使权力，全心全意为党和人民工作是领导者立身处事的原则。习近平同志在《之江新语》中指出：“中国古代有一种哲理：国家之权乃是‘神器’，是个神圣的东西，非‘凡夫俗子’所能用。党员领导干部务必珍惜权力、管好权力、慎用权力。正确行使权力，掌权为公、用权为民则群众喜、个人荣、事业兴；错误行使权力，甚至滥用权力，掌权为己、用权于私，则群众怨、声名败、事业损……要树立权力就是服务的意识，经常想一想自己手中的权力是从哪里来的、应该为谁所用这个重要问题，自觉做到用权为公而不为私。”端正自己的世界观、人生观，正确认识和行使手中权力，始终牢记自己手中的一切权力是人民赋予的，掌握权力就意味着背负责任，职位越高、权力越大，所肩负的责任就越重。领导者要时时处处对权力保持清醒和敬畏，才能不断去查找自身的差距和不足，反思自己的言行，认真履行自己的责任。如果对权力无所畏惧，就会恣意用权、滥用职权，最终走上犯罪的道路。

2. 正确使用权力

习近平同志提出：“我们的人民热爱生活，期盼有更好的教育、更稳定的工作、更满意的收入、更可靠的社会保障、更高水平的医疗卫生服务、更舒适的居住条件、更优美的环境，期盼着孩子们能成长得更好、工作得更好、生活得更好。人民对美好生活的向往，就是我们的奋斗目标。”① 要将权力用到该用的地方，用到为人民谋利益的事情上。任何时候都不能凌驾于组织之上，常思贪欲之害，常怀律己之心，真心实意为人民谋利益。使用权力性影响力更多地带有执法的性质，使用权力的人，不仅要按照规章制度办事，更要真正做到秉公处事。每一个领导者都必须清楚地意识到，过多地采用强制性手段，即使权力行使是正确的，也会使部属产生驱使感。权力性影响力的最大限度发挥，并不在具体行使的时候，而往往在它行使之前，换言之，利用合法权利作为预见动机、引导动机、改造行为的后盾，这应该是十分有效的。特别是用于惩罚越轨行为时，更应该掌握这样的原则，必须强调惩罚与教育相结合。这样既能教育被处罚的人，更能通过处理典型，教育大众。要善于授权。领导者要善于授权、敢于授权，并在授权中将监督和指导结合起来，形成大权集中、小权分散的局面，这样才能更有效地发挥权力的作用。要进行具体指导。领导者不能一味命令部属“要这样做”，更要使部属明确为什么“要这样做”，并且指导他们应该有效地去执行命令。

---

① 习近平．我们的人民热爱生活，期盼有更好的教育［EB/OL］．中国广播网，2012-11-15.

二、非权力性影响力

非权力性影响力又称自然影响力，是指品德修养、知识水平、生活态度、情感魅力以及自己的工作实绩和表率作用等自身素质、魅力和行为而产生的一种自然性影响。它既没有正式的规定，不是组织授予的，也没有强制性，是被领导者心甘情愿、心悦诚服地接受领导者的影响。

（一）非权力性影响力的相关因素

列宁指出，做好领导工作，“主要不是靠权力，而是靠威信、毅力、丰富的经验、多方面的工作以及卓越的才能”。这些方面就是构成非权力性影响力的主要因素。非权力性影响力的特点在于它的自然性，其影响力却比权力性影响力广泛、持久得多。其核心是“威”，是“软”影响力。在非权力性影响力的作用下，被影响者心理和行为更多的是转变为顺从和依赖关系。与非权力性影响力相关的影响因素有品德因素、能力因素、知识因素、感情因素等。

1. 品德因素

品德因素是指反映在领导者的一切言行之中的道德、品质、人格、作风等，是构成领导者非权力性影响力的前提因素。领导者必须具备较高的政治思想觉悟和良好的品德修养，认真贯彻执行党的方针路线，与党中央保持高度一致，具有强烈的历史使命感和奉献精神，能坚持按照原则办事，辨是非，明方向，识大体，顾大局，党性强，作风硬。优良品德的领导者，如公道正派、严于律己、无私奉献、以身作则等，会给人带来巨大的影响力，使人产生一种发自内心的敬佩感、敬爱感，更具有号召力，吸引人去效仿。这就是人们常说：“榜样的力量是无穷的”，领导者实际上时刻都在起着榜样的作用，成为群众的精神支柱与行为楷模。品德有问题的领导者，如言行脱节、口是心非、表里不一，公共场合说得头头是道、振振有词，教育别人要求无私奉献、艰苦奋斗，自己私下却搞歪门邪道、吃喝玩乐，就会产生“形象危机”，人们没有心理上的认同感，只是表面的服从，谈不上产生吸引力、感召力、敬佩感和信赖感，很难得到人们的敬仰和发自内心的支持。

2. 能力因素

能力因素是指领导者在管理和决策中的能力与水平。能力是一个管理者综合素质的体现，主要表现为领导干部的科学决策、协调组织、处事方式、语言表达、谋划发展、处理复杂问题的本领、判断是非的能力、自己观察与分析事物、开拓进取精神和工作创新能力等方面，从而确保决策的正确性，更好地协调组织成员的关系，才能获得被领导者的信赖和佩服。组织成功与否很大程度上依赖于领导者的能力强弱。如果领导者能力强，对被领导者来讲自然而然就形成一种影响力，使他们产生敬佩和仰慕心理，才能服从你的领导，拥护你的决策，就会心甘情愿地创造性干好领导布置的工作，便于领导者带领他们完成组织任务，达到既定的工作目标。当一个领导者的能力低下，不能科学地决策和管理，工作任务完成不好，谈不上产生敬佩感。

3. 知识因素

知识因素是领导者在管理过程中，具备的广博的知识内容和合理的知识结构，从而认识客观事物并动用知识解决实际问题的能力。知识主要包括文化知识、专业知识、法律知识、思想政治水准等相关知识。知识是一个人最宝贵的财富，是一切聪明才智的源泉，是能力的基础。要提高综合能力，必须靠知识的铺垫升华，能够对突发事件镇定自如，得心应手地处理，成为一个有远见、有智谋、有胆识的管理人才。当一个领导者具备比较完整的知识体系，在实践中表现出较强的综合能力，使人们产生敬佩感，吸引人们自觉自愿地接受领导的思想、行为方式，从内心对他产生认同感和尊重感；当一个领导者的知识浅薄，担任一个完全力不从心的职位，人们就不“买你的账”。可见，知识因素是领导者打造非权力性影响力的核心因素。

4. 情感因素

情感因素是指领导者在工作和生活上平易近人、和蔼可亲、感情融洽，切实做到尊重人、理解人、关心人，从而使人们产生亲切感和敬重感，增加对他们施加影响的动力因素。情感是人对客观事物（包括人）态度的一种反映，是顺利开展工作的润滑剂，是形成领导者非权力性影响力的重要因素。情感具有积极的与消极的两种，如热情、关怀、快乐、满意，其反面即为冷淡、愤怒、哀怨、憎恨等。一个成功的领导者在领导活动中，不仅要立德和施才，还要动之以情、以情感人，就会对你产生信赖感、归属感、顺从感，形成强大的吸引力和影响力，即使工作中出现失误或遇到困难，下属也会真诚体谅，并热心帮助，“同舟共济，共渡难关”。一个失败的领导者在领导活动中，待人高高在上、冷漠傲慢、不可一世、沟通极少，这样只会拉开人的心理距离，一旦超过限度，就会产生负面影响力、排斥力、对抗力，就会影响工作目标的顺利实现。

（二）非权力性影响力的正确使用

领导干部在用好权力性影响力的同时，还必须注重提高非权力性影响力，使二者统一于领导工作的实践。

1. 注意非权力性影响力作用的主导地位

在一定意义上，非权力性影响力在整个领导影响力构成中占有主导地位，起着决定性作用。由于各种非权力性影响力产生的效果，更能激发人们的自觉性，因而，接受非权力性影响力比强制的服从要自然得多。同时，如果一个领导者的非权力性影响较大，相应地会提高他的权力性影响；如果一个领导者的非权力性影响较小，相应地会降低他的权力性影响。可见，要提高领导者影响力，关键在于如何努力提高非权力性影响力。

2. 注意非权力性影响力因素的主次关系

与非权力性影响力相关的影响因素有品德因素、能力因素、知识因素、感情因素等。在这些因素中，以品德和能力因素为主，知识和感情因素为次。如果领导者品德出了问题，很难得到人们的敬仰和发自内心的支持，其他因素必然会受到严重影响；在领导者有德的情况下，非权力性影响力大小就决定于能力因素；如果领导人无德无能，根本不称职，他的非权力性影响力可能成为零，甚至负数。同时，在实践中，领导者要针对自己的情况，有区别地、针对性地发展某种非权力性因素。

3. 注意非权力性影响力使用的形象塑造

领导者应注意自己的形象，即具有公共关系意识的管理者形象、高度权威性的指挥员形象、具有开拓精神的管理者形象、具有法治观念的政府代表形象等。通过领导者信誉意识、公众意识、社会意识、沟通意识、团队意识，使被领导者产生发自内心的尊敬、信赖与敬佩，并主动地跟随领导者去实现目标。淡泊名利、责己从严、自身清廉的领导，说话有人听，做事有人帮；与民争利、以权谋私、贪赃枉法的领导，定会遭人唾骂。因此，领导者无论何时何地都要把人民的利益放在第一位，吃苦在前，享受在后，以崇高的品德赢得群众的尊敬，以高尚的情操树立起良好形象。只有当领导者有受人敬佩的品格、令人佩服的知识才能、又拥有良好的情感因素，才能给人以感染力、影响力，才能上下一心朝着共同的目标奋进。

第三节　领导学习力

人类的历史注定和学习分不开，一个先进国家因为忽视学习而走向落后，一个落后国家因为善于学习而后来居上的现象屡见不鲜，而领导学习力的强弱则决定了国家的发展趋势。2013 年 3 月 1 日，在庆祝中央党校建校 80 周年大会上的讲话中，习近平总书记站在全局和战略高度提出了一个新论断：中国共产党人依靠学习走到今天，也必然要依靠学习走向未来。这是中国共产党 90 多年光辉历程和伟大实践的一条重要经验总结，深刻揭示了“中国共产党为什么能”的一个重要秘密所在。可见，提高领导学习力与加强国家的现代化建设有着密切的内在联系。领导学习力是指领导者在先进学习理念引导下，通过多种渠道、运用多种形式、采取多种方法获取信息、创新知识和结合领导实践、释放智慧的能力。随着社会的飞速发展，政府领导干部需要确立“领导力的核心是学习力”“领导者的竞争就是学习能力的竞争”的理念。新情况、新形势、新任务对领导者提高学习力提出了更新更高的要求。

一、博而专一，勤读善学

《论语·子张》的“博学而笃志”，意思是说博学而志向坚定。“博学”是指广泛学习、学问渊博，“笃志”是指意志坚定、志向专一。博而专一要求政府领导干部做人和做事需要有广博的知识、坚定的意志。“博而专一，勤读善学”是提高政府领导学习效力的根本点。

（一）博学

管子曰：“海不辞水，故能成其大；山不辞土，故能成其高”，[①] 意思是大海不拒绝每一滴水，才能变得更深；山不拒绝小土堆，才能成为高山。高和深是一种境界，这种境界的到达离不开平时每一滴水和每一个土堆的积累。可见，不要小看小事物，正是他们的积累，才成就了海的深和山的高。毛泽东同志读书的一个重要经验就是博览诸家之书，以此成就其大学问。在读书学习上，政府领导干部要虚怀若谷、博采众长、广泛涉猎、兼收并蓄，力争学得更多一些、更快一些、更好一些、更深一些，努力使自己成为见多识广、令人信服的内行领导。庄子曰：“吾生也有涯，而知也无涯”，[②] 意思是说生命有限而知识无限，要把有限的生命，投入到对无限知识的追求中。知识浩如烟海，个人的时间与精力有限，任何人都不可能通晓所有知识，读遍所有书籍，绝不能把样样学识都学得精通。必须从各自知识结构和工作实际出发，“缺什么，补什么”“需要什么，学什么”有针对性地选择一些经典性书籍进行精读。

（二）笃志

欧阳修曰：“立身以立学为先，立学以读书为本”；高尔基说：“书籍是人类进步的阶梯。”我国正处在大发展、大调整、大变革的时期，政府领导干部面对浩瀚无边的知识，处在知识激增的今天，如果不重视学习，容易造成知识老化、思想僵化、视野弱化、能力退化，会给工作带来失

---

① 管子·形势解.

② 庄子·内篇·养生主第三.

误，给管理带来困难。因此，笃志是政府领导干部提高自身修养和认知水平的有效途径，要站在党和人民事业兴衰成败的高度认识加强读书学习的重要性，正如顾炎武曰：“天下兴亡，匹夫有责”，学习应是政府领导干部自我追求、自我引导、自我规范、自我激励的重要措施和责任。在现实工作中，那些抱怨抽不出时间读书的同志，说到底是没有将读书学习作为一种生活需要、一种精神追求。因此，唯有视读书学习如饮食而一日不可或缺，做到“日知其所亡，月无忘其所能”，[①] 才能抛开功利、摒弃浮躁，成为一个爱读书、肯学习的领导干部。

（三）勤读

顾炎武说：“人之为学，不日进则日退”。[②] 习近平总书记指出：“好学才能上进。中国共产党人依靠学习走到今天，也必然要依靠学习走向未来。我们的干部要上进，我们的党要上进，我们的国家要上进，我们的民族要上进，就必须大兴学习之风，坚持学习、学习、再学习。”但是有些人表现为，一是“不爱学”。缺少学习的兴趣和热情，认为不学习照样干工作，不求上进。二是“不真学”。把学习当作装点门面，满足于一知半解、浅尝辄止，喜欢在名词概念上兜圈子，讲道理头头是道，遇问题束手无策。三是“不深学”。学习心态不端正、做做样子、应付检查，把学习视为个人升迁的途径，不能做到理论联系实际、学以致用。四是“不愿学”。一些领导干部存在严重的事务主义现象，不正确处理学习与工作的关系，个人游离于学习教育培训之外，没确立率先垂范的意识。因此，领导干部在学习这一问题上，要有挤劲、钻劲、韧劲，做到持之以恒、锲而不舍、勤奋刻苦。

“贵有恒，何必三更起五更睡；最无益，只怕一日曝十日寒。”毛泽东同志年轻时用这副对联激励自己，其来自明代学者胡居仁自勉对联：“苟有恒，何必三更眠五更起；最无益，莫过一日曝十日寒。”没有稳定的学习情感，不可能取得学习成就；只有刻苦攻读、持之以恒，把读书作为自己的一种良好习惯，作为不可或缺的一种生活方式，变“要我学”为“我要学”。

---

① 论语·子张.

② 顾炎武.与友人书.

（四）善学

“纸上得来终觉浅，绝知此事要躬行。”[①] 毛泽东同志在《改造我们的学习》中，谈到当时干部学习上存在的三个不注重现象：“不注重研究现状，不注重研究历史，不注重马克思主义列宁主义的应用。”他向全党表明了改造学习方法和学习制度的主张，提出了“认识世界”和“改造世界”两大任务，这在今天仍然有极其重要的指导意义。读书绝不是啃书本、读死书，要讲求方法，这样才能开卷有益、事半功倍。因此，政府领导干部不仅要当知识的“存储器”，还要当知识的“处理器”，善于开动脑筋、缜密思考、去粗取精、去伪存真，坚持读书而不唯书，坚持学以致用、用以促学、学用相长，有的放矢地进行学习。孔子曰：“学而不思则罔，思而不学则殆。”[②] 只有把读书学习与深入思考紧密结合起来，才能使书本知识真正活起来，为我所有、为我所用。

二、学深悟透，探求真知

21世纪初开始，领导学习力的理念受到党政机关和领导干部的重视，提出了构建“学习型机关”“学习型政党”等目标任务。这就表明了学习力不仅被引入领导理论研究视野，而且已进入领导实践领域。“学深悟透，探求真知”是提高政府领导的学习动力。

（一）求源

古人曰：“问渠哪得清如许，为有源头活水来。”[③]德国哲学家叔本华说：“如果你真正喜欢哲学，你应该从原著圣殿里面去找大师本人。”然而，有的同志不愿在原原本本上下功夫，根本原因是缺乏刻苦精神和科学态度，总想走捷径，吃“现成饭”，这样不可能做到学深悟透的。坚持原

---

① 陆游．冬夜读书示子聿．

② 论语·为政．

③ 朱熹．观书有感．

原本本学，不仅是融会贯通的有效方法，而且是学深悟透的学习态度。经典之所以为经典，是因为它经受了大浪淘沙的历史检验，是因为它并不只有一副好的骨架，往往风韵尽在骨肉之中。正如恩格斯所说："首先，不读原著的人有时就看不懂，其次是他在表达马克思的结论时常常把条件完全忽视了，而这些结论只有在这些条件下才是正确的。这有时会造成有些歪曲的印象。"①

学习重在学懂弄通，贵在深入钻研。要力求把握精髓，防止蜻蜓点水、泛泛浏览、浅尝辄止。在学习中适当看一些辅导材料，听一些辅导报告是必要的，但不能以此代替学习原文，只要认真钻研原文、精读深读，就会被它巨大的思想魅力所吸引，就能理解和掌握理论观点、指导实践、推动工作和见到成效。

（二）求思

唐代韩愈曰："书山有路勤为径，学海无涯苦作舟。"《论语·子张》曰："切问而近思""切问"是说经常问，问得中肯；"近思"是把问题放在脑子里经常思考。然而，有的领导干部在学习时，看书只看"皮"、读报只读"题"，存在只学不"钻"、只看不"思"、只听不"疑"等不良现象。有些问题往往是"头痛医头、脚痛医脚"，没有举一反三，由于缺乏宏观的把握，失去前瞻的预见，决策难免会失之偏颇，其根源在于缺乏深钻学透的劲头。在泛读的基础上，如果能把一些书反复深究，悟透其中的奥妙，将会有所收获，对事业有益。同时，要勤于思考，对学习中遇到的新情况、新问题由此及彼、由表及里、由实及虚深入思考，想到别人想不到的东西，说出别人说不出的见解；要敢于质疑，将书中的观点放在适当的时间、地点、环境中去全面剖析，以取其精华、去其糟粕。领导干部只有善于思考和研究问题，眼界才能更加宽广，谋略才能更加深远，方法才能更加丰富。

（三）求信

习近平同志指出："当前，我们正在进行具有许多新的历史特点的伟

---

① 恩格斯．致彼得·拉甫罗维奇·拉甫罗夫（1884年2月5日）．

大斗争，党肩负着历史重任，经受着时代考验。与国内外形势发展变化相比，与党所承担的历史任务相比，党的领导水平和执政水平、党组织建设状况和党员干部素质、能力、作风，都还有不小差距。一些干部得过且过，一些基层组织软弱涣散，不能发挥模范带头作用和战斗堡垒作用。一些党员干部作风问题比较突出，有的严重脱离群众，对群众疾苦漠然置之，甚至欺压群众、侵害群众利益；形式主义、官僚主义问题较为普遍地存在，奢侈浪费现象严重。一些领域消极腐败现象易发多发，不仅大案要案时有发生、令人触目惊心，而且发生在群众身边的腐败现象较多存在。”[①] 究其原因，主要是我们的领导干部理想信念迷失，为人民服务的宗旨意识缺乏，满足于现有的工作条件和生活条件，没有更高的追求，表现在行为上就是消极腐败、脱离群众，而其内心空虚，致使出现拜金、拜权、拜美女、拜鬼神等现象。因此，信仰不坚定，干事的自觉性就不高，一有风吹草动，就会摇摇摆摆、反反复复，就可能半途而废。作为政府领导干部在学习中，应把坚定信仰、强根固本、信之求诚作为“重头戏”，需要在解决“举什么旗、走什么路、实现什么目标”上下功夫。通过学习和实践，坚定理想信念的不动摇，坚持思想行为的先进性。

三、持之以恒，终身学习

正如习近平总书记《在欧美同学会成立 100 周年庆祝大会上的讲话》中所说：“梦想从学习开始，事业从实践起步。当今世界，知识信息快速更新，学习稍有懈怠，就会落伍。有人说，每个人的世界都是一个圆，学习是半径，半径越大，拥有的世界就越广阔。”学习是人类认识自然和社会、不断完善和发展自我的必由之路。无论一个人、一个团体，还是一个民族、一个社会，只有不断学习，不断完善，才能获得新知，增长才干，跟上时代。“持之以恒、终身学习”的关键是提高政府领导的学习毅力。

（一）带头学习

曾国藩在家书中提到：“学问之道无穷，而总以有恒为主”。我们知

① 习近平总书记系列重要讲话读本［M］. 北京：学习出版社，人民出版社，2016.

道，在农耕经济时代，读十年书可能可以用一辈子；在工业经济时代，读二十年书可能可以用一辈子；在知识经济时代，世界在飞速变化，新情况、新问题层出不穷，知识折旧率越来越高，更新速度越来越大，淘汰速度越来越快，“保鲜期”越来越短，学习已成为不可忽视的一种需要。面对这样的环境，领导者应先行学习、带头学习、领着学习。同时，肩负个人自主学习和组织团队学习的双重责任，扮演好教师、导师、设计师的重要角色，先学而后去教、去导、去规划。学习要发扬“铁杵磨针”“水滴石穿”的精神，正如荀子在《劝学篇》中所说：“不积跬步，无以至千里；不积小流，无以成江海。”说明学习是一个日积月累、循序渐进的过程，贵在坚持不懈、持之以恒地学习。一要创新学习方式方法。要运用书籍、报纸、电视、电台、网络等，学习新知识掌握新政策，不断充实完善自我。要积极向基层群众学习，建立领导干部学习联系点制度，领导班子成员带头深入基层调查研究，宣讲方针政策，研究发展措施。二要倡导问题式学习。要带着问题开展学习，通过学习解决问题，要针对本地区经济社会发展的热点、难点筛选选题，有针对性地解疑释惑、析事明理，使大家做到“真学、真懂、真信、真用”。三要完善制度化学习。建立健全学习制度，规范学习的时间、内容、要求，并对学习过程监督、学习效果检验等做出具体规定，以有效提高学习效率，保障实现学习目的。

（二）学会学习

“学会学习”就是会学习，不是效仿而是研究和创新。“会学习”表明领导者能把一般理论、政策、经验同实际相结合。如果把理论、政策、经验等照搬照抄，是一种教条主义、经验主义，那就是不会学。据有关资料统计，近50年来，人类社会创造的知识，比过去几千年的总和还要多。在知识经济时代，要做到知识够用、管用，要把学习和工作结合起来，做到工作学习化、学习工作化。“学会学习”属于决策选择，是政府领导者求真的过程；“学会学习”属于贯彻执行，是政府领导者务实的过程。陶渊明曰：“勤学如春起之苗，不见其增日有所长；辍学如磨刀之石，不见其损日有所亏。”习近平同志要求：“一要发扬挤劲。争取每天挤出一定时间读书，特别要善于把各种零碎时间利用起来读书。二要发扬钻劲。书读百遍，其义自见。功夫下到一定程度，就能达到出神入化的境界……三要发扬韧劲。读书最可贵的是终身坚持，无论处于哪个年龄段都孜孜不倦地读书。”①

不管工作再忙，要始终保持学而不厌、学而不止的旺盛学习热情，加强自主式学习，自觉加快知识更新速度。

（三）评估学习

毛泽东同志指出：“学风和文风都是党的作风，都是党风”。习近平总书记指出：“要练就‘金刚不坏之身’，必须用科学理论武装头脑，不断培植我们的精神家园。”领导学习力评估是持之以恒、终身学习的保障，是有效监督其学习过程、改善学习组织管理的重要手段，是衡量其学习成效的重要依据。这对领导干部自主学习并力求学以致用是一个推动，从而提升其学习力，转化为实实在在的领导力。我们以往的考评主要是以领导干部的学历达标程度、继续教育的现状水平、学习培训任务的完成情况为尺度的。其实这种“教育水平”衡量的只是学习，不是学习力。知识创新力、转化力是学习力的核心。领导干部掌握信息、知识、经验的最终目的是转化为科学的决策和正确的用人方法等，继而创造出物质财富和精神财富，提高组织成员的整体素质。所以，领导干部的能力素质、思想建设、科学决策、有效执行、选人用人、协调艺术、群众工作、作风建设和形象建设等方面因素，应成为领导学习力考评体系中的要素，其中，权重最高的两项指标是科学决策、选人用人。总之，领导者树立“学习就是领导工作”的理念，才能从根本上提高学习自觉性，提升学习力，为成为学习型领导提供思想基石。

四、知行结合，学以致用

习近平指出：党领导人民已经取得举世瞩目的成就，我们完全有理由因此而自豪，但我们自豪而不能自满，绝不能躺在过去的功劳簿上。只有

---

① 习近平．领导干部要爱读书读好书善读书［N］．学习时报，2015－3－1.

坚持党要管党、从严治党，以改革创新精神推进党的建设，才能更好地经受住执政考验、改革开放考验、市场经济考验、外部环境考验，更好地战胜精神懈怠危险、能力不足危险、脱离群众危险、消极腐败危险。2013年7月，习近平总书记来到革命圣地西柏坡，谆谆告诫全党，“党面临的‘赶考’远未结束”“所有领导干部和全体党员要继续把人民对我们党的‘考试’、把我们党正在经受和将要经受各种考验的‘考试’考好，努力交出优异的答卷”。读书的目的在于应用，实践和应用会反过来激发学习愿望，促进深究悉讨。学习的目的是为了运用，学用结合，知行统一。“知行结合，学以致用”是提高政府领导的学习活力。

（一）知行并进

从古代的“修身、齐家、平天下”到孔子的“学而优则仕”，到明末清初顾炎武的“经世致用”、清末张之洞的“中学为体、西学为用”，再到马克思主义的理论联系实际之理论，“知行”模式一直被世人所尊崇。“知”是指思想追求，“行”是指生活方式，知行就是人的思想追求与生活方式。学习的目的便是用知识指导实践并服务于实践。政府领导干部能否养成学以致用、学用所长的良好风气，能否把学习的知识和成果转化为思想水平的提高、工作思路的谋划、管理措施的促进、领导本领的增强是关系到确保推进经济社会跨越式发展的兴衰成败问题。毛泽东在延安整风时所提出的，“读书是学习，使用也是学习，而且是更重要的学习”以及“目的全在于应用”，也就是学以致用。学以致用是要自觉地把知与行、学与用有机结合起来，坚持用科学理论指导客观实践，着眼于工作中存在的实际问题，把学习的体会和成果转化为谋划工作的思路、推动工作的措施、解决问题的办法，为全面建设小康社会、构建社会主义和谐社会做出贡献。

（二）创新思路

毛泽东同志在中国共产党全国宣传工作会议上的讲话中指出：“情况是在不断变化的，要使自己的思想适应新的情况，就得学习。”学以致用、用有所成、结合实际的关键是创新思路。政府领导干部要不断增强认识世界和改造世界的能力和水平，妥善应对各种风险挑战、战胜各种艰难险阻、推动中国特色社会主义取得跨越式发展，就必须通过知行结合、学以致用来创新管理理念。这需要带着执着的信念学，带着实践的要求学，带着深厚的感情学，带着不懈的追求学，带着需要破解的问题学，真正把“学以致用、用有所成”作为自己的人生追求。要创新管理的理念，通过持续不断的学习，着力提高解决实际问题的能力。一要读以立德，努力改造自己的主观世界，牢固树立马克思主义世界观、人生观、价值观和正确的权力观、地位观和利益观，不被浮云遮眼、不随波逐流、不自我放纵，永葆政治本色。二要学以明理，找准定位、站好位置、摆正心态，说话办事谦虚谨慎、大度谦和、有理有节，遇事要多理解、多宽容、多担待、多替对方着想，共同营造心情舒畅、身心愉悦的和谐氛围。三要做以成事，倡导干就干好的理念，力求突破、力求创新、力求更好，以高标准保证工作质量，以好作风推动工作落实，以优秀业绩检验工作成效。

（三）深入基层

人类学习的目的是认识自然和社会，人类认识自然和社会的目的是改造自然和社会，而实践是人类有意识地改造自然和社会的活动。实践性是马克思主义最根本的特征。善于学习、学以致用是我们党经久不衰、永葆活力的关键。在新的历史条件下，通过深入基层、深入实际、深入群众，真正了解群众在想什么、盼什么，最需要我们政府干什么，从而使我们的各项决策和工作部署集中民智、体现民意、反映民情，努力克服经验主义、教条主义、形式主义和言行不一等错误倾向。要多干实事，多解决难题，主动抓落实、求实效、促发展，要“问情于民、问难于民、问计于民”，努力把学习理论同研究解决人民最关心、最直接、最现实的利益问题，本地区本部门改革发展稳定的重大问题结合起来，不断增强工作的原则性、系统性、预见性和创造性。要按照科学发展观的要求，想事、谋事、干事；勇于调查研究，深入一线解剖“麻雀”，而不是走马观花，要把一线存在问题的来龙去脉搞清楚，把解决问题的办法研究透，牢牢掌握决策的主动权。

思考题

1. 根据你所处的外部环境和自我的内部状态谈谈如何进行自我管理，达到不断自我更新和自我超越？

2. 政府领导干部如何正确使用权力性影响力和非权力性影响力？

3. 随着社会的飞速发展，政府领导干部为什么要确立“领导力的核心是学习力”“领导者的竞争就是学习能力的竞争”的理念？

参考书目

1. 中共中央宣传部组织．习近平总书记系列重要讲话读本［M］．北京：学习出版社，人民出版社出版，2016.

2. 习近平谈治国理政［M］．北京：外文出版社，2014.

3. 刘峰．领导科学与领导艺术［M］．北京：高等教育出版社，2014.

后　记

《政府领导科学》由李阳、陈尤文担任主编。陈尤文撰写第一章，刘伟（江苏行政学院）撰写第二章，李立峰（江苏行政学院）撰写第三章，刘晓君（黑龙江行政学院）撰写第四章，王平（江苏行政学院）撰写第五章，毋天学（上海外贸学院）、刘伟（江苏行政学院）撰写第六章，徐敏宁（江苏行政学院）撰写第七章，孙爱霞（上海杨浦行政学院）、刘伟（江苏行政学院）撰写第八章，周义程（江苏行政学院）撰写第九章，何丽君（中国浦东干部学院）撰写第十章第一节、李阳撰写第十章第二、第三节。江苏行政学院和上海行政学院领导给予了高度关注和支持。

在本书修订过程中，国家行政学院相关教研部门专家学者和国家行政学院出版社的领导同志及工作人员进行了审读把关与组织协调工作。本书的责任编辑沈桂晴做了细致的编校、方案设计与统筹工作。在此，谨对所有给予本书帮助支持的单位和同志表示衷心的感谢。

书中如有疏漏和不当之处，欢迎广大读者多提宝贵意见。

编者

2017年6月